Eva-Maria Silber & Kirsten Wilczek
Der Blutmensch zu Köln

Eva-Maria Silber wurde 1959 in Friedlos nahe der ehemaligen Zonengrenze geboren. Sie studierte in Gießen Jura und arbeitete als Rechtsanwältin und Strafverteidigerin im Großraum Frankfurt sowie als Hauptgeschäftsführerin eines Bundesverbandes in Wiesbaden, bevor sie wegen hochgradiger Schwerhörigkeit 2010 ihren Beruf aufgeben musste. Seitdem schreibt sie Krimis und Thriller. Sie lebt mit ihrem Mann an der Nordsee und im Harz.
Kirsten Wilczek wurde im analogen Zeitalter in Viersen am Niederrhein geboren. Studiert hat sie Rechtswissenschaften in Köln. Sie ist als Anwältin mit den Schwerpunktgebieten Arbeits- und Insolvenzrecht überregional tätig. Neben Kriminalromanen schreibt sie gerne Short Stories. Mit einer ihrer Kurzgeschichten erreichte sie u. a. beim Internationalen Kurzgeschichten-Wettbewerb der Stadt Mannheim 2008 gemeinsam mit Zsuzsa Bánk und Sabine Trinkaus den 1. Platz.

Eva-Maria Silber & Kirsten Wilczek

Der Blutmensch zu Köln

Historischer Kriminalroman

PIPER

Mehr über unsere Autorinnen, Autoren und Bücher:
www.piper.de

Wenn Ihnen dieser Roman gefallen hat, schreiben Sie uns unter Nennung des Titels »Der Blutmensch zu Köln« an *empfehlungen@piper.de*, und wir empfehlen Ihnen gerne vergleichbare Bücher.

ISBN 978-3-492-50904-6

Für einen direkten Kontakt und Fragen
zum Produkt wenden Sie sich bitte an:
info@piper.de
Redaktion: Ulla Mothes
Satz auf Grundlage eines CSS-Layouts
von digital publishing competence (München)
mit abavo vlow (Buchloe)
Covergestaltung: zero-media.net, München
Covermotiv: SZ Photo/Scherl/Bridgeman Images; ullstein bild –
United Archives und FinePic®, München
Printed in the EU

Grabinschrift

†

Es schickt der Tod nicht immer Boten,
Unangemeldet tritt er ein
Und fordert dich in's Reich der Todten,
D'rum werd' noch heut in Jesu rein,
Denn an des Lebens kurzer Zeit,
Hängt deiner Seele Seligkeit.

Prolog

Der in Phosphor getränkte Kopf eines Streichholzes traf auf die Reibefläche der Zündholzschachtel und explodierte.

Wie ein Kleinkind, das sich aus eigener Kraft auf die Füßchen stellt, seufzend in sich zusammensinkt, wieder aufrichtet, schnauft und dann unbemerkt einen Fuß vor den anderen setzt, hinfällt und sich abermals hochstemmt, bewegte sich das Feuer erst unsicher, bald darauf angespornt durch Luft und Brennspiritus immer kühner vorwärts. Es folgte erst der verschütteten Flüssigkeit. Dann bildete es Ketten aus flammenden Zipfelmützen von klimperklein bis lärchenzapfengroß. Rot, gelb, orange mit durchscheinendem Blau flackerte es, begleitet erst von einem leisen, gleichmäßigen Rauschen. Wie eine Armee, die bezecht in einer Reihe paradierte, marschierten die Flammen auf die Strohballen in der Scheune zu. Sie begannen zu glimmen und zu brennen. Unter Pfeifen und Jauchzen, so als würden die Mützen in die Luft geworfen, reckten sich die Flammen immer höher empor.

Im Wohnhaus explodierte der zweite Streichholzkopf. Auch das kleine, neue Flammenkind tolpatschte herum, fand jedoch nicht minder schnell Halt und sandte wieder die vorwitzigen Zipfelmützen aus, die begierig den Spiritus aufsaugten. Vor den Kammern setzte das Feuer die Hauben ab und schlüpfte durch den Türschlitz, ließ sich vom Brennspiritus in den Raum ziehen, sprang auf den schlichten Bettvorleger, loderte fröhlich auf, erreichte das herunterhängende Federbett, schmiegte sich an, schmatzte nun vor Vergnügen, und verzehrte es lichterloh. Ein Plumeau aus Licht hüllte den Körper ein, der unter ihm lag. Das Rauschen schwoll an, während die Kleidung Feuer fing und die Haut unter sich schmelzen ließ.

Die Flammen richteten sich mannshoch auf, verschlangen Vorhänge, sengten das Holz der Möbel an, brachen es auf. Es knarzte. Gellend platzten die Fensterscheiben. Wie Zunder wirkte die frische Luft. Im ganzen Haus tollte das Feuer herum, lief durch die Flure, trat Türen ein, brüllte orgiastisch, zermalmte Dachsparren, bäumte sich haushoch auf, ließ Funken regnen, die sich nun auch den Schuppen zum Tanzboden auserkoren, bis er unter der feurigen Last zusammenbrach.

Das Feuer ließ nur Rauch, verkohlte Reste und Asche hinter sich zurück. Von ihm selbst würde nichts bleiben, nachdem das letzte Glutnest ausgetreten wäre. Es wird sein, wie wenn es das erste und das zweite kleine Kind, die sich aufrafften und Laufen lernten, nie gegeben hätte.

Nur die kleinen zarten Hände, die beide Streichhölzer entzündet hatten, waren noch da.

Kapitel 1

Es war die Nacht vom 24. auf den 25. August 1847, als auf dem Gut des Jakobus Selm der Feuerruf erscholl.

Mathilde von Tabouillot, die gerade fürs Zubettgehen gekleidet worden war, entdeckte den Feuerschein bei ihrem letzten Blick aus dem Fenster. Zugleich kündigten Wetterleuchten und Donnergrollen ein Gewitter an. Eine riesige Rauchwolke stand über dem Gereonsviertel unweit von der Festungsmauer und breitete sich wegen der Windstille dieses ungewöhnlich warmen Tages nur langsam aus.

Das war ihre Chance. Sofort schlüpfte sie in die gerade erst abgelegte Kleidung, was ihr ohne ihre Zofe schwerfiel angesichts all der unnützen Zierbänder im Rücken. Auf das sonst obligatorische Korsett, das sie allein nicht zugezogen bekam, verzichtete sie. Wenn ihre Mutter das sehen würde, bekäme sie einen ihrer perfekt inszenierten Ohnmachtsanfälle. Diese Gefahr bestand jetzt nicht, sie hatte sich bereits vor Stunden mit Migräne in ihr Schlafzimmer zurückgezogen.

Ihre sonst zu Affenschaukeln gebundenen Zöpfe fasste Mathilde zu einem Dutt auf dem Kopf zusammen. Das musste reichen. Zu guter Letzt schnappte sie sich noch einen Block und ihren guten Bleistift von A. W. Faber, den einzigen Luxus, den sie sich seit der Trennung von ihrem Ehegatten, der diese Bezeichnung nicht verdiente, geleistet hatte. Dann rannte sie die Treppe ihres Elternhauses hinab auf die Straße. Gerade erhellten die ersten Blitze den Himmel über ihr.

Schon von Weitem hörte sie die Rufe der aus allen Himmelsrichtungen herbeigeeilten Nachbarn, die mit ihren Holz- und Ledereimern Wasser aus dem Brunnen heranschafften und am Ende einer Menschenkette in die Flammen schütteten. Kaum angekommen, erkannte Mathilde, dass es zu spät war für den Schöttelshof. Die Scheune, sie stand in lichten Flammen, deren Schein sich in den dichten Rauchwolken widerspiegelte. Tonziegel barsten mit lautem Knall, das Stroh knisterte rot glühend, das Holz knackte beängstigend, bevor es brach. Sie hörte die fast menschlich klingenden Schreie der Pferde, die die Helfer aus dem Stall herauszuholen versucht hatten. Doch waren sie in ihrer Panik einfach zurückgelaufen in ihren Unterstand, als sich zu dem angsterfüllten Lärm der Helfer Donner gesellte, dessen Blitz nur Sekunden zuvor das ganze Anwesen in gleißendes Licht getaucht hatte. Die Nachbarn rannten mit ihren Eimern vom Hof. Nur Augenblicke später setzte eine Sintflut ein, von der Mathilde hoffte, dass sie das Feuer eindämmen würde. Sie selbst brachte sich unter dem Vordach eines etwas abseitsstehenden Verschlages in Sicherheit. Ihre und sicherlich auch aller anderen Anwesenden Hoffnung, dass damit das Schlimmste vorüber sei, wurde zunichte, als der Regen nach nur einem kurzen Schauer nachließ und schließlich gänzlich versiegte.

Eine halbe Stunde später stand von der Scheune nur noch eine Ruine, aus der einzelne Flammen loderten, während die kurz nach ihr eingetroffene Kompanie Pompiers sich mit ihren Feuerspritzen abmühte, das Wohnhaus zu retten. Wenigstens stand das Gemäuer noch. Schwarzer Rauch quoll aus geborstenen Fenstern. Hinter zwei noch intakten war Feuerschein zu sehen. Die Luft war so verrußt, dass Mathilde husten musste, fast glaubte zu ersticken. Dazu kam der Gestank nach verbranntem Fleisch, der übelkeitserregend in der Luft lag. Das vor ihren Mund gepresste Taschentuch half da wenig. Galle schoss Mathilde die Speiseröhre hoch. Doch sie würgte sie wieder herunter und konzentrierte sich auf den Bericht, den sie über das Feuer zu verfassen gedachte, bevor einer ihrer Kollegen aus der Redaktion ihr zuvorkam. Endlich konnte sie ihrem Hauptschriftleiter beweisen, wozu sie allein und als Frau imstande war.

Mathilde trat unter dem Vordach hervor und sah sich um. Irgendwo in der Nähe wieherte ein Pferd panisch, ein Hund hörte nicht auf, wie rasend zu kläffen. Im Garten stand ein unversehrtes Bett, auf dem einige Kleidungsstücke lagen, ein paar Stühle lagen auf dem Blumenbeet verstreut. Sie machte sich weitere Notizen.

»Was ist geschehen?«, fragte sie einen vorbeieilenden jungen Feuerwehrmann in blauem Leibröckchen mit schwarzem Samtkragen, hellen Hosen und schwarzen Helm, der seinen Nacken schützte.

»Alles verbrennt«, würgte der mit heiserer Stimme hervor.

»Wer wohnt hier?« Mathilde hatte nicht vor, ihn so schnell davonkommen zu lassen.

Der Mann betrachtete sie von oben bis unten, etwas, was Mathilde ihm unter normalen Umständen niemals hätte durchgehen lassen. Stattdessen zückte sie aus ihrem Portemonnaie einige Silbergroschen, die sie ihm unter die Nase hielt. Empört trat er einen Schritt zurück und hob die Hand wie zur Abwehr, nicht ohne einen wehmütigen Blick auf die Münzen zu werfen.

»Die Eheleute Selm mit ihren fünf Söhnen, Tochter, zwei Knechten und einer Magd.«

»Konnte sich jemand retten?«

Der Pompier zuckte die Schultern. »Ein Sohn hat überlebt, hat sich zum Nachbarn geflüchtet.«

»Ist das Feuer durch Blitzeinschlag entfacht worden?«

»Es brannte schon vorher, sagen die Nachbarn. Mehr weiß ich nicht.« Und schon war er weg.

In diesem Moment schleppten zwei Feuerwehrmänner

eine Leiche aus dem Hauptportal. Mathilde trat so dicht heran, dass sie die Gestalt einer jungen Frau erkennen konnte, deren Gesicht wegen des Rußes und der Brandwunden kaum zu erkennen war. Ihr wurde schlecht.

Von der Seite näherte sich ein junges Mädchen, beugte sich über die Tote und sackte zusammen, immer wieder »Fräulein Josefine« schreiend. Dann begann sie heftig zu zittern.

Der Sous-Chef brüllte nur »Verschwinde«, drängte sie beiseite und rannte in den Hauseingang.

Mathilde tat das fremde Mädchen leid, das von heftigen Weinkrämpfen geschüttelt wurde. Also fasste sie es am Arm und zog es zu dem völlig unbeschädigten Bett im Garten, nicht ohne sich zu wundern, dass irgendwer es als rettenswert erachtet hatte, wo doch so vieles andere verbrannt war. Aus der Nähe bestätigte sich ihre Vermutung, dass das Mädchen höchstens fünfzehn oder sechzehn Jahre alt war, eine Schönheit mit blonden, leicht gelockten Haaren, zartem Teint, großen blauen Augen und vollen Lippen. Das genaue Gegenteil ihrer selbst.

»Kennst du die Familie?«

»Ich war hier die Dienstmagd«, stotterte sie. In ihrer Sprache war ein Dialekteinschlag, den Mathilde nicht zuordnen konnte. Dann brach sie wieder in Tränen aus und rollte sich auf der Matratze zusammen.

Noch bevor Mathilde weiterfragen konnte, erschollen vom Haupthaus laute Rufe. An der Seite standen mehrere Feuerwehrmänner mit aufgespanntem Sprungtuch. Im nächsten Moment wurde ein weiterer Mensch durch ein zerschlagenes Fenster rücklings von zwei Brandbekämpfern in das Tuch geworfen. Kaum hatten sie den Körper aus dem Tuch geholt, brüllten die beiden Pompiers am Fenster etwas und sprangen kurz hintereinander ebenfalls in das Tuch – gefolgt von Flammen, die aus der Fensteröffnung schlugen. Begleitet wurde ihr waghalsiger Sprung von erneuten Donnerschlägen und Blitzen, die das ganze Ausmaß der Schäden beleuchteten. Der eben aus den Flammen geholte Hausbewohner wurde zu der ersten Leiche gezogen und ebenfalls von einem der Feuerwehrmänner mit einem Tuch bedeckt.

Die Magd, die sich wieder aufgerichtet hatte, schluchzte auf.

Mathilde tätschelte tröstend ihre Schulter. Auf das Trösten verstand sie sich nicht, musste sie sich eingestehen. Dann siegte die Neugierde.

»Was ist geschehen?«

»Isch weeß gaar nischd meehr.«

»Was?«

»Ach, Entschuldigung. Ich meine, ich weiß gar nichts mehr.«

»Wo kommst du her?«

»Aus Meißen.«

»Liegt das im preußischen Teil von Sachsen?«

»Nee, meine Familie stammt aus dem Königreich Sachsen.«

»Wie kommt es, dass du dich retten konntest?«

»Der Herr hat mir gekündigt. Ich habe auf meinen Verlobten Heinrich gewartet. Der hat gesagt, er holt mich ab. Aber er kam nicht. Wo ist er nur?« Der Blick ihrer rotgeweinten Augen huschte über das Geschehen am Haus.

»Und dann?«

»Ich, ich weiß es nicht. Ich war durcheinander und hatte Angst, was werden soll. Ich durfte nicht da sein, musste doch weg. Deshalb lag ich wach. In Kleidern lag ich auf dem Bett.« Sie wies auf ihr einfaches schwarzes Wollkleid, das zerknittert war. Neben ihr stand ein schmales Bündel, das wohl alles enthielt, was das Mädchen besaß. Ein Arbeitsbuch lag obenauf.

»Was soll ich denn jetzt machen, wo soll ich hin?« Sie blickte Mathilde an. »Ich hab doch nichts Falsches gemacht ... Warum hat er mich entlassen?« Ihr ausgestreckter Finger wies zum inzwischen gelöschten Haupthaus.

Nach einem Moment, in dem ihr Atmen sich beruhigte, fuhr sie fort: »Dann hörte ich das Knistern. Und roch den Rauch. Ich bin aus der Kammer gerannt. Da sah ich es. Ich wollte schreien ... die anderen wecken. Ich habe keine Luft gekriegt ... nur gehustet. Gegen die Schlafkammertür der Herrschaften hab ich geschlagen. Ganz feste ... Keiner hat aufgemacht ...«

Sie hielt Mathilde die zarten Hände hin, die vom Schatten sich bildender Blutergüsse verfärbt und geschwollen waren. Zudem war die rechte blutverschmiert. »Ich hab auch versucht, die Tür zu öffnen. Aber das ging nicht, ich weiß nicht, warum.«

Wieder brach sie in Tränen aus.

»Und weiter?«, fragte Mathilde.

»Dann bin ich zurück in meine Kammer. Ich hab mein Bündel genommen, das Fenster aufgemacht und bin rausgeklettert.« Sie schluchzte auf. »Wo bleibt er nur? Und wo kann ich hin, wenn er nicht kommt? Ich hab so ein schlimmes Zeugnis bekommen. Was soll ich nur machen?«

Sie sah Mathilde verzweifelt an, die das Schicksal einfacher Mägde ohne gutes Zeugnis im Gesindedienstbuch kannte: Nur mit größter Mühe würde sie eine akzeptable Stellung finden, eher auf der Straße landen. Im preußischen Köln galt sie, die Untertanin des Königreichs Sachsens, als Ausländerin. Wurde sie zudem wohnsitzlos aufgegriffen, landete sie schlimmstenfalls im überfüllten Gefängnis und anschließend im Arbeitshaus. Mit den Armen gingen die Preußen ebenso unbarmherzig um wie die Franzosen. Eine himmelschreiende Ungerechtigkeit, wie Mathilde fand, für seine Armut und Hilflosigkeit in ein Gefängnis gesperrt zu werden.

»Kannst du nicht zurück zu deiner Familie?«

Das Mädchen schüttelte den Kopf.

»Wie heißt du überhaupt?«

»Ida. Ida Irmisch.«

»Wieso kannst du nicht zurück?«

»Nein, unmöglich. Da kann ich nicht mehr hin. Meine Eltern waren so froh, dass ich Arbeit hab. Sind genug Mäuler zu stopfen. Und dann die Schande, nein, das geht nicht. Ich kann nicht zurück.«

Mathilde nahm das Gesindedienstbuch und schlug es auf. Ida musste bereits sechzehn Jahre alt sein. Vorher brauchte man nach der preußischen Gesindeordnung, die das Führen des Arbeitsbuches erst seit einem Jahr vorschrieb, keines. Die Dienstzeit von zwei Jahren, die gestern geendet hatte; der Name ihres Dienstherren Jacobus Selm und die Eigenschaft des Dienstes waren dort aufgeführt. Doch dann stand da noch: *Entlassen wegen Diebstahls.* Mathilde stockte der Atem. Eine Katastrophe für Ida.

Die junge Frau neben ihr wies mit dem blutigen Zeigefinger auf den Vermerk. »Das war ich nicht, das habe ich nicht gemacht. Ich hab nicht gestohlen.« Wieder flossen Tränen.

Irgendetwas in ihr sagte Mathilde, dass das stimmte. Sie ließ ihren Blick schweifen und dachte nach.

»Du kommst mit mir, wenn ich hier fertig bin«, verkündete sie nach einem Moment. »Zu meinen Eltern. Die können eine neue Dienstmagd dringend brauchen.«

Wovon ihre Eltern, die sie schon öfter mit solchen Hilfsanliegen bedrängt hatte, noch nichts wussten. Aber wie immer, seitdem sie Mathilde mit diesem unsäglichen Weinhändler und hoffentlich bald geschiedenen Ehemann – drauf gespuckt – Alfred von Tabouillot verkuppelt hatten, würden sie auch diesmal ihrer Bitte nachkommen. Nach Mathildes Verständnis von Sühne gehörte sich das so. Ihre Eltern hatten sich schließlich die Heirat bezahlen lassen. Von Tabouillot hatte ihre Schulden getilgt. Sollten sie doch den Hausdiener entlassen, der außer einem eindrucksvollen Auftreten nichts zu bieten hatte und den sie lediglich behielten, damit die Nachbarn nichts von ihrer Lage erfuhren.

Wieder wurden Rufe laut, Pompiers und Nachbarn eilten zu den zugedeckten Leichen vor dem Haupthaus. Inzwischen lagen vier Tote dort, daneben kniete ein Mann in langem Gehrock und einem um den Hals geschlungenen schwarzen Tuch. Er hatte eines der Abdecklaken mithilfe seines Gehstocks gelüftet und betrachtete vornübergebeugt die Leiche darunter. Nun erkannte sie ihn. Der Stadtphysikus war eingetroffen.

Plötzlich richtete er sich hektisch auf, ließ das Laken unachtsam auf die Leiche fallen und eilte zur nächsten Leiche. Der Ablauf wiederholte sich. In der ihn umgebenden Gruppe breitete sich aufgeregtes Murmeln aus.

Mathilde tätschelte Idas Hand, die, in sich zusammengesackt, nichts von dem Tumult mitbekommen hatte. »Warte hier, ich bin gleich zurück«, verkündete sie und eilte zum ehemaligen Wohnhaus.

»Was ist hier los?«, fragte sie den Nächststehenden, der auf seinem Daumen herumkaute. Derweil war der Physikus zum letzten Laken gehastet.

»Alle tot«, brachte der Mann neben ihr heraus. Mathilde schaute auf die Tücher. Das war nichts Neues. Aber irgendetwas musste die Umstehenden in Aufruhr versetzt haben.

Just in diesem Moment erhob sich der Arzt mit derangiertem Halstuch und stellte mit aufgebrachter lauter Stimme fest, sodass alle Umstehenden ihn verstehen konnten: »Die Opfer haben alle Verletzungen, die nichts mit dem Brand zu tun haben. Das war kein Unglück, das war Mord.«

Wie aufs Stichwort schoss aus den Resten des Hausdaches, das eben noch gelöscht schien, eine Feuersäule gen Himmel, und es brach mit einem Donnerhall in sich zusammen.

Kapitel 2

Er bahnte sich den Weg durch eine Menschentraube, die sich an diesem wolkenverhangenen Morgen vor dem Hof der Familie Selm gebildet hatte. Groß und stämmig gebaut, wie er war, spannte die blaue Uniformjacke mit rotem Stehkragen und ebensolchen Ärmelaufschlägen sichtlich, und man machte ihm willig Platz. Drei Kameraden bewachten mit gezogenem Säbel das Eingangstor. So hielten sie nicht nur die Schaulustigen vom Tatort fern, sondern auch Plünderer davon ab, die Trümmer nach Brauchbarem zu durchwühlen.

Vorerst noch, denn die Fledderer würden sich früher oder später doch über den niedergebrannten Hof hermachen.

»Hans Baudewin meldet sich zum Dienst.«

Er salutierte und durfte passieren, in seinem Schlepptau auch der Neuzugang, der erst letzten Monat nach Köln versetzt worden war. Beide schritten durch das Tor.

»Jesses!«, entfuhr es ihm. Er schlug sich die Hand vor den Mund. Auch der Blick des Neuzugangs hatte sich, wie er aus dem Augenwinkel erkennen konnte, in den sechs Leinentüchern verfangen. Unter einigen zeichneten sich Körper ab, andere sahen aus wie kleine Zelte, aus denen verbrannte Extremitäten herauslugten. Sein Kollege schüttelte den Kopf und wendete sich würgend ab.

»Schäng, ich kann das nicht.«

Als ob es ihm besser erginge!

»Geh sichern. Werden ja immer mehr da draußen.«

Seine Arbeit, die er seit dem Unfall vor sieben Jahren verrichtete, war nicht sonderlich anstrengend. Es war die Ausnahme, dass er auf Kirchweihfesten dazwischenzugehen hatte, wenn zu viele Fäuste oder gar Feuerwerkskörper flogen. Selten auch, dass freche Jungspunde, die ihn und seinen Kollegen neckten, ein paar aufs Maul brauchten. Dann sorgte er mit dem nötigen Wumms für Ordnung.

Seine Älteste nannte ihn seit dem Besuch in einem Stockpuppentheater Schnäuzerkowski. Dabei war er kein in die Rheinprovinz befehligter Preuße. Er kam nicht aus Berlin, sondern vom Buttermarkt, einen Steinwurf von Groß St. Martin entfernt – da, wo es letztes Jahr auf der Kirmes so richtig gerumst hatte und sie sogar fünfzig Soldaten aus dem 28. Infanterieregiment zu Hilfe rufen mussten. Da wäre er jetzt am liebsten hingelaufen. Zurück zum Anfang. Zurück zu den Kindertagen. Und anschließend nicht in die Lehre beim Hufschmied. Keine mit dem Schmiedehammer zerschlagene Hand, die Mariele seither seine bekloppte Hand nennt. Kein Einschleimen danach bei seinem Schwager in der Stadtverwaltung. Kein Klüngel, um eine Arbeit zu bekommen. Kein Dasein als Sergeant, der unter der Woche Aufenthaltskarten von Ausländern prüfte, illegale Bordelle aushob oder an manchen Wochenenden Übermütige auf Volksfesten vermöbelte. Vor allem wäre ihm das hier erspart geblieben: Leichen wegschaffen und zum Stadtphysikus karren.

»Halten Sie nicht Maulaffen feil! Es müssen noch drei Leichen aus den Trümmern geborgen werden«, blaffte ihn ein älterer Herr an, der sich knapp als Dr. Quincus vorstellte. Er war also schon da, der Leichenbeschauer.

»Wenn Sie mir verraten, wo«, rutschte es Schäng heraus.

»Nun werden Sie mal nicht gleich frech. Ich werde mich bei Ihrem Vorgesetzten beschweren.«

»Worüber genau?«

»Na, lassen wir es gut sein. An die Arbeit! Folgen Sie mir.«

Der für den Anlass zu gut gekleidete Mediziner eilte voraus zur heruntergebrannten Scheune. Mit jedem Schritt, der ihn näher heranführte, wurde Schäng flauer im Magen. Das Dach war teilweise eingestürzt. Schindeln bedeckten den Boden, aber nicht den ersten Leichnam.

»Eine Recognition ist nicht möglich. Die Gesichtszüge sind verkohlt, aber man erkennt die Todesursache deutlich. Sehen Sie die Zerschmetterung der vorderen Schädelpartie und der Schädelkalotte? Das sind eindeutige Belege für eine Einwirkung stumpfer Gewalt. Ich tippe auf Hammer oder Axt als Tatwaffe. Ausschließen kann man schon jetzt, dass er von herabfallenden Ziegeln erschlagen wurde. Beachten Sie die Spurenlage! Nehmen Sie das auch zu Protokoll!«

»Ich soll hier nur wegräumen.«

»Ach, sind Sie noch einer von denen, die nicht lesen und schreiben können. Ist das nicht aber inzwischen Einstellungsvoraussetzung?«

Schäng hielt mit Mühe an sich. Ihm war danach, diesem aufgeblasenen Zieraffen entgegenzuschleudern, dass er ihm das Protokoll fehlerfrei auf den Arsch brennen könne, wenn er es darauf anlegte, aber er hielt die Klappe. Er hatte sich schon mal eine Ermahnung wegen ungebührlichen Verhaltens gegenüber Weisungsbefugten eingefangen, und die reichte ihm.

»Nun gut, die beiden armen Teufel dort hinten nehmen Sie gleich weg und bringen sie zu den anderen. Aber passen Sie auf! Ich brauche beide am Stück.«

Schäng stutzte.

»Da vorne auf dem Brunnenrand liegen Laken. Heben Sie die Leiche hier vorsichtig darauf und ziehen Sie sie zu den anderen. Aber zuerst zeige ich ihnen noch die weiteren Opfer, die zu bergen sind. Haben Sie eigentlich keinen Kollegen, der Ihnen helfen kann? Na ja, andererseits sind Sie ja 'ne staatse Kääl, wie man hier so sagt.«

Wieder eilte Dr. Quincus voraus, wieder ging Schäng zögerlich hinterher. Den Anblick des Leichnams bekam er nicht aus dem Kopf. Er fürchtete sich vor der nächsten bleibenden Erinnerung.

Der Arzt steuerte auf den hinteren Scheunenbereich zu. Dort stand noch eine völlig verrußte gemauerte Wand.

»Stolpern Sie nicht über den Arm, den so ein Trottel von Pompier wohl mit einer Dachstrebe verwechselt und abgerissen hat. Die dazugehörige Hand fehlt noch. Haben Sie ein Auge darauf.«

Schäng stieg die Kotze hoch. Nur mit Mühe schluckte er sie herunter.

»Kommen Sie! Nur keine Müdigkeit vorschützen!«

Wer war dieser Mann? Ein Stüpp im feinen Zwirn? Wenn Schäng eines sicher wusste, dann, dass er sich heute Abend im Brauhaus den Kopp mit Kölsch zuschütten würde, bis er den Spuk abgeschüttelt hatte. Koste es, was es wolle. Musste er halt nebenbei ein paar mehr Silbergroschen verdienen.

»Nun kommen Sie schon!«, drängte der menschgewordene Schrecken.

Schäng wappnete sich innerlich, folgte widerwillig und erschrak bis ins Mark.

In dem, was einmal die Knechtekammer am Ende der Scheune gewesen sein musste, in deren leer gähnender Türöffnung er stehen zu bleiben hatte, lagen nur noch Reste eines Menschen. Der Körper war heruntergebrannt wie eine Kerze, die an beiden Enden angezündet worden war. Es war aber nicht der Geruch von Wachs, der ihm in die Nase stieg, sondern es roch süßlich nach aufgeplatzten Bratwürsten. Schäng würgte mit Mühe die ihm hochkommende Pampe von drei Bissen Brot herunter, für die es zum Frühstück nur gereicht hatte.

»Wir können nur aus dem Umstand, dass der Leichnam hier gefunden worden ist, folgern, dass es sich um einen Mann handelt. Sie müssen ganz besonders vorsichtig sein. Es ist eine Kunst, bei so was die Todesursache festzustellen. Es kommt auf jedes Detail an.«

Schäng sah sich in Gedanken auf dem Absatz umdrehen und aus dem Gebäude rennen. Aber die Blöße würde er sich nicht geben. Den Begriff der Vorwärtsverteidigung hatte er bei dem Einsatz mit den Soldaten aufgeschnappt, als die auf alle und jeden eindroschen, die nicht schnell genug vom Ort des Geschehens weggelaufen waren. Er musste hier raus.

»Wo ist die dritte Leiche?«

Der Stadtphysikus blickte ihn überrascht an.

»Na, Sie stecken ja ganz schön was weg. Sie scheint man für heikle Aufgaben gebrauchen zu können. Wie heißen Sie?«

Warum wollte er das wissen?

»Hans Baudewin.«

»Gut, mein lieber Baudewin, dann gehen wir weiter. Dort vorne liegen auch noch Reste von dem, was mal ein Mann gewesen sein dürfte.«

Ein paar Schritte später deutete dieser Quincus mit beiden Zeigefingern auf einen ebenfalls bis zur Unkenntlichkeit verbrannten Körper. Die Reste einer Samtweste und der Geschlechtsteile waren noch erkennbar.

»Mit wem soll ich anfangen?« Schäng verteidigte weiter nach vorn.

»Holen Sie die Laken! Ich helfe Ihnen mit denen hier. Die wollen behutsam angefasst werden. Da brauchen Sie ein zweites Paar Hände.«

Umso besser. In Nullkommanix war Schäng draußen.

Die nächste Viertelstunde konzentrierte er sich darauf, immer ein paar Zentimeter über alles hinwegzusehen, was er anzufassen, aufzuheben und auf die Laken zu legen hatte. Als alle sterblichen Überreste geborgen waren und der Stadtphysikus nach dem Planwagen rief, lenkte Schäng, der neben all diesen Laken stand, seine Aufmerksamkeit auf die anderen Figuren, die den Ort des Schreckens bevölkerten. Er hatte sie bisher nur am Rande wahrgenommen. Feuerwehrleute, die Schutt wegräumten und verschiedene Dinge zusammentrugen. Dinge, die offenbar zur Aufklärung des Geschehens wichtig waren: ein altes Beil mit einer gut sieben Zoll langen Scheide und einem anderthalb Zoll breitem Rücken, zwei Dosen Brennspiritus. Das hatte eben jemand an ihm vorbei aus der Knechtekammer getragen, als der Arzt und er die Überreste der Brandleiche bedachtsam wie einen Säugling in das Leinentuch gewickelt hatten. Dann waren da noch eine silberne Zylinderuhr und ein Taler, die neben das Beil gelegt worden waren. Schäng hatte auch hier aus dem Augenwinkel gesehen, dass ein Pompier beides unter einem Ziegel in der Scheune gefunden hatte, während er selbst das erschlagene männliche Opfer allein auf das Laken gehoben hatte. Was die Feuerwehrmänner sonst noch in der Brandstätte gefunden hatten, konnte er nicht erkennen.

Ein gellender Schuss ließ Schäng aufschrecken. Am Hoftor brach Tumult aus.

»Auseinander«, brüllte eine kräftige Tenorstimme. Schäng erkannte, dass gut zwei Dutzend Soldaten, vermutlich aus der Dominikaner-Kaserne, angerückt waren, um die Sergeanten am Tor zu unterstützen. Die Menge stob auseinander, als ein zweiter Schuss fiel. Durch die Rinne fuhr ein zweispänniger Pferdekarren mit bogenförmigem Planendach, gezogen von zwei Ardennern, in den Hof. Der Kutscher lenkte die Rösser an den Leichnamen vorbei, aber nur so weit, dass der Planwagen wie ein Sichtschutz zwischen den Neugierigen in der Gereonsmühlengasse und den Toten stand.

Der Kutscher sprang ab und blickte auf die vielen Laken. »*Do leeven Jott*«, murmelte er.

»Was an dem Gott soll lieb sein?!«, raunte ein Feuerwehrmann Schäng zu.

Aus irgendeiner Ecke tauchte der Stadtphysikus auf. Mit einem Kohlestift nummerierte er die Laken.

»So, Baudewin, die Nummern eins bis vier kommen nach unten, da ist die Todesursache klar. Die mit den Nummern fünf bis sieben legen Sie darüber. Da ist zumindest genug Mensch übrig für die Untersuchung. Die letzten beiden, also die Nummern acht und neun legen Sie obenauf, damit die durch den Druck der anderen nicht zerbröseln.«

Dann wandte sich der Stadtphysikus an den Kutscher.

»Ich habe angewiesen, dass die Leichenschau im Bürgerhospital stattfindet. Der Wundarzt, der mich hierher begleitet hatte, ist bereits nach dort unterwegs. Hier konnte er nichts mehr ausrichten. Er erwartet Sie.«

Schäng atmete tief durch.

»Baudewin, Sie begleiten die Kutsche. Ich lasse Ihren Vorgesetzten informieren.«

Er würde auch das noch überstehen, dachte Schäng. Dann war es geschafft.

»Ach, noch eins«, setzte Dr. Quincus nach, »Sie sind mir persönlich dafür verantwortlich, dass die Fracht ordentlich abgeladen wird. Und zwar so, wie sie hier liegen. Nebeneinander. Sie warten auf mich. Ich gebe Ihnen dann weitere Weisung.«

Verdammte Driss! Vorwärtsverteidigung konnte nach hinten losgehen.

Der Kutscher schien das Gemüt eines Fleischerhundes zu haben. Er griff nach den Lakenecken, als seien es die Zipfel von Mehlsäcken. Schäng war überzeugt, nur der Hinweis von Dr. Quincus, es mit zerbrechlicher Fracht zu tun zu haben, hielt ihn davon ab, die Leichen über die Schulter zu wuppen und auf die Ladefläche zu stemmen. Brummelig ließ er sich von Schäng helfen. Beide hievten die toten Körper auf ein Bohlenbrett und schoben sie auf die Ladefläche. Schäng sprang Leiche für Leiche auf den Wagen, um die Opfer entgegenzunehmen und so anzuordnen, wie ihm aufgetragen worden war. Für eine Schrecksekunde waren ihm die Lichter ausgegangen, als vom Totenstapel ein loser Arm heruntergerutscht war und dabei sein Gesicht gestreift hatte. Es fühlte sich schlimmer an als das Streicheln seines Rückens mit dem Gürtel des Vaters, bevor er ausholte und auf ihn einschlug. Noch mal und noch mal, bis die Unartigkeit des mittleren von drei Söhnen wiedergutgeprügelt war. Der Arm hingegen fiel auf die Ladefläche, ohne erneut auszuholen, und Schäng taumelte.

»Rinn domet!« Der Kutscher reichte Schäng einen Flachmann und bedeutete ihm, einen kräftigen Schluck in sich hineinzukippen. Der schüttelte den Kopf.

»Dat es kein Schabau. Dat es Millezing.«

Wenn der bis in den kleinen Zeh erschrockene Schäng das auch nur allzu gern geglaubt hätte, so war er doch sicher, dass in dem Flachmann Schnaps und nicht etwa Medizin war. Er lehnte wieder ab. Der Kutscher beharrte darauf, dass es Heilwasser sei. Als er schließlich erklärte, es handele sich um Klosterfrau Melissengeist, war Schäng endlich überzeugt. Das hochprozentige Zeug gab es in der Apotheke zu kaufen. So war es sicher kein Dienstvergehen, sich auf den flauen Magen ein paar Tröpfchen zu genehmigen. Er spülte die schauerliche Berührung und die Erinnerung an die Striemen hinunter. Die Tröpfchen hätten drei Esslöffel gefüllt.

»Jeht et widder?«, fragte der Kutscher.

Schäng nickte. Die Mixtur weckte nicht nur kranke Lebensgeister, sondern knallte auch ganz schön im Kopf. Das Klosterfräulein, das vor vier Jahren mit viel Brimborium auf Melaten beerdigt worden war, war vermutlich ein Schlitzohr. Ihr Kosmetikum wurde als Allheilmittel gefeiert. Und vorn auf dem Fläschlein war sogar mit königlicher Genehmigung das mittlere Wappen Preußens.

Warum es ihr noch kein Kölsch-Brauer nachgemacht hatte, Hopfen als Heilkraut anpries und sein Bier als Medizin verkaufte?

Schäng schüttelte sich.

»Danke!«

Der Kutscher murmelte etwas, dann schlug er Schäng auf die Schulter und stieg auf den Kutschbock. Der Planwagen setzte sich in Bewegung.

Schäng zupfte seine Uniform zurecht und holte zu den Gäulen auf.

Irgendwer brüllte irgendwas. Die Menschenmenge am Tor teilte sich. Sicher steuerte der Kutscher die besondere Fracht in die Gereonsmühlengasse, um von dort in den Gereonswall einzubiegen. Der Neuzugang, der eben stritzen gegangen war, hatte sich wortlos angeschlossen und sicherte die rechte Seite. Das Militär verhinderte, dass die Schaulustigen der Kutsche nachliefen.

Mittag war inzwischen vorüber. Ein fein gewobener Wolkenteppich mit Mottenlöchern schwebte über der Stadt. Die Sonne konnte immer wieder ihre Nase durchstecken und ihre Strahlen auf die Stadt schnupfen. Die letzten paar Jahre hatte sie es nicht so gut gemeint. Hinter mehrlagigen, dicken Teppichen hatte sie sich zurückgezogen und den Regenwolken dabei zugesehen, wie sie mit ihren Wassermengen die Ernte ertränkt hatten. Was der Regen nicht besorgen konnte, erledigte das Rheinhochwasser im März 1845. Was der Strom und sein Schlamm nicht zerstört hatten, schaffte die Kartoffelfäule. Und was der Schimmel an den Knollen nicht vermocht hatte, vollstreckte nun die Teuerungsrate. Lebensmittel waren für viele schier unerschwinglich. Die Folgen entgingen Schäng nicht. So viele zu frühe Tode, so viele vom Hunger Aufgezehrte. Er sah auch heute ein paar von der Not gezeichnete Kinder am Wegesrand. Hohle Wangen, dürre Leiber, in geflickten Hosen und mit nackten Füßen. Bläck Fööss, echote es in seinem Kopf, der versuchte, seine Gedanken im Melissengeist bunt zu baden. Aber sie waren trotzdem noch da, die Pänz, die Unkraut ausstachen und nur aufblickten, um die Passanten zu mustern, ob sich betteln lohnte. Als er sie ansah und sich ihre Blicke trafen, liefen sie weg. Er war hier draußen in seinem Revier Preuße, nicht die gefühlige Schrankwand mit den vielen Schubladen, wo immer noch eine Sorge hineinpasste. Damit zog Mariele, seine Frau ihn immer auf.

Wortlos zogen sie am Gereonstor vorbei, das in seiner Kindheit noch zugemauert gewesen war. Die Erzählungen über das alte Stadtgefängnis, das dort untergebracht war, hatte Schängs Großvater gern als kleine Schauergeschichte zur Nacht zum Besten gegeben. Der schmiedeeiserne Beschlag der Kutschenräder klackerte über das Kopfsteinpflaster. Zu laut, um von der Geräuschkulisse Kölns übertönt zu werden. Irgendwie war die Stadt leiser geworden. Auch ihr hörte man die Not an. Das jahrelange Wachsen und Herausputzen hatte aufgehört. Die Baukrise und Kreditklemme, die der anhaltenden Teuerung gefolgt waren, trieben die Hände der Handwerker und Tagelöhner in deren Hosentaschen, weil sie nichts zu tun hatten. So manchen hielt nur sein krummer Sinn am Leben. Er machte lange Finger. Nur am Dom klopfte und hämmerte es noch gelegentlich. Er sollte endlich fertigwerden. Schäng lachte laut auf. Der Melissengeist wirkte. Fast vergessen schien die grausliche Fracht, bis auf einmal eine Frau hysterisch aufschrie.

»D'r schwatze Dud es zoröck.«

Schäng schaute sich nach der Stimme um. Eine knorrige Alte mit strahlend weißer Kittelschürze stocherte mit ihrem Stecken in der Luft herum, zeigte auf die Kutsche und kreischte wieder: »D'r schwatze Dud es zoröck.«

Der schwarze Tod war nicht zurück. Mit Pocken und Cholera waren sie allerdings genug gestraft. Noch ehe Schäng sich zurechtlegen konnte, wie er ein solches panikverbreitendes Gerücht unterbinden könnte, ranzte der Kutscher sie an. »Kauf dir e Brill! Dat sin de Verbrannten vum Schöttelshof, Zilla.«

Die alte Frau schwieg. Schäng drehte sich noch mal nach

ihr um und sah, dass sie einen Rosenkranz zwischen den Fingern bewegte. Sie murmelte etwas. Vermutlich das Glaubensbekenntnis.

Schäng betete auch, aber mit ganz diesseitigem Bezug. Vor seinem geistigen Auge erschien ein Eimer kaltes Wasser, in den er seinen Kopf stecken konnte. Seine Haare klebten unter der Pickelhaube. Die weiße Hose war rußverschmiert, die roten Ärmelaufschläge ebenfalls. Mariele würde die Pimpernellen kriegen.

Inzwischen marschierten sie den Friesenwall lang am Friesentor vorbei. Über die Seitenstraßen mussten die Schaulustigen zu ihnen aufgeschlossen haben. Oder waren das andere, vom Gekeife der Alten angelockte Neugierige? Die meisten zogen die Schiebermütze vom Kopf, als die Kutsche sie erreichte. Immer mehr Fenster in den Häusern öffneten sich. Dreifensterhäuser rahmten windschiefe Fachwerkhäuser ein. Gekälkte Fassaden, verputzte Fassaden, rohe Backsteinfassaden. Aus allen reckten sich Köpfe. Die Blicke versuchten, unter die Plane zu schlüpfen. Unbeirrt von den Zuschauern ließen die Gäule grünlich-braune Äpfel fallen. Der Geruch stieg in Schängs Nase. Er fand es geradezu wohltuend nach dem Gestank verbrannten Fleisches.

Sie bogen in die Breite Straße ein.

Aus dem Nichts stellten sich ihnen plötzlich fünf, sechs junge Männer in den Weg. Alle eine Schlagkeule in der Hand. Einer steuerte sofort auf den Bock zu, sprang auf, packte den Kutscher am Kragen und riss ihm die Zügel aus der Hand.

»Muss ja wertvoll sein, was du da geladen hast, wenn zwei Sergeanten dich begleiten. Lass doch mal sehen.«

Driss. Auch das noch. Dass die Muffe vor ihm und den paar Polizisten, die Köln hatte, gering war, bewies jede Kirmes aufs Neue. Der Neuzugang hatte schon den Säbel gezogen und hielt noch die drei anderen Räuber in Schach. Jetzt musste Schäng schnell sein. Er schoss auf den jungen Kerl zu, der sich ganz außen auf seiner Seite aufgebaut hatte, nahm ihn mit dem linken Arm in den Würgegriff und schleifte ihn ans Ende der Kutsche. Noch hatte er das Überraschungsmoment auf seiner Seite, die anderen beiden Angreifer verharrten baff.

»Isch ries üch, wat do drop es«, brüllte er in breitestem Kölsch. Und er würde ihnen tatsächlich zeigen, was auf der Ladefläche war. Nur so hatte er eine Chance, sie in die Flucht zu schlagen. An eine Verhaftung war nicht zu denken. Wie sollten sie beide diese Jungspunde ohne Verstärkung arretieren, mit Umweg zum Revier bringen, und gleichzeitig den Leichenzug bewachen, der unterwegs noch andere Idioten anlocken könnte?

Er griff mit der freien rechten Hand nach dem abgetrennten, verbrannten Arm. Dann zerrte er den Räuber wieder nach vorn und zeigte wahrhaftig, was auf der Ladefläche war.

»Leichen klauen, ihr Clowns? Das Fleisch kriegt ihr aber nur auf Melaten quitt.«

Der Jüngling in Schängs Umklammerung würgte. Dem auf dem Kutschbock reichte er den Arm an. »Nimm. Ja, nimm schon! Hinten ist noch mehr von der Beute. Halbe Köpfe. Verkohlte Klöten.«

Der junge Räuber machte große Augen, ließ vom Kutscher ab. Der Neuzugang nutzte den Moment, zog ihn vom Bock herab, drängte ihn gegen die Kutsche und hielt ihm den Säbel vor die Kehle. Mit seiner freien Hand stieß er den Kopf heftig gegen den Holzrand des Planwagens. Der Kerl ging in die Knie. Der Neuzugang zog ihn am Kragen hoch und trat dem Taumelnden so fest in den Hintern, dass er stolpernd in seine Bande flog.

Schäng ließ den Arm fallen und pfefferte seinen Fang vor das hintere Kutschrad. Dann verpasste er ihm eine Backpfeife, dass es im Kiefer des Nichtsnutzes knirschend nachhallte. Der Knabe heulte auf.

»Zisch ab, du Pfeife! Geh bei der Mama knaatschen!«

Die jungen Männer verdufteten so schnell, wie sie aufgetaucht waren.

»Und ihr«, keifte Schäng die umstehenden Schaulustigen an, »wenn *euch* demnächst einer beraubt, glotz *ich* auch bloß. Tach.«

Nachdem er den Arm wieder auf die Ladefläche gelegt hatte, setze sich der Planwagen erneut in Bewegung. Jedoch erst, als der Kutscher seinen zweiten Flachmann an beide Sergeanten heruntergereicht hatte.

Schäng war es inzwischen eins, wenn er angeschickert am Ziel eintraf. Hauptsache, er kam an. Und die Leichen waren wohlbehalten. Konnte man das so sagen? Egal.

Er atmete auf, als er den Neumarkt sah. Das Hospital lag nicht weit dahinter.

Kapitel 3

In seinem Kopf herrschte Aschermittwoch. Schäng war gestern Abend abgestürzt in ein Fass Kölsch, und hatte sich herausgetrunken. Ein stechender Schmerz an den Schläfen plagte ihn. Er hatte das Gefühl, als hingen die Steinmetze von der Dombauhütte an seiner Turmspitze. Der Versuch, die Bilder der Toten herunterzuspülen und dann im Pissoir zu lassen, hatte nicht geklappt. In der kurzen Nacht waren sie ihm im Traum erschienen: lebensgroße Stockpuppen, die brennend um ihn herumtanzten und dabei zu Stockbrot verschrumpelten. Mariele hatte ihn aus dem Traum gerüttelt, weil er um sich geschlagen hatte.

Der hier, der schlief wie ein Toter. Schäng saß am Bett des einzig überlebenden Mitglieds der Familie Selm. Man hatte ausgerechnet ihn wieder an den Ort des Geschehens beordert. Johann Selm, den er bewachen sollte, war bei Familie Ziethen im Nachbarhaus untergekommen.

Der Geruch, der von dem reglosen Körper vor ihm ausging, war gottserbärmlich. Der Schlafende stank, als hätte auch er Karneval hinter sich; als wäre er nach tagelanger Kneipentour sturztrunken heimgekehrt, in sein Bett gefallen, die mit Schweiß und Tabakrauch vollgesogenen Klamotten noch am Leib, und hätte sich dann bekotzt, ohne darüber wach zu werden. Dabei war sein Nachtgewand sauber. Um den Kopf war ein Verband gewickelt, auch um den rechten Unterarm, der aus dem Nachthemd herauslugte. Ob er noch mehr Verletzungen davongetragen hatte, konnte Schäng nicht erkennen. Das Hemd war durchnässt. Der junge Mann schwitzte stark, so ruhig er auch dalag. Doch all das konnte nicht verbergen, dass er mit seinen feinen und regelmäßigen Gesichtszügen und dem lockigen Haar sicherlich die Blicke der Frauen auf sich zog.

Schäng hätte dem armen Tropf gewünscht, dass es wirklich nur der Fastelovend gewesen wäre, der ihn in den Zustand versetzt hätte. Aber der hier, der würde, wenn er wach wurde, noch nicht mal einen Kater haben. Der würde aufwachen und hätte niemanden mehr, schoss es Schäng durch den Kopf. Die Vorstellung, wie sich das anfühlen musste, hatte die Schieber in Schängs Tränenkanälen angehoben. Er war im Brass mit diesen unzuverlässigen Schiebern und rieb sich die Augen. Irgendetwas, das nach Kneipe roch, dünstete der Schlafende aus. Und wenn er stöhnte, wie jetzt, stieg saurer Atem in Schängs Nase. Er stand auf und rückte den Hocker, auf dem er gesessen hatte, ans offene Fenster.

Wieder blickte er auf den jungen Mann, in dessen Gesichtszügen noch der Junge zu erkennen war, so kindlich, so unbekümmert, wie Johann Selm noch vor wenigen Jahren gewesen sein könnte.

Warum musste er das arme Menschenkind bewachen? Nahmen die hohen Herren vom Öffentlichen Ministerium an, die Täter kehrten zurück, um die ganze Familie auszulöschen?

Schäng fand das bestuß und fasste sich unwillkürlich an den Kopf. Also, was sollte er hier? Wenn er bei der Arbeit hätte sitzen wollen, wäre er Weber geworden. Er lauschte den Glockenschlägen von St. Gereon. Eine Stunde verging, dann zwei. Jede nächste dauerte länger als die vorangegangene. Schäng fürchtete schon, die Zeit könne aus Versehen stehenbleiben. Johann Selm schlief immer noch tief und fest. Wieder blickte Schäng sich in der Kammer um. Er könnte inzwischen die Maserung der Holztüre nachzeichnen, wenn man ihn dazu aufforderte, auch die Risse im Putz der Wände. Wie hatte sich das einzige überlebende Mitglied der Familie Selm nur hierhin schleppen können, verletzt wie er war, fragte sich Schäng beim Anblick des Bewusstlosen. Man hätte sein Klopfen gegen die Haustür kaum gehört, so hatte die alte Ziethen Schäng verzällt.

»Ach Gott, unser Haus brennt«, habe der junge Selm nur noch geraunt. Dann sei er in diese tiefe Ohnmacht gesunken. Daraus war er nun seit zwei Tagen nicht erwacht.

Endlich hörte der Sergeant vor der Tür Schritte und Stimmen. Schon öffnete sie sich, und der Instructionsrichter Dr. Lindlar trat ein. Schäng kannte ihn, weil er ihm schon so einige Beschuldigte zur Einvernahme hatte vorführen müssen. Offenbar leitete er auch dieses Ermittlungsverfahren. Direkt auf dem Fuße folgte dem Richter der Stadtphysikus Dr. Quincus, der Schäng kurz zunickte, als er ihn erkannte, sowie ein Gerichtsschreiber.

Alle drei traten an das einfache Bettgestell und begutachteten den dort Liegenden.

»Hm«, machte Dr. Lindlar an Dr. Quincus gewandt, »meinen Sie, er kann uns hören?«

Der Arzt trat näher heran und beugte sich über Johann Selm. Schäng wusste, was der sehen würde: ein stark gerötetes Gesicht, die Kiefer fest aufeinandergepresst, hielt der junge Mann die Augen vor der Welt verschlossen. Schäng verstand das – bei den Aussichten, die ihn erwarteten.

Dr. Quincus schien entschlossen, ihn zu wecken.

Erst rüttelte der Arzt am Arm des Patienten, dann stieß er mit dem Zeigefinger dagegen, als Selm keine Reaktion zeigte. Er rührte sich dennoch nicht. Dann zog der Arzt seine Taschenuhr heraus und umfasste Johanns Handgelenk.

Derweil trat der Instructionsrichter an die kleine, Kommode an der Seitenwand des Raumes, auf der die Kleidung des Johann Selm lag. Auch auf die hatte Schäng lange genug geglotzt. Der Richter winkte den Gerichtsdiener heran, und Schäng hörte ihn diktieren: »Ein gestreiftes baumwollenes Oberhemd, eine wollene Jacke, lederne Tragbänder und eine mit einer Litze um den Hals zu schlingende silberne Cylinderuhr.«

Er fasste in die Taschen der Jacke und zog deren Inhalt heraus. »Zwei Taschenmesser und ein ledernes Portemonnaie, welches« – er ließ Münzen in seine Hand gleiten und zählte sie – »dreizehn Taler enthält.«

Dann ergriff er das Hemd, besah es genauer und diktierte weiter: »Auf dem Hemd befinden sich hinten große Flecken. Dem äußeren Anschein nach handelt es sich um Blut.«

Er wandte sich wieder Dr. Quincus zu, der gerade verkündete: »Der Puls schlägt etwa fünfundfünfzig Mal pro Minute.« Dann zog der Arzt Johanns Augenlider hoch. »Die Augen sind starr und ausdruckslos, aber sie reagieren auf Licht, wenngleich schwächer als im Normalzustand. Hm! Wann und in welchem Zustand wurde er denn gefunden?«

»In der Brandnacht«, berichtete Dr. Lindlar. »Anscheinend hatte er sich bis vor dieses Haus geschleppt. Er war nur kurz noch bei Bewusstsein, dann fiel er in diese Ohnmacht. Man trug ihn herein. Schließlich kannte man ihn aus der direkten Nachbarschaft. Der Schöttelshof ist nur gute vierhundert Schritte entfernt. Der sofort herbeigerufene Arzt, Ihr Kollege Dr. Benrath, fand den Johann auf einer Bank liegend vor. Er war nicht ansprechbar. Man zog ihm die Oberkleider aus und versorgte die Rückenwunden. Messerstiche, vermutete Ihr Kollege. Bei der Untersuchung stellte der Arzt Stichwunden im Rücken und am Schulterblatt, eine im Bauchraum und eine am Arm fest, die er versorgte. Dann setzte er in der Schläfengegend Blutegel, indes ohne sichtliche Einwirkung auf seinen Zustand. Können Sie, verehrter Dr. Quincus, etwas zu den Verletzungen sagen?«

Der Stadtphysikus nickte und untersuchte Johann genauer, taste ihn ab, nahm den Verband von der Armwunde, hob den Verletzten an der Schulter an, sodass er dessen Rücken begutachten konnte, und zog die Decke von den Beinen weg. Zum Vorschein kamen schmutzige, geflickte Beinkleider aus Leder und Strümpfe, die zerrissen und völlig verdreckt waren. An der linken Hosenseite war ein größerer Fleck wie von abgewischtem Blut, wie Schäng erkannte.

Nun nahm sich der Arzt den Kopf vor. »Am Hinterkopf befindet sich eine etwas erhabene Stelle von geringem Umfange, jedoch ohne eine Spur von Sugillation, also eine Beule ohne Bluterguss.«

Schäng sah, wie Dr. Quincus die Stelle abtastete. »Sagten Sie nicht, dass er ohnmächtig vor dem Hause zusammengebrochen ist?«, fragte er den Instructionsrichter. Der nickte nach einem kurzen Blick in die mitgebrachten Unterlagen.

»Nun, vermutlich ist die Verletzung entstanden, als der Patient ohnmächtig auf dem Boden niedergeschlagen ist.«

»Was meinen Sie, wann wird er ansprechbar sein?«, fragte Dr. Lindlar.

»Sie sehen ja selbst, dass der junge Mann auf nichts reagiert, auch auf Berührung nicht. Ich kann nicht vorhersagen, wann er aufwacht.«

»Haben Sie alles mitgeschrieben?«, fragte Dr. Lindlar den Gerichtsdiener, der bestätigend nickte und sich von seinem Stuhl hinter einem Tischchen am Fenster erhob.

Plötzlich ertönten vom Bett ein Stöhnen und ein Schmerzenslaut. Alle fuhren herum. Dr. Quincus eilte zu dem Patienten, der sich in willkürlichen Schlingerbewegungen von einer Seite zur anderen wand. Schäng konnte erkennen, dass Johann die Augen weit aufgerissen hatte, ebenso den Mund.

»Ruhig, ruhig.« Der Arzt versuchte, Johann zu besänftigen, der nun mit den Fäusten in die Luft stieß, als ringe er mit einem Angreifer. Nur langsam beruhigte sich die Atmung des Patienten, und sein Blick wurde klarer.

»Wo, wo bin ich?« Er blickte panisch zwischen Richter und Arzt hin und her.

»Können Sie sich denn nicht erinnern?«, fragte Dr. Lindlar.

Johann schüttelte den Kopf. »Doch«, er richtete sich auf und schnappte nach Luft, »unser Hof, er brennt!«

Der Instructionsrichter schob sich an Dr. Quincus vorbei näher an das Bett heran.

»Können Sie uns sagen, was geschah?«

»Lassen Sie den Mann doch erst einmal zu sich kommen«, fuhr der Arzt dazwischen und zwängte sich wieder an das Bett. Erneut umfasste er Johanns Handgelenk und zückte mit der freien Hand seine Uhr.

»Wie lange liege ich hier schon? Und wo sind meine Eltern? Wo meine Brüder? Meine Schwester?« Seine Atmung wurde immer hektischer.

Der Arzt ließ die Uhr sinken und legte die ergriffene Hand zurück auf das Bett.

»Warum sind sie nicht hier? Kommen sie nicht, um mich nach Hause zu holen?«, fragte Johann ängstlich.

»Sie müssen erst völlig genesen sein, dann dürfen Sie wieder Besuch empfangen«, antwortete er nach einem kurzen Blick zum Richter.

»Gottlob!« Johann atmete schwer aus und ließ sich – wie es Schäng vorkam – beruhigt zurück auf das Bett sinken.

»Trotzdem müssen wir wissen, was in der Brandnacht geschah. An was erinnern Sie sich?«, mischte sich der Richter wieder ein.

Dr. Quincus fuhr mit empörtem Gesicht herum.

»Der Patient ist gerade erst erwacht. Er ist noch nicht ganz bei Sinnen. Und er wurde schwer verletzt. Sie können ihn jetzt noch nicht befragen!«

»Aber ich muss wissen, wer dafür verantwortlich ist. Ob weitere Gefahr für die Bevölkerung besteht. Das müssen Sie doch einsehen!«

Dr. Quincus, dessen Gesicht eine bedrohlich rote Farbe angenommen hatte, setzte an zu erwidern, doch anscheinend überlegte er es sich anders. Sein gerade noch verkniffenes Gesicht entspannte sich. »Aber nur ganz kurz! Außerdem kann ich Ihnen nicht sagen, wie zuverlässig seine Aussagen sind. Er könnte noch in seinem Trauma gefangen sein.«

Dr. Lindlar nickte, während der Gerichtsschreiber sich wieder an den kleinen Tisch vor dem Fenster setzte, seine Blätter ausrichtete und seine Feder in Tinte tauchte.

»An was können Sie sich noch in der Brandnacht erinnern?«, wandte sich der Instructionsrichter an den inzwischen aufrecht sitzenden und wacher schauenden Johann.

Stockend und nuschelnd begann der zu erzählen. »Es muss wohl schon ein Uhr in der Nacht gewesen sein, als ich von einem geheulartigen Lärm wie von Hunden und dröhnenden Donnerschlägen erwachte. Mein Zimmer war erhellt von einem Feuerschein von draußen, und ich gewahrte ein Prasseln. Feuer!« Selm schluckte, und im Flackern seiner Augen meinte Schäng einen Widerschein der Flammen wahrzunehmen. Ihn schauderte es. Der Junge sprach inzwischen weiter, und seine Stimme wurde mit jedem Wort deutlicher und fester. »Ein Jahr zuvor hat es bei uns schon einmal gebrannt. Erschrocken sprang ich auf und zog mich rasch an. Ich öffnete die Tür zum Flur und wollte zu den Zimmern meiner Eltern und Geschwister rennen, um sie zu warnen. Doch auch dort brannte es schon, und der Flur war so verqualmt, dass ich mein Ansinnen aufgeben musste und zurück in mein Zimmer stolperte. Dann habe ich das Fenster geöffnet und bin rausgesprungen.« Er blickte auf. »Was ist mit meinen Eltern?« Seine Atmung war wieder hechelnd geworden.

»Das reicht«, mischte sich Dr. Quincus ein, doch der Richter brachte ihn mit einer Handbewegung zum Schweigen. »Ihre Eltern sind nicht Opfer der Flammen geworden. Wie sah es draußen aus?«, fragte er.

Schäng stockte der Atem. Das war zwar genau genommen keine Lüge, aber ein Schlag ins Gesicht, wenn der Junge später die Wahrheit erfahren würde.

»Ich erkannte sofort, dass die Scheune in hellen Flammen stand und das Dach einzustürzen drohte. Ein Blitzschlag, dachte ich, muss das Feuer entfacht haben. Als ich mich zur Scheune wandte, um zu retten, was es zu retten gab, gewahrte ich neben ihr einen Mann in Richtung Straße gehen. In der Meinung, dass es mein Vater oder einer meiner Brüder sei, rief ich ihm zu: ›Bleib stehen!‹. Tatsächlich wandte er sich um, trat neben den Lattenzaun an der Scheune und feuerte einen Schuss auf mich ab. Soviel ich in der Eile sehen konnte, trug der Mann auffallend dunkle Kleidung. Der auf mich abgefeuerte Schuss muss ein Schrotschuss gewesen sein, denn ich hörte in den Kronen der in der Nähe stehenden Bäume ein Prasseln wie von Hagelkörnern.

Panisch ergriff ich die Flucht in Richtung des benachbarten Hofes. Er kam hinter mir her und stürzte sich auf mich. Dann spürte ich, wie er auf mich einhieb, und verlor das Bewusstsein. Als ich aufwachte, rappelte ich mich hoch und schleppte mich zum Hof der Familie Ziethen. Ich weiß noch, dass ich nach Ziethen rief, aber danach kann ich mich an nichts mehr erinnern.«

Nach einem Moment fragte der Richter nach: »Und weiter? Was geschah dann?«, was ihm einen bitterbösen Blick von Dr. Quincus einbrachte, den er übersah.

Schäng sah Johann den Kopf schütteln, Tränen hatten sich in seinen Augen gesammelt, und das Gesicht war zur Grimasse verzogen.

»Was ist mit unserem Haus? Ist es abgebrannt?«

Dr. Quincus nickte.

»Ich will, dass meine Eltern kommen.«

Johann sackte zusammen. Dr. Quincus prüfte seinen Puls.

»Alles in Ordnung«, teilte er dem Ermittlungsrichter mit. »Wir gönnen ihm nun Ruhe. Ich veranlasse, dass der Doktor regelmäßig nach ihm schaut.«

Sie packten ihre Sachen zusammen und wandten sich zum Gehen. Noch in der Tür wandte sich Dr. Lindlar flüsternd an den Stadtphysikus. Schäng hatte Mühe, alles zu hören. »Mich erinnert der Fall an einen vergleichbaren von vor einem Jahr. Da wurde in Deutz eine begüterte Familie im Schlaf heimgesucht, ausgeraubt und brutal erschlagen, nachdem zwei Familienmitglieder den Überfall bemerkt und sich in den Weg gestellt hatten. Bei einem anderen Hofgut blieb es beim Versuch. Die Täter konnten vertrieben werden. Wir dachten schon, wir wären sie los. Deswegen haben wir keine Zeit zu vergeuden. Wir brauchen dringend die weiteren Angaben des Zeugen, wenn er klar bei Verstand ist. Ich hoffe, Sie verstehen nun, dass ich ihn so bedrängen musste.« Dann schloss sich die Zimmertür hinter ihnen, und Schäng war wieder allein mit Johann Selm. Auch er hatte von diesen Überfällen gehört. Er wusste, wie brutal die Räuber dieser Tage vorgingen. Und dass der alte Selm ein gieriger Geizkragen war, der auf seinem Mammon saß, hatte längst die Runde im Veedel gemacht. Von da konnte sich die Information mit jeder Stange Kölsch in der ganzen Stadt und durch die Tore bis weit hinter die Festungsmauern weiterverbreitet haben.

Kapitel 4

Nachdem Mathilde zwei Tage zuvor Ida in ihrem Elternhaus ohne große Gegenwehr – eben ganz wie erwartet – untergebracht hatte, war sie in die Redaktion der Kölnischen Zeitung geeilt. Die war gerade erst in die Breite Straße umgezogen. Dort hatte sie vor einem Jahr eine Anstellung als Journalistin gefunden, was sie noch immer mit Stolz erfüllte. Der Wermutstropfen war, dass sie zwar Artikel schreiben durfte, diese jedoch noch immer unter dem Namen des Hauptschriftleiters Karl-Heinz Brüggemann erschienen.

Er, der vom preußischen Innenministerium als »kommunistisch-subversiv« eingestuft und wegen Hochverrats zum Tode verurteilt und dann begnadigt worden war, war der einzige Mann auf Gottes Erdboden, dem sie Respekt zollte. Nein, korrigierte sie sich gedanklich sogleich, war er nicht. Auch dem Herausgeber der Zeitung, Joseph DuMont, der als Erster in Deutschland bereits 1833 die auf Dampfdrucktechnik basierende Schnellpresse eingeführt hatte, zollte sie höchste Achtung. Inzwischen hatte es die Zeitung auf knapp zehntausend Abonnenten gebracht. Dagegen hatte der von der preußischen Regierung drei Jahre zuvor in Köln gegründete Rheinische Beobachter gerade einmal eine Auflage von sechshundert Exemplaren.

Ihren Verleger achtete sie für seine liberale Gesinnung und seinen Mut bei der Auswahl seiner Redakteure und seines Hauptschriftleiters Brüggemann, dem er nur ein Jahr vor ihrer Einstellung die Aufgabe übertragen hatte. Besonders jedoch dafür, dass er ihr eine Chance geboten hatte, ein Novum in dieser Männerdomäne. Bis zu ihrem letzten Atemzug würde sie dagegen kämpfen, dass Frauen noch aus so vielen Bereichen ausgeschlossen blieben.

Und doch quälte Mathilde, dass ihr Name bisher nicht unter ihren Artikeln stand. Das gedachte sie an diesem Tag zu ändern.

»Ich bin Redakteurin. Ich war in der Nacht dort, ich habe das Feuer erlebt und die Toten gesehen. Und ich will endlich unter meinen Artikeln stehen«, ereiferte sie sich. »Das steht mir zu. Ich dachte, Sie hätten den Mumm, auch einen Frauennamen unter den Bericht zu schreiben. Das ist einfach ungerecht ...«

Die erhobene Hand von Brüggemann brachte sie zum Schweigen. War sie zu weit gegangen? Es wäre nicht das erste Mal. Würde er sie jetzt entlassen? Sie brauchte das Geld. Dringend. Dieser Trunkenbold von Ehemann, der sich nicht zu schade gewesen war, Dirnen mit in ihr gemeinsames Haus zu bringen, wenn er dachte, sie schliefe schon, der die Hand gegen sie erhoben hatte – ein einziges Mal, ihr Konter hatte ihn zu Boden gestreckt – zahlte keinen Groschen Unterhalt. Das Gericht hatte ihr jeglichen Anspruch aberkannt, weil sie seiner Weisung, zu ihrem Mann zurückzukehren, nicht gefolgt war. Da hatten sie und ihre Familie finanziell noch schlechter dagestanden als zuvor. Zwar unterstützen ihre Eltern sie, aber sie musste unbedingt ein eigenes Einkommen beisteuern.

»Ich habe sie doch geschrieben«, setzte sie trotzdem an. Es war einfach zu ungerecht, dass sie dafür abgestraft wurde, eine Frau zu sein.

»Bis morgen früh um sieben brauche ich einen Bericht über die Brandnacht. Diesmal wird Mathilde von Tabouillot druntersteheh. Ebenso wie unter den weiteren«, antwortete er.

»Den weiteren ...?«

»Ja, unter allen weiteren Berichten zu diesem Thema.«

Wäre sie eine andere gewesen, wäre sie ihm um den Hals gefallen. So errötete sie lediglich vor Freude, ihr Grinsen war breiter als sonst, und sie nickte.

Das zauberte ein Lächeln in das sonst so verhärmte Gesicht von Brüggemann.

Am nächsten Tag eilte sie zum Totenkeller im Bürgerhospital, der für die Leichenöffnung zum Behelfssektionssaal umgewandelt worden war. Das Hospital war gerade erst fertiggestellt, aber noch nicht seiner Bestimmung übergeben worden. Für so viele Tote auf einen Schlag hatte der Stadtphysikus Dr. Quincus keinen passenderen Ort gefunden, wie sie auf der Polizeidirektion in der Glockengasse 30 herausgefunden hatte.

Dass alle Opfer des Brandes nicht im Feuer gestorben, sondern schon zuvor getötet worden waren, hatte sich nicht zuletzt aufgrund ihres Berichtes in der bedeutendsten rheinischen Zeitung wie ein Lauffeuer in Köln verbreitet. Nun lechzte die Öffentlichkeit nach weiteren Details, die Mathilde ihnen als Erste zu liefern gedachte.

Was ein Glück, dass sie Dr. Quincus persönlich kannte. Noch besser war, was sie von ihm wusste: Als einer der besten Kunden ihres Noch-Ehemannes von Tabouillot hatten die beiden zusammen von Zeit zu Zeit in dessen Weinlager verschiedene Rebsorten verkostet. Dabei hatten sie sich selten an die Regel gehalten, nur ein Schlückchen zu probieren und es dann wieder auszuspucken. An einem solchen Tag war Mathilde dazugekommen, als der Stadtphysikus gerade seinem Saufkumpan lallend von seinem Kind mit Louise erzählte. Wie Mathilde wusste, war die glückliche Mutter nicht etwa Frau Dr. Hermine Quincus, sondern deren Dienstmagd. Seine Gattin hatte Louise nach Bekanntwerden der Schwangerschaft umgehend aus dem Hause gejagt. Nun bewohnte sie mitsamt dem Kind eine kleine Wohnung im

Kunibertsviertel, die der Herr Doktor bezahlte. Dort besuchte er sie regelmäßig, was seine Gattin natürlich nicht wusste.

Mathilde traf den Stadtphysikus im Totenkeller des Bürgerhospitals an, wie er sich über eine Bahre beugte. Ganz wie immer bockte er zuerst und verweigerte jedwede Auskunft. Doch als Mathilde sich zuckersüß nach dem Befinden von Louise und dem Kinde erkundigte, siegte die Angst vor der Wut seiner Gattin – wie jedes Mal, wenn Mathilde von ihm etwas wissen wollte, bevor es alle anderen erfuhren.

Er führte sie zu einem Tisch, der für die Obduktion zweckentfremdet war, und zog das weiße Laken vom Kopf der Leiche.

»Das ist der alte Selm. An der rechten Seite des Kopfes sind eine Hautwunde von reichlich anderthalb Zoll Breite mit scharfgeschnittenen Rändern und eine Schädelfraktur. Ihm wurde der Schädel so massiv eingeschlagen, dass Teile der oberen Wand der Augenhöhle, des Felsenbeins und Schläfenbeins nur noch drei leichtbewegliche Knochenfragmente bilden.«

Mathilde starrte auf die rechte Gesichtsseite des Toten, die stellenweise verkohlt war. Ein mulmiges Gefühl breitete sich in ihrem Magen aus. Doch unter dem kritischen, nein zornigen Blick des Obduzenten riss sie sich zusammen.

»Ist sonst nichts verbrannt?«

»Doch«, antwortete er und zog das Leichentuch ganz von der Leiche.

Zu sehen waren nun die verheerenden Auswirkungen des Brandes auf den Gutsherrn. Fast seine gesamte Kleidung war verbrannt, die Haut hatte das Feuer ebenfalls nicht verschont. Der Rest war schwarz bis auf wenige weiße Knochenfragmente. Von den Füßen war nichts mehr vorhanden.

Wenn Dr. Quincus gehofft hatte, sie mit dem grässlichen Anblick in die Flucht schlagen zu können, hatte er sich geirrt.

»Und die anderen Leichen?«

Der Gerichtsmediziner holte tief Luft, doch die Drohung wirkte nach, und so führte er sie zur nächsten abgedeckten Bahre. Fast genüsslich zog er auch von diesem Opfer das Laken weg. Zum Vorschein kam das Gesicht einer älteren Frau. Ihre noch geflochtenen Haare hatten sich aus dem Knoten gelöst. Das blass-bläuliche Gesicht wies Kratzer und Schnitte auf. Der Wangenknochen auf der linken Seite wirkte eingedrückt, die Augen waren aufgerissen erstarrt, ebenso wie der Mund. Die Nase hing schief in jener Hälfte des Gesichtes, die nicht verkohlt war.

»Oh Gott«, entfuhr es Mathilde. Doch sofort riss sie sich zusammen. Niemals würde sie dem Gerichtsmediziner die Genugtuung gönnen, dass sie ohnmächtig wurde. Der beobachtete sie ganz genau. Was er sah, schien ihn zu enttäuschen.

»In der linken Hand haben wir schwarze Glasperlen gefunden. Vielleicht von einem Rosenkranz. Ich bezweifle jedoch, dass der Tod ihr genug Zeit ließ, ein letztes Mal zu beten. Reicht das jetzt?«

»Nein, was ist mit den anderen Leichen hier?« Mathilde wies auf die restlichen acht Bahren.

Wütend wandte sich Dr. Quincus der nächsten zu und riss das Laken beiseite. Diesmal lag eine junge Frau, fast ein Mädchen noch, vor Mathilde. Die Haare offen, umrahmten sie das lädierte Gesicht wie ein Heiligenschein.

»Am Körper der Tochter fanden wir noch weit mehr Wunden als an allen anderen. Außer einer gewaltigen Fissur des Schädels haben wir am Kopf, Hals, Armen, Schultern und Händen nahezu vierzig verschiedene Verletzungen gezählt.«

Er ließ Mathilde kaum Zeit, das Opfer genau zu betrachten, worüber Mathilde nicht unglücklich war. Sie dauerte das arme Geschöpf, und sie hoffte, dass sie nicht so schlimm hatte leiden müssen, wie die Wunden verhießen. Der Gerichtsmediziner legte das Laken zurück über die Leiche und ging zur nächsten.

»Das ist der jüngste Sohn«, sagte er, nachdem er das Antlitz eines Jungen, das vom Feuer verschont geblieben war und dessen zarte Haut noch keine Stoppeln bedeckten, freigelegt hatte.

»An der rechten Seite seines Kopfes entdeckten wir ohne Verletzung der äußeren Kopfhaut eine doppelte Fraktur des Schädelknochens. Seine Leiche wies keinerlei Verbrennungen auf. Jetzt haben wir nur noch die anderen Söhne und die zwei Knechte, die wirklich nicht für den Anblick einer jungen Dame geeignet sind. Das ersparen wir uns lieber.«

Mathilde zog die Augenbrauen hoch, schüttelte den Kopf und ging vor dem Gerichtsmediziner her zum nächsten Tisch, von dem sie selbst das Laken wegzog. Was sie besser gelassen hätte. Vor ihr erschien das Gesicht, nein, ehemalige Gesicht eines Mannes, wie nur noch an den Resten eines Backenbartes zu erkennen war. Auf der linken Kopfseite war der Schädelknochen zertrümmert. Die restliche Kopfhaut war aufgerissen und hatte durch die Gluthitze Blasen geworfen.

Ihr wurde blümerant, nur mühsam konnte sie sich am Rahmen der Bahre festhalten. Dabei riss sie auch noch den Rest des Lakens von der Leiche, und der zusammengerollte und verkohlte Körper eines Mannes mit verbrannter Kleidung wurde sichtbar. Das gab ihr den Rest.

Geweckt wurde sie von einem Fläschchen Riechsalz unter ihrer Nase. Sie entdeckte das erschrockene Gesicht des Gerichtsmediziners.

»Ich hatte Sie gewarnt«, sagte er vorwurfsvoll. »Aber lassen Sie sich zum Troste gereichen, dass selbst der Generalprocurator nach der Besichtigung dieser Leiche gekotzt hat. Mitten auf den Boden. Genau hier.« Er wies auf die Stelle neben der Bahre, auf der Mathilde lag. Hastig wollte sie sich erheben, doch ihr wurde erneut schwarz vor Augen. Die Hand des Arztes, der sie stützen wollte, stieß sie allerdings weg.

Natürlich hatte er sie davon abhalten wollen, sich die Toten anzusehen. Aber wieder einmal hatte Mathilde stärker als alle Männer zusammen sein wollen. Wie dumm von ihr, einfach ohnmächtig zu werden. Wie alle albernen Weibsbilder. Sie richtete sich auf und streckte den Rücken zur – wie sie meinte – würdigen Haltung durch.

»Und die restlichen?«

»Nein, da muss ihnen jetzt meine Schilderung genügen. Die zeige ich Ihnen nicht auch noch.«

Mathilde stutzte, doch dann nickte sie. Eine weitere Ohnmacht wollte sie nicht riskieren.

»An der zweiten, in der Scheune gefundenen Leiche, deren Gesicht und Extremitäten fast vollständig verkohlt sind, ist die vordere Schädelpartie des Schädels zerschmettert und die obere Hälfte des Gesichts vollständig zertrümmert. Eine Recognition, also Identifizierung dieses Leichnams war unmöglich, ebenso wenig wie bei den beiden in der Knechtekammer aufgefundenen Leichnamen. Der Verbrennungsprozess war so weit fortgeschritten, dass von den Körpern nur noch Reste des Schädels sowie ein Teil des Rumpfes unversehrt geblieben sind. Allerdings wurden an einer der beiden Leichname Überbleibsel einer Samtweste gefunden und Reste der Geschlechtsteile entdeckt. Es handelt sich also um einen männlichen Körper. So, nun wissen Sie alles, was auch der Staatsanwalt weiß.«

Doch Mathilde war noch nicht zufrieden.

»Gibt es schon einen konkreten Verdacht, wer die Tat verübt haben könnte?«

Quincus schüttelte den Kopf. Einen Tick zu langsam, wie Mathilde befand.

»Nun kommen Sie schon! Haben Sie nicht den Instructionsrichter zu dem Überlebenden begleitet?«

Ihr Gegenüber atmete tief ein.

»Man glaubt, es könnte ein Raub gewesen sein.«

»Raub? Und neun Opfer?«

»Es könnte eine dieser brutalen Räuberbanden gewesen sein, die schon letztes Jahr hier in der Gegend unterwegs waren. Die Morde und der Brand könnten der Verdeckung der Tat gedient haben, was den Tätern aber gründlich misslungen ist.« Er deutete zufrieden lächelnd auf einen Holztisch, auf dem seine Instrumente lagen.

Bevor der eitle Pfau seine ach so genialischen Fähigkeiten wieder zu einem gigantischem Rad aufzufächern drohte, drehte Mathilde sich um und schritt zu Tür.

»Nun ja, die eingeschlagenen Schädel sind nicht zu übersehen, nicht wahr?«, sagte sie im Hinausgehen.

Vermischte Nachrichten

* Köln, 27. Aug. Heute wurde das Gutachten des Gerichtsarztes über die Todesart der neun Personen, die bei dem Brand im Hofgut des Jacobus Selm ums Leben gekommen waren, bekannt gegeben. Nur sechs dieser Personen seien unzweifelhaft eines gewaltsamen Todes durch Menschenhand gestorben, bei den anderen Leichen habe sich dies infolge der starken Verkohlung nicht mehr feststellen lassen. Es sei mit hoher Wahrscheinlichkeit anzunehmen, daß mindestens zwei Mordwerkzeuge gebraucht worden seien, ein stumpfes und ein schneidend und stechend wirkendes. Jedoch sei nicht an jeder Leiche die Anwendung der beiden Instrumente nachzuweisen, vielmehr könne man nur so viel behaupten, daß an sämtlichen dieser Körpern sich sichere Spuren fänden. Ob die an den Leichen gleichmäßig wahrgenommenen Schädelfrakturen durch ein und dasselbe Werkzeug hervorgebracht wären, sei trotz der auffallenden Ähnlichkeit sämtlicher Schädelverletzungen ungewiß. Ueber die Beschaffenheit der Mordwerkzeuge sprach sich der Gerichtsarzt dahingehend aus, daß der Mörder wahrscheinlich eine langgestielte schwere Axt mit scharfer, rechtwinklig begrenzter Schneide und einer scharfkantigen Rückenfläche benutzt und als Hilfswerkzeug zur Ermordung der Tochter und der Ehefrau vermutlich ein scharfes, spitziges Messer verwendet habe.
Derjenige, von dem hauptsächlich Aufklärung über die grauenhafte, in Dunkel gehüllte Tat zu erwarten stand, lag in der Brandnacht auf dem Nachbarhofe nach Angabe des Arztes bewußtlos danieder. Das öffentliche Ministerium hat daher auf eigene Hand die nötigen Schritte eingeleitet, um den Mördern auf die Spur zu kommen.

Redakteurin Mathilde von Tabouillot

Kapitel 5

Die Zeitung hatte den Schrecken verbreitet, bis jedes Waschweib am steinernen Brunnen auf dem Alten Markt sich in Hysterie palaverte. »Dürch et Schwade sin et allt zwanzig Duude«, sagte Mariele, als sie nach ihrem Einkauf auf dem Wochenmarkt zurückkam.

»Dummes Jebubbels. Muss de nit drop hüre.« Schäng saß in der Wohnküche am Tisch, den er ebenso wie den Boden mit einer alten Zeitung ausgelegt hatte. Nachts verwandelte sich die Küche in Marieles und sein Schlafzimmer. Er arbeitete konzentriert mit einer Laubsäge. Neben ihm auf dem Fenstersims lag bereits ein Stapel kleiner Holzsilhouetten von Schmetterlingen.

Als Mariele den Korb auf den Tisch stellte, sah er auf.

»D' Müllersche hätt mich jetz och allt gefrogt, woröm ehr de nit kritt.« Sie blickte ihn stirnrunzelnd an. Stand da zwischen den feinen Linien in winzigen Buchstaben ein Vorwurf? Schäng versuchte es mit einem Witzchen.

»Sach ehr, dat es d'r Künning schold.« Schäng fabulierte, dass der König noch kein passendes Gesetz erlassen habe. Niemand müsse sich auf die Stirn brennen lassen, dass er kriminell geworden sei.

Er grinste.

»Red sowat blus nit em Deens. Do flügs wegen Majestätsbeleidigung en d'r Klingelpütz.«

Nun hatten sich die Linien auf ihrer Stirn in Sorgenfalten verwandelt, die er nur allzu gut kannte. Es stimmte schon. Wovon sein Herz voll war, davon redete sein Mund. Die Ermahnung, die ihm erteilt worden war, hatte Mariele so aufgebracht, dass sie zwei Tage kein Wort mehr mit ihm gesprochen hatte.

»Isch saach nix mieh.« Er zog Mariele an sich und zupfte zwei lockige Strähnen aus ihrem streng nach hinten gestecktem Haar. Dann ließ er seinen Zeigefinger ihre Wange und Hals hinuntergleiten. Und ein Stückchen weiter.

»Denk noch nit ens drüvver noh!«

»D' Pänz sin en d'r Schull.«

Wann, wenn nicht jetzt, wo die Kinder in der Schule waren? Schäng bemühte seinen Dackelblick.

»Such leever d' Mörder, bevör de Stadt doll weed.«

Sie hatte ja recht. Schäng gab auf und setzte sich wieder, während Mariele den Einkauf wegräumte. Auf seine Laubsägearbeit konnte er sich nicht mehr konzentrieren. In der Stadt rumorte es. Die Furcht wuchs, die Mörderbande schlüge schon bald noch grausamer zu. Das Gerücht verdichtete sich, die Täter hätten es auf das vom alten Selm gehortete Geld, Edelmetall und die Glitzersteinchen abgesehen gehabt. Ob das stimmte, wusste Schäng nicht. Was dieser überlebende Sohn inzwischen ausgesagt hatte, war nicht bis zu ihm durchgedrungen.

Da kurz vor den Morden auch drei Beerdigungsgesellschaften auf dem Weg nach Melaten gewaltsam ausgeraubt worden waren, nachdem sie durch das Hahnentor die Stadtmauern verlassen hatten, herrschte in der Stadt die blanke Angst. Die war bei einigen jedoch in geiferndes Jagdfieber umgeschlagen, seit der Oberbürgermeister eine Belohnung ausgesetzt hatte, um die Täter zu ergreifen, die die Familie Selm hingemordet hatten.

Schäng hielt das Aussetzen einer Belohnung für Kokolores. Die Polizei hatte keinen guten Ruf, weil sie sich überwiegend aus abgedankten Armeesergeanten zusammensetzte. Und die setzten sich aus ihrem militärischen Drill und dem herausexerzierten Grips zusammen. Das hatte sein

Schwager gesagt, der Schäng die Tür in den Staatsdienst geöffnet hatte. Da musste doch die Belohnung den Eindruck stärken, dass die Polizei allein die Täter nicht schnappen konnte. Nun fühlten sich die Kölner ermächtigt, selbst für Ordnung zu sorgen.

So hatten sich die Bauern, Handwerker und einfache Arbeiter zu kleinen Gruppen zusammengeschlossen, waren durch Stadt und Umland gestreift, hatten bei der Polizei Landstreicher, Bettler und Ausländer angeschleppt, die alle nur fremd, aber nicht schuldig waren.

Der Jagdeifer war spürbarem Unmut gewichen. Die hohen Herren tagten inzwischen im Stehen, spottete man, sonst säßen sie sich Blasen an den Hintern. Oberbürgermeister Steinberger, Polizeidirektor Müller und der 1. Kommandant Generalleutnant von Kanitz verfügten, ordneten an oder befehligten dies, das und jenes. Das Militär patrouillierte nachts. Die Polizei, zu größeren Einheiten formiert, machte am Tag Razzien in einschlägigen Spelunken und illegalen Bordellen. Außer einigen Zechprellern, ein paar Schlägern und dürren Gelegenheitshuren, die ihre Körper verkauften, um die hungrigen Mäuler ihrer Pänz zu stopfen, griffen sie niemand Tatverdächtiges auf. Nichts und noch mal nichts führte zu einem greifbaren Ergebnis. Dann verbreitete sich die Kunde, dass die Räuber übers Wasser gekommen seien. Das Militär kontrollierte den eingefriedeten Zollhafen an der Frankenwerft, der ohnehin unter der staatlichen Aufsicht des preußischen Hauptzollamtes stand. Die Polizei überprüfte anlegende und auslaufende Schiffe an den frei zugänglichen Uferabschnitten. Niemand glaubte ernsthaft daran, die Mörderbande anzutreffen. Wenn die Täter die Chance ergriffen hatten, über den Rhein zu fliehen, kämen sie so schnell nicht wieder. Mit viel Glück erhielt man vielleicht einen Hinweis auf ihren Anführer oder einzelne Mitglieder.

Schäng räumte die Säge und den Dreck weg. Das Mobile

aus Holzschmetterlingen für die Kleine zum Geburtstag würde er morgen fertigmachen.

Seltener Kaffeeduft stieg in seine Nase.

»Jröß vun ming Mamm.«

Mariele reichte ihm eine Tasse Kaffee.

»Un do?«, fragte er.

»Su vill Kaffeemehl es dat nit.«

Er trank einen Schluck, stellte die Tasse auf den Tisch, zog den zweiten Stuhl zurück und machte einen Diener.

»Madame, darf ich bitten?« Er wies ihr den Platz an.

»Do Jeck.« Mariele lachte und setzte sich tatsächlich hin. Sie nippte am Kaffee und schob die Tasse wieder zu Schäng rüber. So ging das einige Male hin und her, bis die Tasse leer war. Schon war seine Frau wieder aufgestanden und verschwand im Nebenraum, in dem die drei Töchter das Chaos aufrechterhielten, gegen das Mariele anräumte.

Groß St. Martin schlug halb zwölf. Schäng musste zur Arbeit.

So machte er sich auch heute auf den Weg zum Leystapel. Dort hatten die Dampfschifffahrtsgesellschaften ihre Landungsbrücken eingerichtet. Er hatte sich vor dem Hôtel de Hollande einzufinden. Das war kein allzu weiter Weg, denn er wohnte mit seiner Familie in der Hafengasse unweit vom Lagerhaus Ahren, in das sich ein Einbruch eher rentiert hätte. Dort lagerten Schampus und Zucker. So ein paar Kisten von dem teuren Gesöff lud man sich doch leichter auf die Schultern als neun Morde.

Bevor Schäng in die Friedrich-Wilhem-Straße einbog, begegnete ihm der Fassbinder Pasmann. Der Alte zog mit seiner Schottschen Karre ein großes geflammtes Holzfass hinter sich her.

»Jode Dach, Här Pasmann.«

»Dach, Här Schandarm. Habt ehr de Sauhüng emme noch nit?

»Nä, ävver mer sin dran.« Schäng würde ihm nicht auf die

Nase binden, dass sie noch nicht mal eine Spur hatten, die zu einem der Sauhunde führen könnte.

Missmutig eilte er weiter. Die Sonne trat woanders auf. Der Wolkenvorhang aus dickem, grauem Filz blieb geschlossen. Zu allem Überfluss fusselte der Stoff über der Heiligen Stadt. Die feinen Wasserteilchen legte sich auf Schängs Uniform, zu leicht, um einzusickern.

Vor dem Großhotel eingetroffen, stieß er auf den Neuzugang. Der hieß Hermann, wie er inzwischen wusste. Ein Blaukopp aus Brandenburg, den es vom Rhin an den Rhein verschlagen hatte. Ein Protestant vom verkehrten Fluss. Aber Schäng störte sich nicht daran. Denn dieser Hermann Abdank, der hatte was auf dem Kasten und konnte zulangen, wenn es nötig war. Das hatte er schon bei dem Überfall auf den seltsamen Trauerzug bewiesen, den sie begleiten mussten.

Ihr Vorgesetzter, Polizeikommissar Schmitz, erteilte beinahe wortgleich die Weisungen von gestern: »Du, du und du, Warenschuppen kontrollieren!« Dann zeigte er auf Baudewin und Abdank. »Patrouille bei den Landungsbrücken, stichprobenartige Personenkontrollen.« Die beiden übrig gebliebenen Sergeanten wies er an, ihn an Bord der Schiffe zu begleiten. »Wir drei kontrollieren die Schiffe.«

Die Parole, die er für heute ausgab, war neu.

»Mer krijje d' Kääls. Un wenn de Düvvel op Stelze kütt.«

»Was hat er gesagt?«, fragte der Neuzugang.

»Wir kriegen die Kerle, selbst wenn der Teufel auf Stelzen kommt.«

Hermann blickte erstaunt, so als habe er erst jetzt den Grund für das Scheitern der Reformation in Köln begriffen. Oder war es etwas anderes, was seinen Blick fesselte?

Er schaute an ihm vorbei auf die Prinzessin von Preussen, einem Raddampfer der Preußisch-Rheinischen Schifffahrtsgesellschaft, der an der Landungsbrücke vor dem Hôtel de Cologne angelegt hatte, das unmittelbar neben dem Hôtel de

Hollande stand. Irgendetwas hatte Hermanns Interesse geweckt.

Während die anderen sich gerade in bewährter Kombination formiert hatten und ihren Befehlen folgen wollten, raunte er dem Kommissar zu: »Verdächtige Person bei Passagieren der Prinzessin von Preussen. Sergeant Baudewin und ich bitten um Unterstützung und Erlaubnis zum Zugriff.«

Nun schaute Schäng erstaunt aus der Wäsche.

»Den Knilch in dem knittrigen Anzug und dem leidlich weißen Hemd mit Stehkragen, können Sie ihn sehen?«, fragte Abdank seinen Vorgesetzten.

Schmitz lauerte vorsichtig um die Ecke der Hütte.

»Der Dünne da?«

Abdank nickte.

»Baudewin, Bestätigung!«

Schäng setzte kurz seine Pickelhaube ab und tat auch einen verstohlenen Blick Richtung Dampfer.

»Korrekt. Der, der bei den Passagieren steht, ist der, der uns mit seiner Bande überfallen hat.«

»Baudewin und Abdank, hinter den Buden anschleichen, aufscheuchen und in unsere Richtung treiben! Der Rest und ich bilden das Empfangskomitee. Zack, zack!«

Während die anderen Sergeanten und der Kommissar außerhalb des Sichtfeldes des nach Kräften herausgeputzten Ganoven blieben, pirschten Schäng und Hermann sich im Schutz der uferseitigen Budenwände an. Wenigstens hatte es aufgehört zu nieseln. Sie waren gerade auf der Höhe des jungen Mannes angelangt, da zeigte eine aufgetakelte Fregatte mit Schirmchen, die vom Raddampfer an Land gekommen war, in die Richtung der beiden Sergeanten und rief: »Polizei.« Sie musste beide erspäht haben, als sie die Lücke zwischen den letzten zwei Schuppen überbrückt hatten.

»So ein Trampeltier«, zischte Hermann leise.

Der junge Mann blickte sich suchend um und setzte sich

in südliche Richtung in Bewegung: Holzmarkt, Rheinau – falsche Richtung.

»Renn du zu den Kollegen! Wenn wir Glück haben, können wir ihn foppen.«

Hermann rannte los.

»Haltet ihn!«, brüllte er.

Schäng setzte den Helm ab, zog rasch die Uniformjacke aus, steckte die Hände in die Hosentaschen und ging zum Anleger. Er musste hinter den Kerl gelangen. So unauffällig wie möglich. Jeder Blickkontakt war zu vermeiden. So schaute er mal auf den Weg, dann wieder geradeaus. Aus dem Augenwinkel erkannte er, dass sein Zielobjekt immer noch Hermann nachsah. Hermanns Finte musste den kriminellen Jungspund beruhigt haben, denn plötzlich machte er kehrt und ging wieder Richtung Hôtel de Cologne.

Schäng spurtete los. Er hatte den Kerl schon am Schlafittchen, da starrte der Schäng mit großen Augen an, riss sich los und brüllte: »Ehr kritt mich nit!«

Dann schlug er einen Haken und rannte am Hôtel de Hollande vorbei Richtung Gasthof Großer Rheinberg, der den Abschluss der Häuserzeile bildete und an die Friedrich-Wilhelm-Straße grenzte. Schäng setzte sofort nach. Von den Kollegen war nichts zu sehen. Vermutlich hatten sie sich hinter den Vorsprung des Gasthofs zurückgezogen, der in den Straßenraum ragte. Der Ganove lief in die Falle, war Schäng sich sicher. Rechts lauerten Kommissar Schmitz und die Kollegen. Links war der Aufgang zur Schiffsbrücke, die offen war, weil ein Frachtschiff stromabwärts passierte.

Der wird doch wohl nicht so bekloppt sein und sein Glück gegen den Rhein versuchen, dachte Schäng. Doch schon raste der junge Mann auf die Schiffsbrücke zu, die aus kompakten, flachen Booten bestand, jeweils zwei von ihnen zu einem Brückenjoch verbunden. Er umrundete Wartende, stieß den Brückenwärter zur Seite, blieb die zwei Pfennig Brückengeld schuldig und sprang über die Absperrung. Er lief auf die Lücke zu. Schäng und – mit einigem Abstand – seine Kollegen rannten hinterher.

»Bliev stonn!«, schrie Schäng.

Tatsächlich blieb der Hosenscheißer an der Kante stehen. Der breite Strom jagte ihm wohl doch Fracksausen ein. Zudem hatten die vom Schiffsbug geteilten und vom Rumpf verdrängten Wassermassen die Brücke heftig ins Schwanken gebracht. Schäng verlangsamte sicheren Tritt suchend seine Schritte und ging auf das Jüngelchen zu – mehr war der noch nicht –, um ihn festzunehmen. Als er ihn erreicht hatte, hob der Kerl die Hände. Gerade als Schäng den jungen Mann ergreifen wollte, verlor jener das Gleichgewicht. Er ruderte, fand jedoch die Balance nicht wieder, griff nach Schängs Arm und stürzte in den Rhein. Schäng stürzte hinterher. Heilige Maria, Mutter Gottes, betete der Ehemann und Vater von drei Kindern. Die Wellen, die der Frachter hinter sich ließ, erfassten und zogen ihn unter Wasser. Er versuchte in die Gegenrichtung wegzutauchen, um aus dem Gefahrenbereich zu gelangen. Und er hoffte auf eine Ruderstange einer der beiden Ausfahrjochen, die Platz gemacht hatten, damit der Frachtsegler durchfahren konnte. Es gelang ihm, zu entkommen. An der Oberfläche suchte er Orientierung. Bis zum Deutzer Ufer waren es bestimmt noch hundert Meter. Das war verdammt weit, vor allem, wenn man nicht wissen konnte, was der Strom unterwegs an Treibgut mit sich führte. Von dem Mistbolzen, der ihn in diese Lage gebracht hatte, sah er nichts. Er schwamm auf eine der Ausfahrjochen zu. Von der Brückenkante schrie jemand: »Nicht dahin. Ans Ufer!« Aber er war doch seinem Ziel so nah. Der Brückenknecht fuchtelte mit dem Ruder.

»Nicht, Junge, nicht hierhin. Hier sind Strudel.«

Er versuchte nach dem Ruder zu fassen, aber dann spürte er, wie ihn etwas erfasste, seine Beine aneinanderpresste und hinabzog. Er kämpfte mit aller Kraft dagegen an, strampelte, streckte unwillkürlich die Arme aus, um sich an der

Wasseroberfläche festzuhalten. Er kam nicht dagegen an. Das Ruder, das er eben noch fast hätte greifen können, war nun unerreichbar.

»Runter, unten abstoßen und zur Seite weg!«

Das meinte der nicht im Ernst.

»Mach, was ich sage!«

Von der Brückenkante hörte er auch Hermann brüllen: »Schäng, lass dich runterziehen. Drück dich vom Boden zur Seite ab.«

Er atmete tief ein, ergab sich seinem Schicksal und wurde hinabgezogen. In seinem Kopf war kein Platz mehr für Gedanken. Er konzentrierte sich auf seine Füße. Atmete einen kleinen Stoß verbrauchter Luft aus. Blasen stiegen vor seinen Augen hoch. Wann spürte er endlich den Grund des Rheins unter seinen Füßen? Es ging weiter hinab. Da, plötzlich stoppte die Abwärtsspirale. Die Luft wurde knapp. Wieder stieß er ein paar Blasen verbrauchter Luft aus. Dann stemmte er sich zur Seite und tauchte ein paar Züge weg von der Stelle, wo er aufgekommen war. Alles in ihm drängte danach, zu atmen. Er musste hoch. Wo war oben? Ruhig, Schäng! Er blickte um sich. Aber aufgewirbelter Sand vom Grund versperrte ihm die Sicht. Da, wo es hell war, musste oben sein. Plötzlich sah er etwas über sich, einen länglichen Gegenstand. War das die Ruderstange?

So schnell er konnte, tauchte er auf. Er hatte das Gefühl zu platzen, so gierte sein Körper nach Luft. Fast an der Oberfläche, schluckte er Wasser und wollte es aushusten. Aber da drang noch mehr davon in seinen Mund. Endlich hatte er die Nase über Wasser. Er spie das unfreiwillig Geschluckte aus und tat einen mächtigen Schnaufer. Dann griff er nach der Ruderstange, hielt sich daran fest, hustete wieder und schnappte weiter nach Luft.

Von der Brückenkante kam Gejohle.

Der Brückenknecht stieß ein »Gelobt sei Jesus Christus!« aus. »Und jetzt hörst du auf das, was ich sage!«

Auf jedes Wort würde Schäng hören. Auf jedes einzelne doppelt genau. Er solle nicht gerade auf das Ufer zuschwimmen, sondern mit der Strömung seitlich, gab der Mann ihm auf, der in einem der Boote der Ausfahrjoche stand wie der Heilige Christopherus ohne Stab. Das tat Schäng. Er erreichte das Ufer wohlbehalten. Der Rhein hatte ihn nicht haben wollen. Und er nicht das Rheingold.

Von Deutz aus blickte er auf das Uferpanorama seiner Vaterstadt. Irgendwer musste es während seines ungewollten Tauchgangs wieder bunt gemalt haben. Schäng schaute aus vielen guten Gründen zum Himmel. Der Wolkenvorhang war aufgerissen. Die Sonne stand auf der Bühne über der Heiligen Stadt Köln und kitzelte mit ihren Strahlen seine Nase.

Vermischte Nachrichten

* Köln, 13. Sep., Heute teilte Polizeidirektor Müller der Öffentlichkeit mit, dass die Leiche des mutmaßlichen Räuberhauptmannes Bartholomäus Kleinen, genannt Bart Kleinen, hinter Deutz am Rheinufer angespült worden sei. Selbiger hatte sich am Mittwoch letzter Woche dem Polizeizugriff zu entziehen versucht und war dabei in den Rhein gestürzt. Er hatte einen Sergeanten mitgerissen. Der überlebte nur mit Gottes Hilfe. Wie sich allerdings herausstellte, war Bart Kleinen mit seiner Bande nicht für die Verbrechen zum Nachteil der Familie Selm verantwortlich. Die polizeilichen Ermittlungen ergaben, dass er in jener Nacht zusammen mit seinen Kumpanen in dem Brauhaus »Zum Hirschen« in der Cäcilienstraße feierte, ohne die Zeche zu bezahlen. Der Wirt, dem Kleinen persönlich bekannt war, hatte am nächsten Tag den Vorfall bei der Polizeiwache Alter Markt gemeldet. Bekannt wurde auch der Grund für Kleinens wilde Flucht: Seine Räuberbande hatte versucht, eine von dem Sergeanten, welchen er mit in die Fluten riss, begleitete Kutsche mit Planwagen zu überfallen. Er hat den Sergeanten wiedererkannt, der mit seiner Einheit am Leystapel eine Kontrolle durchführte, und gab Fersengeld.

Auf Nachfrage bestätigte Müller, dass die Polizei inzwischen nicht mehr davon ausgeht, dass eine Räuberbande für den Mord an der Familie Selm verantwortlich sei, da eine solche trotz intensiver Suche nicht aufgespürt werden konnte. Allerdings verfolge sie nun eine andere vielversprechende Spur. Welche, wollte er mit Rücksicht auf die laufenden Ermittlungen nicht näher ausführen.

Redakteurin Mathilde von Tabouillot

Kapitel 6

Vornehme Leute wohnten auf der Gereonstraße. Sie war kein enges, stickiges Gässchen, sondern hinter der Würfelpforte großzügig angelegt und mit Bäumen besetzt. Die, die was an den Füßen hatten, hatten Platz. Mit Geld war auch alles heller, aufgeräumter. Sogar die Abtritte wirkten einladender. Schäng trottete schweigend neben Hermann her, der auf St. Gereon blickte.

»Mit Kirchen habt ihr es ja.«

»Wir feiern eben gern.«

»Gottesdienste?«

Schäng schüttelte den Kopf.

»Kirmes.«

»Du meinst die Kirchweihfeste, wo wir regelmäßig unser Fett wegkriegen?«

Schäng nickte und verfiel wieder in ein nachdenkliches Schweigen.

»Was ist los mit dir?«

»Ach ...«

»Spuck's aus!«

»Wenn das ausgleichende Gerechtigkeit ist, dann mag ich die nicht.«

»Was jetzt genau?«

»Ersäuft hat die den wie ein junges Kätzchen.«

»Du meinst den jungen Räuber?«

»Ja. Hätte doch gereicht, der wär ans Ufer gespült worden. Dann hätte ich dem 'ne Tracht Prügel verpasst, dass er erst im Klingelpütz wieder zu sich gekommen wär. Jetzt ist er ein Leben lang tot.«

»Die ausgleichende Gerechtigkeit ist, dass du wieder aufgetaucht bist.«

Schäng rang sich ein Lächeln ab und schaute auf die zwei Türme von St. Gereon, aus denen die halbrunde Apsis herausgewachsen schien. Sein Vater hatte immer gesagt, da wäre vor Jahrhunderten ein großer alter Mann in die Krypta gefallen. »Do sühß nor noch de Beincher en d'r Luff un d'r decke Bierbuch.« Schäng fühlte sich ganz ähnlich: auf den Rücken gefallen und die Beine in der Luft. Nur für den Bierbauch hatte es noch nicht gereicht.

»Komm, Schäng. Wir machen unsere Arbeit.«

Helena, Gregorius, Anno, Joseph oder Albanus – eine der Glocken von St. Gereon schlug zehn. Sein Vater hätte das gewusst. Der hatte in der Glockengießerei von Jacob Claren gelernt und gearbeitet, bis dessen Sohn den Betrieb nach Sieglar verlegt hatte.

Schäng legte einen Schritt zu. Vielleicht konnte er so seine dunklen Gedanken hinter sich lassen. Schließlich hatten Hermann und er eine Verhaftung vorzunehmen. Da durfte er nicht trödeln. Am Ende entkam die Galgenbrut noch.

Die Dienstmagd Ida Irmisch stand nun im dringenden Verdacht, mit den Morden an der Familie Selm zu tun zu haben. Jedenfalls hatte das der Instructionsrichter offenbar zu Kommissar Schmitz gesagt, als er ihn angewiesen hatte, die Verhaftung zu veranlassen. Und Schmitz hatte sich vor Hermann und ihm aufgeplustert, dass man dieses Mal Erfolg haben müsse. Schäng hoffte, dass sich die Irmisch nicht aus dem Fenster stürzte, um sich zu entziehen. Er würde jedenfalls die Arme hinter dem Rücken verschränken. Wie der Instructionsrichter bloß auf ihre Spur gekommen war? Ob diesem verschlafenen Johann noch etwas eingefallen war?

Hermann zählte die Hausnummern ab und blieb vor einem geweißelten Gebäudeensemble stehen.

»Hier ist es.«

Er hob den Schlägel des Türklopfers an und schlug ihn mehrmals gegen den Knauf.

»Un moment, s'il vous plaît«, erscholl eine Baritonstimme hinter der Tür.

»Hat der Franzose den Truppenabzug verschlafen?«, wunderte sich Hermann.

Schon wurde die Tür geöffnet. Ein älterer Herr im flaschengrünen Tagesfrack, darunter eine in verschiedenen Brauntönen karierte Hose, stand im Türrahmen.

»Meine Herren Sergeanten, Sie wünschen?«

»Sind wir hier richtig bei Ta-bou-illot?«, fragte Hermann.

»Das ist das Haus der Eheleute Wieser. Ihre Tochter Mathilde von Ta-bu-jo – wenn ich mir erlauben darf, die korrekte Aussprache zu verwenden – ist hier auch wohnhaft.«

»Gleichviel«, hörte er Hermann ihrer beider Arbeit machen. »Frau Ta..., also die Tochter des Hauses, hat dem Sous-Chef der Pompiers mitgeteilt, dass Ida Irmisch hier nach dem Brand untergebracht wurde. Trifft das zu?«

»Ja, das ist richtig«, antwortete der ältere Herr.

»Gut, und wer sind Sie?

»Assenmacher, mein Name. Ich bringe Sie zur Herrschaft. Ich darf vorangehen?«

»Ja, bringen Sie uns zu ihr.«

»Bitte«, fügte Schäng hinzu. Solche Leute stanken nicht nur vor Geld, sondern auch nach Beschwerden.

Er fing sich einen mürrischen Blick von Hermann ein.

Der Diener führte die beiden Sergeanten in ein Empfangszimmer mit vielen Bildern, die eine ganze Wand bedeckten. Zwei geblümte Sofas bildeten ein L hinter einem Tisch mit Dackelbeinen. An der gegenüberliegenden Wand stand eine Art Anrichte, an der ein Tischler lange geschnitzt haben musste. Darauf waren auf zwei Tabletts Karaffen mit allerlei Gesöff in Pissgelb bis Tabakbraun arrangiert.

Schäng spekulierte, dass die dunkleren Flüssigkeiten mehr

knallten, während das andere Zeug vielleicht süße Schlabbereien für Fraulück war. Mariele trank manchmal bei ihrer Mutter einen Kräuterlikör. Der war so süß, dass sich ihm die Fußnägel aufrollten.

Man ließ auf sich warten. Schäng schaute inzwischen aus dem Fenster hinaus, das den Blick nach hinten in den Garten eröffnete. Von hier aus konnte man den Hof der Familie Selm erkennen.

Hermann räusperte sich.

»Geruhen die Herrschaften noch zu frühstücken, während wir uns hier die Beine in den Bauch stehen?«

Da hörte man das Knarzen von Stiege. Die Tür öffnete sich, und eine kleine, verschüchterte Dienstmagd trat ein, gefolgt von einer jungen Frau mit Affenschaukeln und scharfem Blick, der nichts Gutes verhieß. Die kleine Person war ein bildschönes Mädchen von vielleicht fünfzehn oder sechzehn Jahren, was das Frauenzimmer, das nun neben ihm stand, umso unvorteilhafter erscheinen ließ. Der Herrgott musste mit sich selbst gewettet haben, seine Vollkommenheit übertreffen zu können, bevor er das über alle Maßen hübsche Menschenkind geschaffen hatte. Schäng dachte an seine Mariele und fand das Gesellenstück nahe am Meisterwerk.

»Was wollen Sie?«, krähte die Unschöne und unterbrach jäh Schängs Gedankenflug nach Hause.

»Wir sind hier, um eine Anordnung zu vollstrecken«, flanschte Schäng Worte zu einem Satz aneinander. Mit jedem Wort wurde ihm klarer, dass Hermann und er nicht das vorlaute Frauenzimmer, sondern das verschüchterte Persönchen verhaften sollten. So entzückend sie auch war, so stand doch vor ihm ein Kind, vielleicht zwei Jahre älter als seine Älteste, die Anna. Und dieses Kind, lief es ihm eiskalt den Rücken herunter, sollte an einem mehrfachen Mord beteiligt gewesen sein? Eine Ausgeburt der Hölle in Engelsgestalt?

»Darf man auch erfahren, welche Anordnung?«, wollte diese von Tabouillot wissen.

Schäng stockte. In seinem Kopf kugelten seine Gedanken wie neulich die Holzperlen über den Boden, nachdem die Kette seiner Jüngsten beim Spielen gerissen war.

»Wir haben eine vorläufige Festnahme durchzuführen«, sprang Hermann ein.

»Wie bitte? Ich höre wohl nicht recht.«

Hermann wandte sich an das Mädchen. »Bist du Ida Maria Irmisch, geboren am 21.1.1831 in Meißen, Königreich Sachsen?«

»Ja«, wisperte sie. Sie zitterte am ganzen Leib.

»Ida Irmisch, ich nehme dich hiermit fest. Du musst uns begleiten.«

Die Kleine brach in Tränen aus. Schäng fühlte sich augenblicklich hundeelend. Ging er gerade dem Teufel auf den Leim?

»Das muss ein Versehen sein«, ereiferte sich die andere. »Was wird ihr vorgeworfen? Sie muss sich doch dazu erklären dürfen.«

»Das wird der Instructionsrichter ihr eröffnen. Vor ihm kann sie sich erklären«, antwortete Hermann ruhig.

»Das kann nicht Recht sein. Ich bestehe darauf, dass Ida hier und jetzt eröffnet wird, was man ihr vorwirft.«

»Das ist nicht unsere Aufgabe.« Noch immer blieb Hermann die Ruhe selbst, während Schäng innerlich Karussell fuhr.

»Kann ich sie begleiten und ihr beistehen?«

»Keinesfalls«, bügelte Hermann die Fürsprecherin der Kleinen nun recht schroff ab.

»Aber ...«

»Kein Aber. Ich habe meine Befehle nicht mit Ihnen zu diskutieren.«

Schängs Karussell drehte sich schneller. Sein Mitgefühl für die Irmisch folgte den Fliehkräften seines aufwallenden

Zorns. Was nahm dieses andere, widerspenstige Weib sich heraus? Das war ein Verstoß gegen die natürliche Ordnung. Wusste sie nicht, wo ihr Platz war?

»Aus diesem Haus wird niemand, hören Sie, niemand willkürlich abgeführt. Ich fordere Sie auf, zu gehen. Hiermit übe ich das Hausrecht meiner Eltern aus.«

»Wie bitte?«, verlor Hermann die Fassung und herrschte die Kratzbürste an. »Sie behindern unsere Arbeit.«

»Nicht im Geringsten. Mag der Instructionsrichter sich herbemühen und die Gründe für sein Tun darlegen, so steht grundsätzlich nichts im Wege, seiner Entscheidung hernach Folge zu leisten«, müpfte sie weiter auf.

Dieses Frauenzimmer war offensichtlich knatschjeck. Nun baute die sich auch noch vor dem Mädchen auf.

»Schluss mit dem Spuk! Sie geben uns jetzt sofort die Papiere von Fräulein Irmisch«, forderte Schäng die von Tabouillot unwirsch auf.

»Ich denke nicht daran«, zischte die.

»Nehmen Sie Vernunft an! Das verlängert nur die Prozedur zur Feststellung der Personalien und Klärung der Aufenthaltserlaubnis«, sagte Hermann wieder in gefasstem Ton.

»Das könnte Ihnen so passen, unsere Angestellte mit Ihrer allmächtigen Bürokratie zu malträtieren.«

Schängs restliches Mitgefühl für die Schöne fiel ob der Rotation, beschleunigt durch seine ungezügelt tobende Wut über die Hässliche, im hohen Bogen vom Karussellpferd.

»Das ist Störung einer Amtshandlung. Ich nehme Sie fest, wenn Sie nicht sofort tun, was wir sagen.«

»Dann müssen Sie mich mitnehmen«, keifte die von Tabouillot.

War das eine Revoluzzerin? Gehörte sie zu diesen Kommunisten? So nicht. Nicht mit ihm.

Schäng machte kurzen Prozess. Er hob den Giftzahn an und trug die zappelnde Person zur Tür hinaus.

Das französische Tanzäffchen eilte herbei.

»Kann ich helfen?«, fragte er die Tochter des Hauses.

Noch bevor die antworten konnte, drängte Schäng ihn beiseite und trug das sich laut beschwerende Bündel Mensch durch den Flur. Vor einer Zimmertür machte er halt.

»Öffnen Sie die Tür!«, herrschte er den hintendrein wieselnden Alten an. Der, sichtlich beeindruckt, tat, wie ihm geheißen. Schäng setzte die maulende von Tabouillot ab, schob sie in den Raum und schloss die Tür vor ihrer Nase. Den steckenden Schlüssel drehte er herum, zog ihn sodann aus dem Schloss und gab ihn dem Diener.

»Sie öffnen nicht vor Ablauf einer halben Stunde, sonst verhafte ich Sie und diese Frau«, er zeigte auf die Zimmertür, gegen die der Zankteufel heftig schlug, »und zwar wegen Nötigung, Widerstand und Ungehorsam gegen die Polizeigewalt. Haben Sie mich verstanden?«

Eingeschüchtert nickte der Alte. Schäng ließ ihn stehen und ging zurück.

»Hermann, wir sind hier fertig.« Dann wandte Schäng sich der kleinen Irmisch zu. »Und du kommst jetzt mit.«

Sie weinte schon wieder oder immer noch und schaute Schäng angstvoll an. Das ganze Menschenkind bebte. Sie nahm die Hände hoch, so als wolle sie sich vor kommenden Schlägen schützen. »Ich ... Ich tu dir nichts«, sagte Schäng bedripst. Das Mädchen ließ die Hände wieder langsam sinken.

Da war irgendetwas an ihrem Blick, das seiner Wut den Stöpsel zog, sie auslaufen ließ wie die Flüssigkeit aus einer umgestoßenen Flasche. Wieder saß er auf einem Holzpferd, und seine Gefühle fuhren mit ihm Karussell.

Aus dem Hintergrund brüllte jemand etwas, als Hermann und er Ida Irmisch abführten.

»Ida, ich setzte Himmel und Hölle in Bewegung. Hörst du mich? Himmel und Hölle!« Es war die von Tabouillot, die der alte Diener nicht aus dem Behelfskerker entlassen hatte. Er stand – den Blick ins Leere gerichtet, kerzengerade, die

Hände vor dem Bauchnabel verschränkt – neben der Tür wie der Wächter der Gemälde- und Kunstsammlung von Stadtrat Lyversberg am Heumarkt. Dahin war Schäng mal zu einem Einsatz befehligt worden.

Sie verließen mit dem festgenommenen Mädchen, das sich still in sein Schicksal gefügt hatte, das Haus.

Wieder gingen sie an St. Gereon vorbei. Schäng war so durcheinander, dass er am liebsten zur Wiederherstellung seiner Selbstgewissheit mit Ida hineingegangen wäre, um sie vor die *Schreckliche* zu stellen – eine mächtige Granitsäule, die Jahrhunderte in der Basilika gestanden hatte. Ihr habe eine wundertätige Kraft innegewohnt, so war es überliefert. Wer sich einer schweren Sünde schuldig gemacht hatte, sei bei ihrem bloßen Anblick eines jähen Todes gestorben.

Dann hatten die französischen Revolutionstruppen die Schreckliche nach Paris schaffen wollen. Sie war unterwegs zerbrochen. Der Stumpf der Blutsäule, wie sie dieser Tage nur noch hieß, konnte nach St. Gereon zurückgeholt werden. Nun stand das, was von ihr übrig war, in einer Nische links vom Eingang zum Kirchenraum und hatte den Schrecken verloren. Der traurige Stumpf konnte Schäng nicht mehr helfen.

Drieß op de Räwollußjon!

Kapitel 7

Bas Sello saß an diesem wunderschönen Morgen wie üblich um Punkt acht neben seiner Tante an dem runden Biedermeiertischchen, dessen Brokattischdecke durch ein einfaches weißes Leinentischtuch geschützt wurde. Nichts erinnerte mehr an das Unwetter der letzten Nacht. Schon wieder lag wie seit Tagen eine schwüle Hitze über der Stadt, die auch die nächtlichen Gewitter nicht vertreiben konnten.

Vor ihm stand das Tablett mit der silbernen Kaffeekanne und den zwei hauchfeinen Tassen, bei deren Benutzung Bas jedes Mal nervös wurde. Wusste er doch, wie wertvoll sie seiner Tante waren. Und er, der Tollpatsch, hatte bereits zwei davon auf den Holzboden fallen lassen, was sie nicht überstanden hatten. Den kleinen Läufer, der den Boden schützen sollte, hatte er ebenfalls ruiniert. Trotzdem riskierte sie jeden Morgen zur gleichen Zeit ein weiteres Zerdeppern. Nahm er doch den Platz ihres Gatten – seligen Angedenkens – ein, was sie über den schweren Verlust hinwegtröstete, wie sie ihm bei seinem Einzug vor gut zweieinhalb Jahren gestanden hatte.

Er war ihr zutiefst dankbar. Nur durch sie hatte er den Nachweis führen können, dass er über genügend Subsistenzmittel verfügte, um sich während seiner praktischen Vorbereitung auf das dritte Staatsexamen wenigstens notdürftig erhalten zu können, eine Voraussetzung für die Aufnahme in das Referendariat und damit das dritte und letzte Staatsexamen. Seine früh verstorbenen Eltern hatten ihm gerade genügend Geld hinterlassen, um das teure Internat zu finanzieren, in dem er seine Schulzeit verbracht hatte. Sein Studium in Bonn hatte den armseligen Rest der Erbschaft aufgezehrt. Wären nicht seine Tante und ihr inzwischen verblichener Ehemann Bankier Paul Kosterba, der auch seine Vormundschaft übernommen hatte, gewesen, hätte er nach dem zweiten Staatsexamen, dass er als Jahrgangsbester bestanden hatte, in den Staatsdienst eintreten müssen. Als preußischer Beamter hätte er einen angemessenen Lebensunterhalt verdienen können. Doch das war es nicht, was er wollte. Ihn zog es magisch in die Advokatur. Anwalt auch der einfachen Leute wollte er werden.

Nun lebte er dank ihrer Großzügigkeit in ihrem pompösen Stadthaus und trug die geänderten Anzüge seines Onkels. Der hatte allerdings den doppelten Leibesumfang von ihm gehabt, was ihm wohl zum Verhängnis geworden war.

Nun absolvierte er die letzte Ausbildungsstation vor dem dritten Staatsexamen bei dem berühmten Strafverteidiger Dr. Venedey. Noch fünf Monate, dann stand seine letzte Prüfung in Berlin an.

Die Stimme seiner Tante holte ihn aus seinen Gedanken zurück.

»Stell dir nur mal vor, Bas. Jetzt wagen es sogar schon Frauen, Zeitungsartikel zu schreiben. Wo soll das noch hinführen? Und dann auch noch über so unschickliche Themen wie einen Brand mit vielen Toten.«

Sie schaute ihn über den Rand der Kölnischen Zeitung hinweg an. Dann reichte sie ihm den Lokalteil.

»Lies selbst!«

Bas schob seine Brille, die ihn, wie er wusste, noch langweiliger erscheinen ließ, hoch und begann zu lesen. Der Artikel handelte von einem ertrunkenen Räuberhauptmann und der Suche nach den Mördern der Familie Selm. Wenn er sich abends in das Brauhaus Heinrich zur Krae mit seinem einzigen Freund und Nachbarn Schäng traf, was wegen seiner geringen finanziellen Mittel seltener der Fall war, als er gern wollte, war der Brand dort noch immer das Hauptthema an den Stammtischen.

Der Artikel war flott und gut lesbar geschrieben. Und wahrhaftig, darunter war als Redakteurin eine Frau, Mathilde von Tabouillot, genannt.

»Und?«, fragte seine Tante, »Was sagst du dazu? Das ist empörend. Die Sittsamkeit von jungen Damen nimmt entschieden ab.«

Bas zuckte nur die Schultern. Was sollte er auch erwidern? Würde er seine Meinung dazu kundtun, wäre seine Tante höchst empört. Es gäbe endlose Diskussionen über die Rolle der Frau in der modernen Gesellschaft. Er hatte es aufgegeben, sie davon überzeugen zu wollen, dass Frauen die gleichen Rechte und Freiheiten wie Männer zustehen sollten. Nein, das machte keinen Sinn. Die Ideale der Französischen Revolution waren an seiner Tante abgeperlt wie Regentropfen an Fensterglas.

»Ich muss nun gehen, die Arbeit ruft«, entschuldigte er sich stattdessen, erhob sich von dem zerbrechlich wirkenden Biedermeierstuhl, bezogen mit rotem Samt, nicht ohne den Tisch anzurempeln und die Kaffeetassen zum Klirren zu bringen. Im Flur schnappte er sich seine schlichte Studentenmütze in Form eines Tellers mit Schirm aus schwarzem Leder, allerdings ohne die bunten Bänder der Burschenschaften. Er war nie einer beigetreten, empfand er doch Saufen und sich das Gesicht bei der Mensur zerschneiden zu lassen nicht als Beweis von Männlichkeit. Dann verließ er das Haus seiner Tante durch die Hintertür auf die Hafengasse. Die war ihm lieber als der prunkvolle Vordereingang zum Buttermarkt. Vor allem aber hoffte er darauf, seinen Freund Schäng zu treffen und ein paar Worte mit einem normalen Menschen sprechen zu können. Er liebte es, Jurist zu sein. Aber manchmal war ihm das hochtrabende Geschwätz seiner Kollegen einfach zu viel.

Ein ganzes Jahr lang waren sie morgens zur gleichen Zeit

in die gleiche Richtung unterwegs gewesen, ohne miteinander zu reden. Doch dann war Bas – wie immer tief in Gedanken versunken – vor eine Omnibuskutsche getreten. Im letzten Moment hatte ihn Schäng zurückgerissen. Seitdem hatten sie sich morgens gegrüßt. Doch erst als Bas ihn vor Ermittlungsrichter Brinkhoff, bei dem er seine Pflichtstation abgeleistet hatte, während einer Zeugenvernehmung aus einer unangenehmen Situation befreit hatte, waren sie ins Gespräch gekommen. Dieser von sich selbst begeisterte Richter meinte, durch für einfache Leute kaum verständliche Formulierungen, denen schon ausgebildete Juristen kaum folgen konnten, vorführen zu können, wie ungebildet und einfältig sie seien. Bas hatte sie zum Verdruss seines Ausbilders ungefragt in verständlichem Deutsch wiederholt. Irgendwann hatte Bas Schäng zu einem Kölsch eingeladen, was der mit ungläubigem Blick stotternd angenommen hatte. Doch nach dem dritten Bier war er etwas gesprächiger geworden. Und dabei war es geblieben. Immerhin waren sie inzwischen per Du, wobei Bas bemerkte, dass Schäng die Umsetzung schwerfiel. Er schien verunsichert zu sein, dass ein studierter Mensch sich mit ihm beschäftigte.

Zwischen auf der Straße spielenden Kindern und Männern, die ihre schweren Karren zu zweit Richtung Hafen zogen, entdeckte er wie erhofft Schäng, der sich gerade mit einem Kuss von seiner Frau verabschiedete.

»Guten Morgen, Herr Referendar«, begrüßte der ihn immer noch respektvoll.

»Guten Morgen Schäng«, trällerte Bas bewusst fröhlich. »Na, auf dem Weg zur Verhaftung eines teuflischen Räuberhauptmanns?«

Sofort verschwand das Lächeln aus Schängs Gesicht. Was hatte Bas nur Falsches gesagt?

»Ich wollte dich keineswegs necken, weil euch die Mörder der Familie Selm noch nicht ins Netz gegangen sind.«

»Nein, nein, Herr Sello, äh, Bas. Mir ist nur gestern eine Laus über die Leber gelaufen.«

»Sie muss groß gewesen sein.«

»Ich ... Ich weiß nicht, ob ich das sagen darf. Es ist eine dienstliche Laus.«

»Ich schweige wie ein Grab.«

Schäng blieb stehen. Er trat von einem Fuß auf den anderen. Dann gab er sich einen Ruck.

»Ich ... ich musste ein Mädchen, nicht viel älter als meine Anna, verhaften. Sie soll das gewesen sein, das mit der Familie Selm. Dabei ist dieses Mädchen so klein und zart. Ich kann mir das nicht vorstellen. Das muss doch ein Irrtum sein.«

»Das klingt in der Tat befremdlich. Nach allem, was ich in der Zeitung gelesen habe, war der Tathergang brutal. Wie das ein junges Mädchen bewerkstelligt haben will, frage ich mich gerade auch.«

»Also irgendwie mitgemacht haben soll sie. Ein Komplize soll dabei gewesen sein. Trotzdem kann ich das nicht glauben.«

Inzwischen hatten sie zu Bas Bedauern das Wohn- und Kanzleihaus von Dr. Venedey erreicht, ein prächtiger Patrizierbau mit drei Stockwerken.

»Schäng, wollen wir heute Abend bei einem Kölsch weiterreden?«

»Hab Dienst bis zehn.«

»Ein anderes Mal?«

»Gerne.«

Zum Abschied nickten sie sich zu, und Bas trat durch die Tür in das Kanzleigebäude.

Sekretär Castaneder, wie üblich an seinem Schreibpult stehend, dienerte zur Begrüßung.

»Dr. Venedey bittet sie umgehend in sein Büro«, sagte er zu Bas großem Erstaunen. Üblicherweise kam sein Ausbilder erst gegen zehn aus seiner Wohnung über der Kanzlei herunter. Häufig auch später.

»Warum?«, fragte Bas nach. Hoffentlich hatte sich in seinen Schriftsatz von gestern kein Fehler eingeschlichen. Wo konnte der stecken? Ob die Forderung im Antrag der Schadensersatzklage zu niedrig angesetzt war?

»Sie sollen sich beeilen, hat Dr. Venedey mir extra aufgetragen zu sagen«, unterbrach ihn Castaneder und wies mit der Hand auf die große Doppelflügeltür zum Büro des Strafverteidigers.

Hastig nahm Bas seine Tellermütze ab und klopfte an die reichlich verzierte Tür.

Kaum hörte er das »Herein«, öffnete er sie und sah eine junge Frau gegenüber dem Advokaten sitzen. Sollte er an einem Mandantengespräch teilnehmen? Das wäre ein Novum. Er näherte sich dem überproportionierten Schreibtisch und blieb davor stehen.

Ohne ihn zu begrüßen, wies Dr. Venedey mit der Hand auf die Frau. »Darf ich vorstellen: Bas Sello – Mathilde von Tabouillot!«

Die Redakteurin? Bas betrachtete sie genauer.

Kapitel 8

Mathilde besah sich den jungen Mann, der verlegen seine Tellermütze in den Händen drehte. Als Venedey ihn als seinen Referendar Bas Sello vorstellte, wurde er rot. Auf ein kurzes Winken hin setzte er sich neben sie. Was war das denn für ein Mann? Er wirkte zwar noch jung, war aber doch älter als sie.

Nun denn, ihr war egal, warum Venedey ihn zu ihrem Gespräch dazugerufen hatte. Wichtig war einzig, dass Venedey die Verteidigung Idas übernahm. Und dafür hatte sie ihm einen gewichtigen Anlass geliefert: Joseph DuMont persönlich, ihr Verleger, hatte ihr ein Empfehlungsschreiben mitgegeben, gerichtet an seinen alten Freund. Ohne, da war sich Mathilde sicher, hätte sie diesen Raum, der mit erlesenen Möbeln eingerichtet war, niemals von innen gesehen.

Auch jetzt vermittelte ihr der Strafverteidiger, ein Mann von imposanter Größe und Umfang, das Gefühl, dass er sie schnell wieder loswerden wollte. Lag es daran, dass sie ihm gleich zu Beginn mitgeteilt hatte, dass sie zwar sein übliches Honorar nicht aufbringen, ihn dafür aber in der Zeitung über die Maßen für seine Großzügigkeit und Brillanz loben würde? Auch das hatte ihr Verleger ihr gestattet, nachdem sie ihm von der ungerechten Verhaftung Idas berichtet hatte.

Wie konnte nur ein Mensch mit Verstand glauben, dass dieses zarte Wesen Ida Irmisch imstande gewesen sei, so viele Menschen zu ermorden? Doch jetzt würde alles gut. Voller Zuversicht sah Mathilde in das Gesicht des Strafverteidigers, dessen Name in aller Munde war, seitdem er die Freilassung Ferdinand Lassalles aus der dreimonatigen Haft im Klingelpütz wegen des berühmten Cassetten-Diebstahls Anfang Mai erwirkt hatte.

»Wie kam es zu dem Verdacht?«, fragte er.

»Das weiß ich nicht. Ich habe die Sergeanten, die sie verhafteten, gefragt, aber die gaben mir keine Auskunft. Nun sitzt sie jedenfalls im Tippo, wie ich herausgefunden habe, und wir müssen sie dort herausholen. Unbedingt! Schnellstens. Dort geht sie vor die Hunde.«

»Aber es muss doch einen Tatverdacht geben. Wieso hat sie überhaupt das Massaker überlebt?«

»Weil ihr am Tag vor dem Brand gekündigt worden war. Völlig zu Unrecht, das können Sie mir glauben. Dazu müssen Sie das Mädchen nur anschauen.«

»Gekündigt?«, hakte Venedey mit hochgezogenen Augenbrauen nach.

»Ja, aber die Kündigung ist grundlos erfolgt. Ida hat ganz sicher niemandem etwas gestohlen.«

»Hm, das wäre doch schon ein Motiv, wenn auch arg kleingeraten für eine solch monströse Tat.«

»Eben! Wie soll sie das auch physisch bewerkstelligt haben, eine ganze Familie mit vielen erwachsenen und starken Männern umzubringen? Das ist völliger Unsinn.«

»Sie könnte Hilfe gehabt haben. Ist von einem Mittäter oder Gehilfen gesprochen worden?«, fragte Venedey nach.

»Nein, wie ich schon sagte, die Sergeanten waren nicht sehr mitteilsam. Wann also können Sie Ida aus dem Gefängnis holen?«

»Gar nicht. Wir dürfen sie zum jetzigen Zeitpunkt noch nicht einmal im Gefängnis aufsuchen.«

»Was?«, entfuhr Mathilde.

Der Strafverteidiger wies auf den Referendar, der sich daraufhin ihr zuwandte.

»Bis zur Anklageerhebung ist der Strafverteidiger nicht in

das Verfahren eingebunden. Der Ermittlungsrichter vernimmt den Beschuldigten, aber auch die Zeugen. Nach beendeter Untersuchung berichtet er der Ratskammer des Landgerichts, das bei hinlänglichem Tatverdacht die Akten dem Generalprocurator zustellt, um das Verfahren zur Versetzung in den Anklagestand einzuleiten.«

»Aber wann werden Sie endlich tätig? Bisher höre ich nur Ermittlungsrichter und Staatsanwalt.«

Bas Sello zuckte die Schultern. »Bis zu diesem Zeitpunkt gar nicht. Selbst wenn der Generalprocurator innerhalb der gesetzlichen Frist von zehn Tagen den Antrag beim Anklagesenat vorbringt, wird diese Abteilung des Appellationsgerichtshofs lediglich von der Angeklagten eine Denkschrift anfordern. Wir kommen erst ins Spiel, wenn tatsächlich Anklage erhoben wird. Bis dahin können wir nichts unternehmen und auch nicht zu ihr.«

»Was?« Mathilde schaute zu dem Strafverteidiger. Der Referendar musste Unsinn erzählt haben, gleich würde Venedey ihn korrigieren. Doch auch der zuckte nur die Schultern.

»Aber das ist unmenschlich. Sie ist unschuldig und kann sich nicht selbst verteidigen. Eine Denkschrift? Sie hat schon Probleme mit dem Schreiben ihres eigenen Namens. Wie soll das gehen? Wie lange kann sich das denn hinziehen, bis diese vermaledeite Anklage erhoben wird?«

»Das kommt darauf an«, erklärte dieser Sello und wurde schon wieder rot. Was war denn mit dem los?

»Worauf?«

»Noch ist die Sache ja bei dem Ermittlungsrichter. Vielleicht kommt der zu dem Schluss, dass sie unschuldig ist. Wenn nicht ...«

»Was dann?«

»Nun, dann kann es sich über Monate hinziehen.«

»Über Monate ...?« Ihr blieb die Spucke weg. »Das geht nicht. Danach ist ihr Leben ruiniert! Wissen Sie denn nicht, wie es im Tippo zugeht? Sie wird danach ein Wrack sein. Dabei ist sie gerade einmal sechzehn Jahre alt. Sie müssen etwas unternehmen. Unbedingt, und zwar sofort!«

»Nun ja, vielleicht könnte ich da etwas arrangieren«, sagte Venedey, »damit wir sie wenigstens im Gefängnis aufsuchen und mit ihr sprechen können.«

»Wenigstens etwas. Ja, bitte machen Sie das. Richten Sie ihr aus, dass ich ihr helfe, dass ich alles in Bewegung setzen werde, was ich kann, um sie zu retten. Sagen Sie ihr das.«

Nach einem kurzen Nicken erhob sich Venedey und gab seinem Referendar zu verstehen, dass er sie hinausbegleiten sollte.

»Ihr Artikel in der Kölnischen Zeitung heute Morgen hat mich beeindruckt«, sagte er mit so leiser Stimme an der Haustür, dass Mathilde ihn fast nicht verstand. Und er wurde noch röter im Gesicht. Mein Gott, wenn der Mensch nicht aufpasste, würde ihn noch der *Schlagflusz* treffen. So hatte der Schlaganfall, wie die Ärzte ihn nannten, auch bei ihrem Onkel begonnen.

Trotzdem freute sie sich.

»Und Sie haben kein Problem damit, dass eine Frau ihn schrieb?«

Verlegen zu Boden schauend, schüttelte er lediglich den Kopf.

Schon fand sie ihn deutlich sympathischer als noch kurz zuvor.

Vermischte Nachrichten

* Köln, 26. Sep., Wie Polizeidirektor Müller heute der Öffentlichkeit bekanntgab, fand kürzlich die Verhaftung der auf dem abgebrannten Gutshof des Ferdinand Selm tätigen Ida Irmisch, einer sechzehnjährigen Dienstmagd, statt. Dieselbe steht im Verdacht, die Familie ihres Dienstherrn gemeinsam mit ihrem Verlobten, dem flüchtigen Dachdecker-Gesellen Heinrich Meisner, ermordet und den Gutshof zur Vertuschung der schändlichen Tat in Brand gesteckt zu haben. Meisner wird mit Steckbrief gesucht. Hinweisgeber zum Aufenthaltsort erwartet eine Belohnung von 400 Thlrn. Preuß. Courant.

Redakteurin Mathilde von Tabouillot

Kapitel 9

Kontakte öffneten Türen. Mancherorts musste man sich einen Gefallen in Vorleistung erarbeitet haben, um ihn einlösen zu können. In Köln entsperrten oftmals die Möglichkeiten des anderen, der einen um einen Gefallen bat, bereits das gewünschte Schloss. Venedey war einflussreich, verkehrte in den besten Kreisen, genoss einen guten Ruf und hatte sich ein stattliches Vermögen erarbeitet. Kurzum, er hatte nicht gering zu schätzende Möglichkeiten zu bieten. Und er wusste das nur zu gut. Der Direktor des Tippo auch, und so gewährte er Venedey nach dem dienstlich gebotenen Zetern erwartungsgemäß Zutritt zur Untersuchungsgefangenen Ida Irmisch.

An einem frühen, verregneten Morgen machte sich Venedey mit seinem stillen Referendar auf den Weg zum Stadtgefängnis, das an der Nordseite des Rathausturms gelegen war. Der war ganz aus Quadersteinen und ähnelte flämischen Belfrieden. Aber mit einem Glockenturm hatte er nichts gemein. Die zwei vierkantigen Obergeschosse mit den zwei aufgesetzten achteckigen Geschossen, verziert mit steinernen Skulpturen aus der Stadtgeschichte, waren ein Ausdruck von bürgerlicher Macht. Kein kirchlicher Führer, kein Adelsspross – durch Erbfolge an Macht und Mittel gelangt – konnte seinen Namen mit dem Prachtbau verbinden, um die Zeitläufte in Stein zu überdauern. Es war der Rat der Stadt Köln, der 1407 den Bau des Turms beschlossen hatte. Sieben Jahre später konnten seine einundsechzig Meter Höhe es mit den ungezählten Kirchtürmen aufnehmen. Als Venedey aus der Kutsche stieg und das alte Gemäuer betrachtete, haderte er dennoch mit dem Stadtrat. Der Ausweis von bürgerlicher Macht war zerbröselt; die Figuren waren im Lauf der Jahrhunderte verwittert, gar herabgefallen, so wie 1794 nach der Niederlage gegen Frankreich der Status Freie Reichstadt von Köln abgefallen war. Nichts blieb einem erhalten, bloß weil man es einmal besaß. Man muss sich darum kümmern, Bande d'idiots!

Noch ärgerlicher nahm sich der Zustand des Tippo aus, das schon zur Napoleonischen Zeit ein Depot für menschliches Kroppzeug gewesen war, das das Straßenbild oder die Nachtruhe störte. Das Stadtgefängnis gewährte aber auch Umherirrenden und Obdachlosen billig Kost und Logis. Zu viele Aufgaben für den schmalen, abgetakelten Kasten mit spitzem Satteldach, der bis unter jenes vollgepfropft mit Menschen war, die auf die eine oder andere Art aus der Bahn geraten waren.

Venedey und sein schüchternes Anhängsel gingen auf die zwischen dem Tippo und dem Rathausturm hochgezogene Mauer zu. In deren Mitte war ein Gittertor. Dort wartete ein Männlein klein – die Uniform änderte daran nichts – auf beide.

»Der Herr Direktor tut Sie erwarten, meine Herren.«

Ach, herrje. Woher kam denn der? Den genuschelten Singsang kannte Venedey aus Berlin und Umgebung. Seine Ohren hörten das nicht gern, schon gar nicht in Köln, dennoch rang er sich ein Lächeln und »Allet jut« ab. Der kurze Kerl lächelte und machte einen Diener. Er verschloss das Tor hinter Venedey und Sello, marschierte zackig voran und blickte sich immer wieder nach den frühen Besuchern um. Für gewöhnlich verließ man das Tippo morgens und kam erst spätabends hierher, die meisten nicht freiwillig, sondern in den Pranken eines Sergeanten oder Nachtwächters. Der Innenhof stank nach Kotze und Pisse der Trunkenbolde, die nach reichlich gebechertem Kölsch allzu laut und lustig über die Plätze und durch die Gassen der Innenstadt gezogen waren. Sein Referendar rümpfte die Nase, Venedey war nichts Menschliches fremd.

Er folgte entschlossenen Schrittes dem Preußchen, das eintrat und ihnen die Tür aufhielt. Sie traten in eine zu groß geratene Diele, die jedoch überfüllt mit Menschen war, die darauf warteten, aus dem Gewahrsam entlassen zu werden. Man sah kaum die vor allzu langer Zeit geweißelten, inzwischen senffarbenen Wände, deren Putz auf halber Höhe von ungezählten hinausdrängenden Menschen abgeschubbert war. Hier roch es nach unparfümiertem Leben. Tabakgeruch mischte sich mit dem Gestank von nassen Socken, Schweiß und Fäkalien, die unter den Schuhen klebten oder vom Hosensaum aufgesogen worden waren. Über allem wehte eine Alkoholfahne, flatternd von Gebrabbel, Gezeter, Gebrüll, Gejammer und Gelächter. Zittrige Spiegelsäufer, krumme Hunde, leichte Mädchen auch in Form feister Dirnen, in rotes Mieder oder ein schwarzes Korsett gezwängt, mal eine Federboa um den Hals geschlungen, die aussah wie der Schwanz einer räudigen Katze, mal nur das blanke Dekolleté ausgestellt – alle diese Figuren drängten nach draußen. Und ihnen allen schaute dabei die Armut aus den Augen, der jeder auf seine Art zu begegnen versucht hatte. Nicht erfolgreich, wie Venedey sah. Er und Sello wirkten wie zwei Kamele vor dem Nadelöhr. Es ging nicht vor und zurück. Überall waren Arme, Ellenbogen, Knie, die an Anwalt und Referendar stießen oder schubberten.

»Ald der Beincher zosamme, Annemie«, schrie plötzlich ein alter Mann in verschlissenem Anzug mit schmutzigem Dreieckstuch um den Hals, der sich neben Venedey geschoben hatte. Sein Rat, die Beine zusammenzuhalten, galt einer spillerigen Blondine mit verheulten Augen. »Dann weedste och nit mih verhaftet«, schnauzte er sie weiter an. Er schallerte ihr eine und zerrte sie Richtung Tür.

»Sachte«, setzte sich das Männlein in Uniform beschwichtigend in Szene. Es schien, als wäre es vor Edelmut, Wahnwitz oder kraft Amtes gewachsen. Wer wusste das schon zu sagen? Napoleon, den Venedey bei dessen Köln-Besuch im September 1805 noch selbst erlebt hatte, war auch ein kleiner Mann, bei dem erst die Entscheidung für den Russlandfeldzug den Ausschlag zum Wahnwitz gab.

Venedey sah aus dem Augenwinkel, wie sein Referendar offenbar durch Luftanhalten versuchte, innere Sekundeninseln gegen den Gestank aufzuschütten. Auch eine Taktik, aber trotzdem eine Zumutung für den jungen Mann.

»Werter Herr«, sprach Venedey den Gefängnisbediensteten an, bar jeder Ahnung, ob und welchen Rang er im streng hierarchie- und laufbahngläubigen Beamtenstaat der Preußen innehatte, »verzeihen Sie bitte, das Gericht ruft. Wenn es konveniert, ersuche ich ergebenst, der Beschuldigten Irmisch zügig vorgestellt zu werden, wiewohl ich anerkenne, dass Sie hier in besonderem Maße dienstlich gefordert sind.«

Ein bisschen Bauchpinselei und höfliches Gestelze hatten noch nie geschadet.

Und siehe da, der Mann zog aus der Hosentasche eine Trillerpfeife. In Venedeys Ohren hallte das Schrillen nach.

»Allet, wat raus kann, jeht einzeln rechts die Wand lang.«

Es funktionierte. Unter Gejohle, Veralberung mit angedeutetem Stippeföttchedanz, Stechschritt, geblöktem Kommando *»De Knabbüß ... gereuz!«* und nachgeahmter Ausführung von *»Das Gewehr über!«*, aber es funktionierte.

Venedey staunte. Unterm Strich waren die Kölner, auch aus der Unterschicht, nach nahezu zweiunddreißig Jahren preußischer Besserungsanstalt fast passabel erzogen. Besser als sie selbst annahmen.

Der Beamte von unbekanntem Rang und ohne Namen führte beide zur Weiberzelle, die eher einem Käfig glich, der an den der noch nicht abgeurteilten Diebe, Trickbetrüger, Schläger und Ordnungsstörer grenzte.

Eine ordinäre Alte, schäbig gekleidet, versuchte ein junges, bildhübsches Mädchen Richtung Gitterstäbe der Männer zu schieben, die sich wie notgeile Rüden aufführten. Sie penetrierten Löcher in die stickige Luft, rieben über ihr Gemächt und beleckten aufreizend die Gitterstäbe.

»Ist ja widerlich«, entfuhr es Venedey.

»Das Mädchen ist ohne jeden Schutz. Soll das Recht sein?«, hörte Venedey den schüchternen Sello in scharfem Tonfall beinahe zeitgleich sagen. Na so was! Steckte doch Leben in dem bebrillten Paragrafenlehrling?

Wieder zog der Miniaturpreuße seine Trillerpfeife und blies entschlossen hinein – dieses Mal verfing sein Pfiff nicht. Er nahm hastig einen Schlüssel aus der Jackentasche, der zu einem kleinen Wandschrank gehörte, entnahm dort einen anderen, größeren Schlüssel, zog seinen Schlagstock aus der Halterung am Gürtel und öffnete die Weiberzelle. Die Alte schreckte zurück und ließ von dem Mädchen ab. Der kurze Kerl herrschte es an: »Irmisch, mitkommen!« Seine rechte Hand umfasste das linke, zarte Oberärmchen der Beschuldigten wie eine Schraubzwinge.

Dieses junge Ding, das – selbst in offensichtlicher Notwehrlage – der Alten nicht die Haare vom Kopf gerissen, ihr nicht in die Arme gebissen und auch nicht nach ihr geschlagen hatte, war die Beschuldigte? Venedey stutzte. Nun, der erste Eindruck mochte täuschen. Der Beamte zerrte das Mädchen aus der Zelle, schloss hinter sich ab und schob die Irmisch vor Venedey.

»Guten Tag, Fräulein Irmisch. Ich darf mich vorstellen, Dr. Cornelius Venedey, Advokat. Mich begleitet Herr Rechtsreferendar Bas Sello.« Er zeigte auf den Brillenträger neben sich, der höflich nickte. »Frau Mathilde von Tabouillot schickt uns, Ihnen aus der Misere zu helfen.«

Das Mädchen schaute beide mit großen Augen an. Noch bevor sie irgendetwas sagen konnte, räusperte sich das Preußchen.

»Sie können im Zimmer des Direktors mit ihr sprechen.«

»Der uns bekanntermaßen erwartet.« Venedey mühte sich, nicht mokant zu klingen.

»Genau. Ich bringe Sie nach oben.«

»Gerne.«

Über durchgetretene, knarzende Stufen einer Holztreppe ging es ins zweite Obergeschoss. Venedey schnaufte. Die Hose seines neuen Anzugs zwickte, das nicht minder neue Hemd spannte. Das unwiderstehlich leckere Konfekt aus der Mürbebäckerei seines Mandanten Franz Stollwerck war sein Untergang. Dessen Brustkaramellen hatte er erfolgreich gegen die Apotheker verteidigt, die sich für die einzigen legitimen Hustenbonbon-Produzenten hielten. Stollwerck hatte nicht nur prompt das Honorar beglichen, sondern sandte nun jede Woche eine Schachtel Pralinés.

Endlich oben angekommen, stand Direktor Frieder Caspari bereits im Türrahmen seines Büros.

»Meine Herren, ich grüße Sie. Ich habe das Magazin für Sie herrichten lassen.« Caspari federte mehr, denn er ging, und schloss die Tür zu einer Rumpelkammer auf, in der Regale mit Akten die Tapeten ersetzten und gerade einmal ein Tisch mit vier Stühlchen hineinpasste. Die drei Herren nahmen Platz. Ida Irmisch blieb stehen.

»Was steht sie da herum? So setze sie sich doch hin«, gab der Hausherr des Tippo vor. Nun wandte er sich Venedey zu.

»Sehen Sie es mir nach, aber ich muss bei der Einvernahme zugegen bleiben.«

»Selbstverständlich, mein geschätzter Caspari. Ich bin es, der hier keine Rechte hat. Als Strafverteidiger schlägt meine Stunde ja erst nach der Versetzung der Beschuldigten in den Anklagestand. Sie kennen meine Meinung dazu. Eine effiziente Strafverteidigung beginnt im Ermittlungsverfahren. Bei mancher Fortschrittlichkeit, vernünftige Verteidigerrechte hatte unser großer, kleiner Franzmann nicht im Gepäck. Nur die Rechte in der Weste.«

Caspari lachte, und Venedey lachte mit. Witze auf *le petit caporal* waren immer einträglich.

»Nun möchte ich Ihre Zeit und Ihre Möglichkeiten nicht überstrapazieren. Wir werden, wie vereinbart, nur nach dem Sachverhalt fragen, jedoch keine rechtliche Bewertung abgeben und keinen anwaltlichen Rat erteilen.«

Caspari nickte mit strenger Miene, ganz der preußische Untertan, der mit Unbehagen auf einem schmalen Grat wandelte.

»In medias res also.« Venedey wandte sich Ida zu, die wie versteinert am Tisch saß. »Kannst du meinem Referendar und mir erzählen, was man dir vorwirft?«

»Ich ... ich ... soll die ganze Familie ... alle ... bis auf den Johann, also totgemacht haben. Also nicht ich ... Ich soll dabei geholfen haben ...«

Venedey schwante, dass es schwierig werden würde, Zusammenhängendes aus ihr herauszubringen.

»Wie kommt der Instructionsrichter denn darauf?«

»Bloß, weil ich ... ich ... gestohlen habe. Tafelsilber. Das ich immer poliert hab. Aber das stimmt nicht!«, fügte sie plötzlich lebhaft an. Ihre Wangen nahmen Farbe an. Sie richtete sich auf.

»Du hast etwas gestohlen?«, fragte Venedey provokant nach.

»Nein, nein, nein! Ich mach so was nicht!«, brach es aus ihr heraus.

»Aber jemand hat behauptet, dass du gestohlen hast. Wer war das?«

»Der Herr Selm.«

»Welcher Herr Selm?«

»Der alte, der Herr Ferdinand.«

»Dein Dienstherr?«

»Ja.«

»Seit wann fehlt das Tafelsilber?«

»Immer mal wieder was.«

»Ist dir das selbst aufgefallen? Oder hat dir das jemand erzählt?«

»Ich habe das beim Silberputzen gemerkt.«

»Hast du das Herrn oder Frau Selm gemeldet?«

»Nein.«

»Warum nicht?«

»Ich dachte, das ist für die Aussteuer Fräulein Josefines genommen worden.«

So weit, so schlüssig, dachte Venedey. Da war doch in dem Zeitungsartikel der Tabouillot von einem Verlobten die Rede gewesen. Bas Sello hatte ihm den Artikel vorgelegt.

»Und der Herr Selm hat angenommen, du hast das Silber genommen, weil er von deinem Verlobten und eurer Absicht zu heiraten wusste.«

»Ich weiß nicht. Er hat nur gesagt, ich hab das gestohlen. Ich muss gehen. Und anzeigen wird er mich, hat er noch gesagt.«

»Wie stand dein Dienstherr denn zu eurer Verlobung? Das hätte ja auch bedeutet, dass du bald den Hof verlässt, oder?«

Ida zuckte mit den Schultern. »Er fand das nicht gut. Ich bin zu jung für eine Heirat, hat er gesagt. Den Heinrich mochte er nicht. Er hat ihm verboten, mich auf dem Hof zu besuchen. Warum, weiß ich nicht. Ich durfte auch nicht zu ihm.«

»Und dann habt ihr euch heimlich getroffen?«, fragte Venedey.

»Ja. Aber nur hinter der Kirche nach dem Sonntagsgottesdienst.« Sie lächelte verlegen.

»Wie fand Heinrich die Heimlichtuerei?«

»Der war böse auf den Herrn Selm. Er hat gesagt, ich bin doch nicht seine Leibeigene. Das darf der gar nicht.«

Mit dem Konjunktiv hatte sie es nicht, konstatierte Venedey.

»Hast du Heinrich von der Kündigung und dem Grund dafür erzählt?«

»Ja, ich bin zu ihm gelaufen, weil ich doch nicht wusste, wohin sonst. Ich muss meine Sachen packen und verschwinden, hat der Herr gesagt.«

»Wie hat dein Verlobter reagiert?«

»Der war mächtig böse. Der wollte ...« Sie stockte.

»Ja? Was wollte er?«, fasste Venedey nach.

»Der wollte dem Herrn Selm die Meinung sagen.«

»Mehr nicht?«

Sie schüttelte heftig den Kopf. Für Venedeys Geschmack etwas zu heftig.

»Wann hat der Herr Selm dir denn gekündigt?«

»Am Mittag von dem Tag, an dem alle ...«

»Gestorben sind«, brachte Venedey den Satz zu Ende, »Ist das richtig?«

»Ja.«

»Dann bist du zu Heinrich gelaufen?«

»Ja.«

»Und anschließend wieder zurück zum Hof und hast deine Sachen gepackt?«

»Ja.«

»Und dann hast du auf Heinrich gewartet?«

»Ja.«

»Wo hast du auf ihn gewartet?« Venedey waren die Ja-Nein-Fragen ausgegangen.

»Ich war bei den Bäumen auf der Anhöhe, nicht weit weg vom Haus.«

»Was passierte dann?«

»Heinrich hat mich sitzen lassen.« Ihre eben noch feste Stimme klang heiser. Sie begann zu schluchzen.

Venedey gab ihr einen Moment, sich zu fassen. Viele Fragen waren noch nicht beantwortet.

»Wann hast du den Brand bemerkt?«

»In meinem Zimmer, mitten in der Nacht.«

»Aber du solltest doch den Hof verlassen.«

»Als der Heinrich nicht kam, bekam ich Angst. Der Herr Selm darf mich auf der Anhöhe nicht sehen. Ich darf nicht mehr auf dem Hofgut sein, hat er gesagt. Der geht abends noch mal rund. Ich habe mich im Verschlag im Nutzgarten versteckt. Aber als das Gewitter näher kam – ich habe doch so furchtbare Angst vor den Donnerschlägen – da bin ich raus und hab geschaut, wohin ich gehen kann.«

»Wo ist denn der Verschlag?«, fragte Venedey.

»Hinter dem Wohnhaus.«

»Konntest du den Heinrich von da kommen sehen?«

»Nein. Aber ich weiß, der guckt, wo ich bin.«

»Und was ist dann passiert?«

»Die Frau Frederike hat mich vom Schlafzimmerfenster ihrer Tochter entdeckt. Sie hat gefragt, warum ich noch da bin. Ich hab's ihr gesagt. Und dass ich so große Angst vor dem Gewitter hab und nicht weiß, wo ich hinsoll. Da hat mir die gnäd'ge Frau erlaubt, in meine Kammer zu gehen. Sie macht die Türe auf, hat sie gesagt. Aber ich soll vorsichtig sein, damit ihr Mann das nicht merkt. Sie war so freundlich zu mir. Aber ganz früh am Morgen, hat sie gesagt, bevor alle aufwachen, muss ich das Haus verlassen. Ihr Mann darf mich nicht entdecken. Sie will keinen Streit mit ihm wegen mir. Mein Gott, jetzt ist sie tot.«

Sie starrte ins Leere, als könne ihr das die Bedeutung des Adjektivs »tot« erklären. Wieder schluchzte sie. Venedey ließ sie gewähren. Er beobachtete sie nur. Als sie sich gefangen hatte, fuhr sie fort: »Heimlich bin ich dann, als es ganz dunkel war, in meine Kammer geschlichen. Erst konnte ich nicht schlafen, hatte solche Angst, was aus mir wird, und es donnerte so laut. Aber dann muss ich doch eingenickt sein. Ich bin erst aufgewacht, als das Feuer schon laut prasselte und ich den Rauch gerochen habe.«

Venedey wollte noch danach fragen, ob sie Schreie gehört habe, aber nicht im Beisein von Caspari.

»Was denkst du, wo Heinrich steckt? Hat er sich nach der Brandnacht bei dir gemeldet?«

Sie schüttelte den Kopf und starrte wieder ins Leere. »Ich versteh das nicht«, murmelte sie. »Er hat ... hat mir geschworen, dass er mich holt und alles gut wird. Er hat es mir fest versprochen.« Sie ließ den Kopf hängen. »Ich versteh das nicht«, flüsterte sie mehr zu sich selbst.

»Du weißt, dass nach Heinrich gefahndet wird?«

»Ja.« Ihr lief die Nase. Sello reichte ihr sein Taschentuch. Sieh an! Wie aufmerksam, dachte Venedey.

»Und weißt du auch, was man ihm vorwirft?«

Sie nickte. Nach einem Moment, in dem sie tief Luft holte und sich wieder kerzengerade aufrichtete, antwortete sie mit leiser Stimme: »Ja! Wir ... wir haben aus Rache alle getötet ... Der Herr Richter hat gesagt, dass ich ... ich hab den Heinrich rein ins Haus gelassen, damit er sie totmachen kann. Dann hab ich die Schlafstuben von Frau Frederike und ... und den anderen Herrschaften von außen abgeschlossen, und ...« Sie stockte und sog hastig Luft ein.

Ihr fehlender Konjunktiv könnte ihr Verderben werden. Oder war das ein Geständnis?

»... dann hab ich den Paul, den jüngsten der Brüder, in die ... in die Scheune gelockt ... Und ... und ich oder Heinrich ... Heinrich ... alles, wir sollen alles angezündet ... Nee, nie hab ich ... und der Hein... Hein...«

Venedey sah zwar die Ohnmacht der jungen Frau anhand der Schnappatmung kommen, konnte aber nichts mehr dagegen tun. Dazu umgab ihn viel zu viel träge Masse, die hochzuwuchten er nicht mehr schnell genug war. Ida Irmisch sackte in sich zusammen und drohte, vom Stuhl zu fallen. Sello war rechtzeitig aufgesprungen, fing sie auf und legte sie dann vorsichtig, fast zärtlich auf den Boden. Sieh mal einer an, dieser Sello wusste zu überraschen. Ein zugetaner Liebhaber hätte nicht sanfter reagieren können. Nach einem Moment der Bewusstlosigkeit starrte die Irmisch seinen Referendar und ihn mit diesen großen Augen an, in denen Venedey nicht lesen konnte.

Es reichte. Auch so. Weitere Fragen brachten nichts mehr. Den Rest des Tatvorwurfs konnte er sich denken. Das war jedenfalls kein Geständnis, resümierte er fürs Erste. Er erhob sich.

»Wir werden Frau Tabouillot berichten. Für Sie wird gesorgt werden.«

»Danke«, wisperte sie.

Dann wandte er sich Caspari zu.

»Auf ein Wort.«

Der Direktor nickte.

»Sie wartet hier, bis sie abgeholt wird«, herrschte er Ida Irmisch an, ohne sie anzusehen. Als alle auf dem Flur getreten waren, schloss er das Magazin und rief nach einem Blunske. Da eilte dienstbeflissen das Preußchen herbei.

Im Büro des Direktors nahm Venedey trotz des Angebots von Caspari nicht Platz.

»Wir haben Ihre Zeit schon lange genug in Anspruch genommen. Mein lieber Caspari, ich stehe tief in Ihrer Schuld. Mehr noch, weil ich Sie nun herzlich um einen weiteren Gefallen ersuche – gewiss auch im Namen der Frau von Tabouillot, ihres Zeichens Redakteurin …«, Venedey legte eine Kunstpause ein und stöhnte »O tempora, o mores«, um dann sein Anliegen vorzutragen.

»Bitte bringen Sie die Beschuldigte fern des Rudels geifernder Männer und liederlicher Weiber der allerniedersten Sorte unter, die Sie unter Ihrer Klientel zu beklagen haben. Eine solch vorgezogene Strafe durch die übergriffige Gegenwart dieses Packs hat sie nicht verdient. Es gilt die Unschuldsvermutung bis zur Verurteilung, nicht wahr? Ich sage mich persönlich für die Kosten stark. Ich weiß, dass Ihr Etablissement aus allen Nähten platzt – wenn ich das so salopp formulieren darf – gerade jetzt, wo unsere Weiberanstalt, die Bleche Botz, umgebaut wird. Deswegen ist es nur recht und billig, für eine Einzelunterbringung Rechnung zu legen.«

»Ich prüfe das wohlwollend«, entgegnete Caspari.

»Merci. Und eine letzte Bitte, in der Hoffnung, Sie empfinden mich nicht als unverschämt. Lassen Sie nach mir schicken, wenn der Beschuldigten die Anklageschrift zugestellt worden ist. Auch dies nicht zum Schaden Ihrer Anstalt!«

»Gewiss. Betrachten Sie Ihr Ersuchen als erledigt.«

»Herzlichen Dank. Wir verabschieden uns.«

Venedey schüttelte Caspari fest die Hand, so fest wie ein Versprechen, ihm künftig mit eben jener Hand Türen zu öffnen.

Venedey eilte die Treppen hinab. Nichts wie raus aus diesem Affenkäfig. Sello folgte ihm geschmeidiger, als er ihm zugetraut hätte, auf dem Fuße. Diese ganze Bruchbude gehörte abgerissen. Er stürzte förmlich auf den Rathausplatz. Dort wartete seine Kutsche auf sie. Pit, der Kutscher, sprang vom Bock und öffnete die Tür.

»Danke, Pit. Ich möchte lieber laufen. Bringen Sie Herrn Sello bitte in die Kanzlei.«

»Darf ich Sie begleiten?«, fragte der.

Warum nicht, dachte Venedey. Vielleicht wusste der junge Mann auch jetzt wieder, welche Fragen Venedey sich stellte.

Einen solchen Konterpart hatte er gar nicht in ihm vermutet. Umso willkommener war ihm das Angebot.

Kapitel 10

Wie erwartet, hatten die Dinge schnell ihren Lauf genommen. So hatte Venedey es läuten gehört, dass die Ratskammer des Landgerichts schon geurteilt habe. Ida Irmisch sei der beschuldigten Tat hinlänglich beschwert. Der Vorgang mit Aktenstücken, so seine Quelle, sei dem Generalprocurator auch bereits übergeben worden, um das Verfahren zur Versetzung in den Anklagestand einzuleiten. Venedey schnaubte. Der Generalprocurator Dr. Christophe Grandjean war sein Erzfeind. Ein Karrierist übelster Sorte, mit dem Rückgrat eines Schlangenmenschen. Der wechselte die Seiten so schnell, wie ein Wanderfalke im Sturzflug seine Beute jagte. Dabei sah er aus wie ein Frettchen mit Iltis-Farbschlag. Eine weiße Strähne seines im Übrigen schwarzen Haupthaares bildete den Abschluss seines gescheitelten Ponys. Sein fliehendes Kinn kaschierte ein weißer Knebelbart, während seine Augen fast schwarz waren und sein Teint dunkel. Venedey mochte ihn leiden wie ein Furunkel am Hintern. Ihm schwante, dass der kleine, mit Hässlichkeit geschlagene Mann, der zu allem Überfluss von Neid zerfressen war, jener geradezu verschwenderischen Schönheit der jungen Frau mit einer Anklage und Verurteilung ihre irdischen Grenzen zu bereiten gedachte. Und ganz sicher würde er es sich nicht nehmen lassen, sie auf dem letzten Weg zur Guillotine zu begleiten – nur um zu sehen, wie die Vollkommenheit in zwei Teile zerfiel. Der Gerechtigkeit Genüge zu tun, war Grandjeans Sache nicht.

Venedey schlug mit der Faust auf seinen Schreibtisch. Ein

sehr großer Schreibtisch mit Intarsien aus Amaranth, Mahagoni und gebeiztem Ahorn, reich verziert mit vergoldeten Bronzeelementen, der auf fein gedrechselten Beinen aus Eichenholz stand. An den Seiten konnte man ihn ausziehen, um die Ablagefläche für Akten zu vergrößern. Solche Kapazitäten an Fläche würden in Ida Irmischs Fall nicht nötig sein, dachte Venedey missmutig. Nichts würde man ausermittelt haben. Die Akte wäre schwindsüchtig dünn. Eine junge protestantische Sächsin, eine diebische Elster dazu, die einem hiesigen Dachdeckergesellen mit ihren Reizen den Kopf verdreht und ihn mit frechen Lügen verleitet hatte, ihre Ehre wiederherzustellen, indem er Rache an der vorgeblich verleumderischen Familie übte – fertig war das wohlgefällige, kommode Narrativ. Denn das Böse, Heimtückische kam immer aus der Fremde, im fröhlich-katholischen Köln hatte es keine Wurzeln. Wenn man nur oft und lange genug bei Café Jansen in die Auslagen schaute, war die Welt eine Mille-feuille. Und ganz Köln ein knuspriger Blätterteigkuchen – gefüllt mit Vanillecreme, belegt mit frischen Erdbeeren und bestreut mit Puderzucker.

Schon wieder hörte Venedey es läuten. Es war die Türglocke zu seiner Kanzlei. Die Standuhr hatte viertel drei geschlagen. Er wuchtete sich aus seinem Schreibtischstuhl und ging zur Tür. Bas Sello war schon heimgegangen. Sein Sekretär Castaneder hatte wegen der Hochzeit seiner Tochter um einen freien Tag gebeten, was Venedey ihm nicht abschlagen wollte. So war er auf sich allein gestellt. Wer mochte das sein? Einen Termin hatte Venedey nicht verabredet. Als er die Holztür öffnete, stand da das Männlein klein, Herr Blunske in Zivil. Der Anzug hatte Glanzflecken vom Bügeln, das weiße Hemd war an der Knopfleiste geflickt. In der Hand hielt er einen großen Briefumschlag.

»Guten Tag Herr Doktor, der Herr Direktor schickt mich.«

Der Beamte überreichte Venedey den Umschlag und wollte sich schon auf dem Absatz herumdrehen.

»Sagen Sie, Herr Blunske – so war doch Ihr Name, nicht?« Männlein klein nickte überrascht. »Wie ist es dem Fräulein Irmisch ergangen?«

»Herr Doktor, sie hat viel geweint. Besonders, als der Generalprocurator da war.«

»Grandjean war im Tippo?«

»Ja, er hat vom Direktor verlangt, dass sie wieder in die Gemeinschaftszelle zu verlegen sei. Eine Vorzugsbehandlung stünde ihr nicht zu.«

»Und? Hat der Direktor dem Folge geleistet?«

»Ja, er hat sie morgens, als die Zelle leer war, zurückverlegt, und abends aus Platzgründen in die Kammer bringen lassen.«

Venedey grinste. Blunske blickte ihn erschrocken an.

»Durfte ick Ihnen det überhaupt sagen?«

»Was denn? Wissen Sie, ich bin so vergesslich geworden.«

Der Beamte lächelte verlegen.

»Herr Doktor, ich tue mich empfehlen. Mein Dienst beginnt Schlag fünf.«

»Adieu und nochmals danke.«

Blunske machte einen Diener und wieselte davon. Venedey sah ihm in einem Anflug von Altersmilde sogar mit Sympathie nach. Er würde sich doch nicht etwa nach all den Jahren an die Preußen gewöhnen?

Er ging mit dem Kuvert in die Bibliothek und breitete seinen Inhalt dort auf dem Lesetisch aus. Es war genau das enthalten, was er sich gedacht hatte: Der Anklageakt und die Abschriften aller übrigen Aktenstücke. Der Anklagesenat am Appellationsgerichtshof hatte die von Grandjean formulierte Anklage durchgewunken, so kurz und schmallippig sie auch war.

In dem Kuvert lag noch ein weiterer Brief. Es war die

Rechnung für die Unterbringung der Ida Irmisch. Venedey grinste.

Er suchte nach seinem Kneifer, setzte sich und las.

Genau wie erwartet, dachte Venedey. Er schüttelte den Kopf und stöhnte. Der Herr Generalprocurator, wie immer von mondäner Extravaganz beim Absetzen seines Machwerks. So eine gerasterte, von monumentaler Faulheit zeugende Form der Anklage wird sich auch in zweihundert Jahren nicht durchgesetzt haben, war sich Venedey sicher: drei hingerotzte Tatvorwürfe; jeweils vier Sätzchen dazu, was der Irmisch als strafbares Handeln zur Last gelegt wurde; die anzuwendenden Strafvorschriften des Code Penal hintereinander gereiht; die Beweismittel in Form einer Strichliste knapp darunter gekritzelt; ein paar Zeilen zum Ermittlungsergebnis und zur Zuständigkeit des Assisenhofs, gefolgt vom Antrag, die Beschuldigte in den Anklagestand zu versetzen. Wie war er damit bloß beim sonst so kritischen Anklagesenat durchgekommen?

In Venedey stieg der Ärger hoch wie überschüssige Magensäure die Speiseröhre. Dieses Frettchen trachtete der jungen Frau wirklich nach dem Leben. Wieder und wieder las er die Tatvorwürfe. Bald hallten die maßgeblichen Anklagepunkte in seinem Kopf nach wie ein nicht enden wollendes Echo: neunfacher Mord, ein versuchter Mord und Brandstiftung in Mittäterschaft.

Grandjean hatte doppelt vorgesorgt, um das höchstmögliche Strafmaß beantragen zu können. Auf Mord stand nach dem Code Penal die Todesstrafe. Auf Brandstiftung ebenfalls.

Schon wieder hörte es Venedey läuten. Seit wann war seine Kanzlei ein Taubenschlag? Einen Moment erwog er, nicht zu öffnen. Er war viel zu wütend, um einen Besucher angemessen höflich zu empfangen. Doch seine Neugierde siegte. Vor der Tür stand sein Referendar.

»Haben Sie etwas vergessen?«, fragte Venedey etwas zu unwirsch, was ihm selbst missfiel.

»Entschuldigen Sie, wenn ich störe ...«

»Nein, nein. Sie stören nicht. Eigentlich kommen Sie gerade recht.«

Venedey winkte Sello herein.

»Die Anklageschrift gegen die kleine Sächsin wurde mir gerade überbracht. Lesen Sie und sagen Sie mir Ihre Meinung dazu. Frei von der Leber weg!«

Venedey lotste Sello in die Bibliothek, machte auf dem Absatz kehrt und steuerte sein Büro an. Aus dem prachtvollen Wandschrank, der auch in einem Schloss des Sonnenkönigs eine Zierde gewesen wäre, entnahm er eine Karaffe mit Cognac und zwei Schwenker. Er goss beide über das schickliche Maß voll. Sein Blick fiel unwillkürlich auf die Orientbrücke vor seinem Schreibtisch. Das unselige Ding hatte an beiden Enden weiße Fransen. Fransen, die ihn augenblicklich an den weißen Knebelbart von Grandjean erinnerten. Venedey leerte ein Glas in einem Zug und goss nach. Er entschied, die Brücke ins Magazin verschwinden zu lassen. Dann ging er zurück in die Bibliothek.

Sello erwartete ihn mit der Frage: »Ist die Anklageschrift, wenn ich das so sagen darf, nicht etwas knapp geraten?«

»Sie dürfen, Sie dürfen. Und weiter? Nur frei heraus!«

»Dem Fräulein Irmisch wird zur Last gelegt, am Abend des 24. August 1847 dem Mittäter Heinrich Meisner ermöglicht zu haben, das Wohnhaus des Schöttelshofs zu betreten, um auf der Grundlage eines gemeinsamen Plans Rache zum Nachteil der Familie des Gutsbesitzers Ferdinand Selm zu nehmen. Ihr Mittäter habe den gewährten Zutritt genutzt, um die Familie zu erschlagen, wobei es im Falle von Johann Selm beim Versuch verblieb.

Ja, reicht denn das Aufsperren schon für eine Mittäterschaft? Und wie will der Generalprocurator beweisen, dass die Taten gemeinschaftlich geplant waren? Für ein kollusives Zusammenwirken trägt Grandjean keine Indizien vor. Für den zweiten Tatvorwurf der Brandstiftung ...«

»Gilt dasselbe«, unterbrach Venedey seinen Referendar, »weil ...«, erteilte er ihm wieder das Wort, indem er mit der ausgestreckten Hand auf ihn zeigte.

»... aus der Anklage nicht hervorgeht, welchen Tatbeitrag die Beschuldigte in concreto geleistet haben soll. Führte sie Zündhölzer mit sich? Reichte sie ihrem Verlobten das brennende Streichholz, verschüttete sie den Brennspiritus oder legte sie das brennende Holz gar selbst an den Brandbeschleuniger?«

»Und warum meint Grandjean, sich so kurzfassen zu können? Eine Idee?«

Sello schob seine Brille hoch und überflog erneut die Anklageschrift. Dann atmete er tief aus und verlor seine Körperspannung. Er sackte in den Lehnstuhl.

»Grandjean führt als Beweismittel die Einlassung der Beschuldigten an. Ob sie inzwischen gestanden hat?«, fragte Sello.

»Das glaube ich kaum. Ich befürchte etwas anderes. Ahnen Sie, was?«

Sello dachte eine Weile schweigend nach.

»Ich weiß es nicht«, antwortete er schließlich.

»Sie und ich können es beide nicht *wissen*, aber wir dürfen spekulieren. Wir müssen es sogar, um uns auf alle Eventualitäten einzurichten. Also spekulieren Sie!«

Erst unsicher, dann immer trittsicherer entwickelte Sello eine These.

»Mir ist aufgefallen, dass Fräulein Irmisch sich unglücklich ausdrückt. Sie gibt die Anschuldigungen so wieder, als sei es tatsächlich so passiert. Sie sagt zum Beispiel ›Ich habe gestohlen‹, wenn sie meint ›Ich soll gestohlen haben‹.«

»Genau.« Venedey lächelte zufrieden und schob einen der Cognacschwenker vor Sello. »Trinken Sie, mein Lieber. Wenn schon kein Geist in der Anklageschrift steckt, will ich

Ihnen wenigstens ein geistiges Getränk bieten. Nicht, dass mir Klagen kommen, ich hätte Ihre Ausbildung auf die leichte Schulter genommen.« Venedey nahm einen guten Schluck.

Sein Referendar betrachtete die rot-braune Flüssigkeit etwas unschlüssig.

»Nur zu!«

Er nippte vorsichtig. Venedey schüttelte den Kopf.

»Ach, Sello«, seufzte er, »da liegt noch viel Arbeit vor uns beiden. Aber das wird schon.«

Sein Referendar mochte das auf den Fall Irmisch beziehen, Venedey hingegen meinte das nötige Feilen an dem schüchternen Sello, der seinem Temperament offenbar erst dann die Sporen gab, wenn eine Unbill im Galopp zu ihm aufgeschlossen hatte.

»Und was kann ich tun?«

»Erst muss ich den Präsidenten des Anklagesenats davon überzeugen, mich als Verteidiger für die kleine Sächsin zu bestellen. Dann beantrage ich Akteneinsicht. An der Stelle kommen Sie ins Spiel. Sie gleichen ab, ob der Anklageschrift tatsächlich alle Abschriften der Aktenstücke beigefügt waren.«

»Ja, das will ich gerne tun.«

»Sagen Sie mal, Sello. Warum sind Sie eigentlich gekommen?«

Kapitel 11

Bas sah sich in Gerichtssaal 3 des Kölner Assisenhofes um. Er hatte zwar bereits an einigen Verhandlungen gemeinsam mit Dr. Venedey teilgenommen, doch immer wieder erfüllte ihn Ehrfurcht, wenn er am Verteidigertisch Platz nahm. Hinter ihm, zwei Stufen höher und eingerahmt von einem einfachen Holzzaun befand sich die Bank für die Angeklagten. Ebenfalls auf dem Podest, welches von Seitenwänden eingefasst wurde und beinahe ein Drittel des Raumes einnahm, stand vor der Saalrückwand mit ihren drei mächtigen Flügeltüren der lange Richtertisch, links davon der Katzentisch des Gerichtsschreibers und rechts das halbhohe Pult des Generalprocurators. Gegenüber von Bas befanden sich die zwei Sitzreihen für die zwölf Geschworenen. Das Ende des Podestes bildeten zwei sich in die Augen schauende, sphinxhafte Wesen, die etwas von zwei Hausfrauen hatten, die wie Hunde nach dem Kommando Platz bei Fuß lagen. Direkt vor dem Verteidigertisch, der als einziger nicht erhöht stand, befand sich das Stehpult für die Zeugen, hinter dem sie ihre Aussagen zu machen hatten. Der Rest des Saales war den Zuschauern vorbehalten. Noch immer war es keine Selbstverständlichkeit in allen deutschen Einzelstaaten, dass der schriftliche und geheime Inquisitionsprozesses durch den Anklageprozess nach dem Vorbild des Code d'instruction criminelle von 1808 ersetzt worden war, dessen herausstechende Merkmale die mündliche Verhandlung, an der Zuschauer teilnehmen durften, sowie die freie Beweiswürdigung waren.

Bas dachte mit Schrecken daran, dass es bis zu dieser Änderung – gerade einmal vierzig Jahre her – keine prozessuale Gewaltenteilung gegeben und Folter als legitimes Mittel zur Wahrheitsfindung gegolten hatte.

Endlich öffnete ein Gerichtsdiener die Eingangstür zum Flur. Sofort stürzten unzählige Menschen herein: sorgsam frisierte Herren in Anzug oder wenigstens sauberem Hemd und Hose, vornehm gekleidete Damen mit ihren Hauben, die unter dem Kinn mit einer Schleife gebunden wurden. Sie waren so zahlreich, dass viele keinen Platz in den Sitzbänken fanden und stehen bleiben mussten. Doch wurde niemand abgewiesen. Das hohe Gut der Öffentlichkeit sollte nicht aus Platznot eingeschränkt werden. Stattdessen ließ der Gerichtsdiener einfach die doppelflügelige Saaltür offen, sodass die Zuschauer, die nicht mehr hinpassten, von dort aus wenigstens zuhören konnten.

Zu Bas' Freude entdeckte er in der hinteren Reihe auch Mathilde von Tabouillot, in der einen Hand einen Schreibblock, in der anderen einen Bleistift. Wie zu erwarten, nahm sie ihn nicht wahr. Wieso sollte sie auch? Sicherlich umschwärmten sie viele Männer, auch wenn sie nicht dem gängigen Schönheitsideal mit makellosem Teint, kleiner Stupsnase und blauen Augen entsprach. Dafür hatte sie so viel anderes an sich ...

Bas holte tief Luft und schaute auf den leeren Platz neben sich. Wo Dr. Venedey wohl blieb? Gleich würde das Gericht eintreten, und nur er, der Referendar saß auf der Verteidigerbank. Und tatsächlich öffnete sich wie aufs Stichwort die mittlere Tür hinter dem Richtertisch, und der Gerichtsschreiber trat ein.

»Erheben Sie sich« forderte er alle auf, was auch brav befolgt wurde. Auch Bas stand, wie es sich gehörte, auf.

Just in diesem Moment stürmte sein Ausbilder durch die Zuschauerreihen. Entschuldigend hob er die Hände zu den in schwarzen Roben mit weißen Jabots gewandeten fünf

Richtern des Assisenhofes, die den Saal gerade ebenfalls durch die mittlere Tür betraten. Noch bevor er seinen Platz erreicht hatte, folgte Oberstaatsanwalt Grandjean mit seinem Vertreter. Er warf Dr. Venedey einen boshaft-süffisanten Blick zu, bevor er am rechten Tisch Platz nahm.

Bas setzte sich neben seinen Ausbilder, der aus seiner Aktentasche die Dienstliste des Präsidenten des Assisenhofes zog, auf der die sechsunddreißig Namen möglicher Geschworener standen. Sie war ihm, wie Bas wusste, erst tags zuvor vom Gericht zugestellt worden. Das Blatt Papier legte Dr. Venedey vor sich auf den Tisch. Die Personen, die namentlich aufgeführt waren, hatte der Gerichtspräsident aus der Urliste, die der Chefpräsident der Regierung führte und die sechzig Bürger umfasste, höchstpersönlich ausgewählt. Um es in die Urliste zu schaffen, musste man preußischer Staatsangehöriger, im Besitz der bürgerlichen Rechte und mindestens dreißig Jahre alt sein. Das siebzigste Lebensjahr hingegen durfte man nicht überschritten haben. Zudem war Bedingung, dass man lesen und schreiben konnte und wenigstens seit einem Jahr in Köln seinen Wohnsitz genommen hatte. Manche Namen auf der Liste waren durchgestrichen, andere eingekreist. Die Gründe dafür erschlossen sich Bas nicht, kannte er doch im Gegensatz zu seinem Ausbilder keinen der Genannten.

Nun öffnete sich die rechte Tür hinter dem Richtertisch, und die als Geschworenen vorgeschlagenen Männer schritten am Tisch des Generalprocurators vorbei zu den Bänken der Geschworenen. Dort standen sie dicht gedrängt.

Dr. Venedey kannte alle persönlich, verkehrten sie doch gesellschaftlich miteinander: Einwohner mit der höchsten Steuerlast, Administrationsbeamte mit mindestens viertausend Talern Gehalt, Doktoren des Rechts, der Medizin oder der Philosophie, Wechsler, Großhändler und Kaufleute mit entsprechendem Einkommen.

Inzwischen hatte der Gerichtsschreiber Zettel mit den Namen der tatsächlich zur Verhandlung Erschienenen beschriftet, sie zusammengefaltet und in eine Urne gelegt. Daraus zog nun der Präsident des Assisenhofes Dr. Nahles nacheinander Zettel heraus und verlas sie. Anschließend schaute er zu Grandjean, der mal »angenommen«, mal »abgelehnt« brummelte. Begründen musste er diese Entscheidung ebenso wenig wie Dr. Venedey als Verteidiger, der anschließend gefragt wurde und sein Urteil abgab.

Bas döste vor sich hin, eine langweilige Prozedur, wie er fand. Doch ein plötzlicher Tumult unter den Zuschauern holte ihn in die Gegenwart zurück. »Dieser Halsabschneider doch nicht! Der nimmt uns nach Strich und Faden aus! Und der soll über eine von uns entscheiden?«, brüllte ein Zuschauer mit Hemd, Hosenträgern und einfacher Mütze in der Hand.

Dr. Nahles klopfte mit seinem Holzhammer auf den Tisch und brüllte: »Ruhe im Saal!«

»Ist doch wahr. Der Drecksack ist ein Wucherer. Der hat hier nichts verloren.«

»Noch ein Wort, und ich lasse Sie abführen«, drohte der Gerichtspräsident dem Unruhestifter.

»Mir doch egal, dann verhaften Sie mich doch! Wir sind alle gleich und haben die gleichen Rechte. Also warum sitz ich nicht da oben?«

Das brachte ihm zustimmendes Gemurmel von den anderen Zuschauern ein.

»Ich bin auch ein anständiger Bürger und habe das Recht, Geschworener zu werden.«

»Anständiger Bürger?«, brüllte ein anderer Zuschauer. »Kannst du überhaupt lesen? Und arbeitet deine Frau nicht als Straßendirne?« Nun tobte der Saal vor Lachen.

Die trommelartigen Hammerschläge von Dr. Nahles gingen im Gebrüll und Toben unter. Schließlich bedeutete der Präsident des Assisenhofes per Handzeichen den Wachen, den Störenfried zu entfernen. Der Gendarm, der am nächsten zu ihm stand, schnappte sich den Urheber des Streites und schleuste ihn durch die Menge aus dem Saal.

»Wenn noch jemand hinauskomplimentiert werden will, dann nur zu«, drohte Dr. Nahles den Verbliebenen. Endlich wurde es wieder ruhig im Gerichtssaal.

Die weitere Verlesung der Dienstliste endete nach dem zwanzigsten Namen mit der Zustimmung von Grandjean und Dr. Venedey, womit die erforderliche Anzahl von zwölf Geschworenen erreicht war und die Geschworenenbank somit als gebildet galt. Nachdem der Gerichtsschreiber die Spruchliste erstellt und Dr. Nahles vorgelegt hatte, wurden die nicht ausgewählten Herren, einige lautstark murrend, aus dem Saal geleitet.

Nun endlich wurde Ida ungefesselt von einer Wache durch die linke Tür der Rückwand hereingeführt und in das umzäunte Areal vis à vis zur Bank der Geschworenen gestellt.

Dr. Venedey drehte sich zu ihr um und nickte ihr wohlwollend lächelnd zu. Bas konnte sehen, dass das arme Mädchen ihren Verteidiger aus schreckgeweiteten Augen ansah und so dermaßen zitterte, als würde sie gleich zusammenbrechen. Ihr Gesicht hatte die Farbe eines Bettlakens.

»Wie lautet Dein vollständiger Name?«, fragte Dr. Nahles sie.

Es bedurfte dreier Anläufe, bevor sie stotternd »Ida Maria Irmisch« herausbekam.

»Alter?«

»Siebzehn, Euer Gnaden.«

»Ich bin nicht Euer Gnaden, sondern Euer Ehren!«, kanzelte der Richter sie ab. Daraufhin sackte sie noch mehr in sich zusammen.

»Stand?«

Nach einem hilflosen Blick zu Bas, der ihr ermunternd zunickte, flüsterte sie: »Dienstmagd.«

»Wohnort?«

»Bei meinen Herrschaften, der Familie Giesler, in der Gereonstraße.«

»Geburtsort?«

»Meißen, im Königreich Sachsen.«

»Setz dich«, wies der Richter sie nun an und wandte sich an Dr. Venedey, der sich in Kenntnis dessen, was jetzt kam, ohne Aufforderung erhob. Bas tat es ihm gleich.

»Ich muss Sie darüber belehren, dass Sie nichts gegen Ihr Gewissen und nichts gegen die den Gesetzen schuldige Achtung vorbringen dürfen und dass Sie sich in der Verteidigung mit Mäßigung und Anstand ausdrücken müssen.«

Dr. Venedey nickte kurz. Beide nahmen wieder Platz.

Anschließend wandte sich der Vorsitzende Richter den Geschworenen zu. »Erheben Sie sich zum Eid.«

Einer der Älteren schaffte es selbst unter Zuhilfenahme seines Stockes nicht, aufzustehen. Leises Lachen war aus dem Zuschauerbereich zu vernehmen, was aber nach einem scharfen Blick des Präsidenten sofort wieder verstummte. Derweil hatte der Sitznachbar dem Geschworenen aufgeholfen.

»Sie schwören und versprechen vor Gott und den Menschen, die gegen Ida Maria Irmisch vorgebrachten Beschuldigungen mit der gewissenhaften Aufmerksamkeit zu prüfen, weder die Pflichten gegen die Angeklagte noch jene gegen die bürgerliche Gesellschaft, welche sie anklagt, außer Augen zu setzen; bis zu Ihrer abgegebenen Erklärung mit niemandem zu sprechen; weder dem Hasse noch der Bosheit, weder der Furcht noch der Liebe Gehör zu geben; nach den vorhandenen Schuldanzeigen und Verteidigungsgründen Ihr Urteil zu bestimmen, und zwar gemäß Ihrem Gewissen und Ihrer innigsten Überzeugung mit jeder Unparteilichkeit und Standhaftigkeit, welche einem rechtschaffenen und freien Manne ziemt«, gab Dr. Nahles den Männern den Schwur vor.

Daraufhin erhob jeder einzelne nach namentlichem Aufruf durch den Präsidenten die rechte Hand und antwortete: »Ich schwöre es.«

Nachdem sie sich wieder gesetzt hatten, wandte sich Dr. Nahles erneut an Ida. »Hör genau zu, was jetzt über dich und den Fall gesagt wird. Hast du das verstanden?«

Fragend schaute Ida zu ihrem Verteidiger, der mit beruhigendem Lächeln nickte. Sie erhob sich.

»Ja, Euer Gnaden, äh, ich meine …«

»Schon gut«, antwortete der Richter und deutete mit der Hand an, dass sie sich wieder setzen sollte. Dann wandte er sich an den Gerichtsschreiber: »Verlesen Sie nun die Anklage gegen Ida Irmisch!«

Bas stöhnte innerlich auf. Die Verlesung des Urteils der Ratskammer, des Anklagesenates und des Anklageaktes durch das öffentliche Ministerium würde ein ganzes Weilchen dauern. Danach folgte die Verlesung des Verhörs der Ida und der Zeugeneinvernahmen. Der Referendar kannte die Inhalte bereits, hatte ihn Dr. Venedey doch dazu abkommandiert, all das zu lesen und nach Ansatzpunkten für die Verteidigung durchzuforsten. Also träumte er sich weg in eine Zukunft, von der er noch nicht wusste, wie sie aussehen würde. Gern würde er sie mit einer Frau wie Mathilde von Tabouillot verbringen. Seine Tante würde das niemals goutieren, doch er suchte nach einer Frau, deren Kopf nach der Hochzeit nicht unter einer Haube verschwand. Er ließ seinen Blick in ihre Richtung schweifen, entdeckte ihren über den Block gesenkten Blick und ihre Hand, die unermüdlich den Stift bewegte. Hastig schaute er weg, als sie gerade den Kopf anhob und in seine Richtung schaute. Er spürte, wie das Blut in ihm hochstieg und seine Wangen heiß wurden. Er hasste sich dafür, dass er keine Gewalt über seine Gesichtsfarbe hatte. Ob sie es wohl bemerkt hatte? Auf die Entfernung? Ach was …

Endlich verlas der Gerichtsschreiber die Anklage. Noch immer in Gedanken weit weg, drang »neunfacher Mord und ein versuchter Mord sowie Brandstiftung zur Verdeckung einer Straftat« in sein Bewusstsein.

Nachdem sich der Gerichtsdiener wieder gesetzt hatte, wandte sich Dr. Nahles an Ida: »Du hast nun genau gehört, was dir vorgeworfen wird. Bekennst du dich schuldig?«

Bas wunderte sich über die Frage des Präsidenten. Folgten nicht erst die Ausführungen des Procurators zur Anklage?

»Der hat wohl so wenig Lust auf das Geseiere von Grandjean wie ich«, ätzte Venedey leise.

Dr. Nahles wiederholte seine Frage, als er keine Antwort bekam. Das arme Mädchen schaute hilfesuchend zu Bas mit Tränen in den Augen. Er gab ihr Zeichen, sich zu erheben, was sie schwankend befolgte. Dann deutete er auf den Richter und flüsterte ihr zu: »Du musst antworten!«

Ein Schulterzucken signalisierte ihm, dass sie völlig überfordert war. Also nickte er ihr ermunternd zu.

Ein letzter hilfloser Blick zu Dr. Venedey, der leise Bas' Worte wiederholte, dann drehte sie sich tatsächlich zu dem Richter, holte tief Luft und antwortete mit erstaunlich kräftiger Stimme: »Ja!«

Kapitel 12

Bas sprang auf, ebenso wie fast alle Zuschauer im Saal. Ein einziges Gebrüll im Raum toste los. Rufe wie: »Hängt sie auf, die Mörderin« und »Schneidet ihr den Kopf ab« brandeten auf. Dr. Nahles klopfte ohne Unterlass mit seinem Hammer auf den Tisch, doch sein »Ruhe im Gerichtssaal« verhallte ungehört.

Erst als die Wachtmeister auf sein Geheiß hin zum Zuschauerbereich eilten, setzten sich alle wieder und verstummten. Zu groß war offensichtlich die Angst, aus dem Saal geworfen zu werden und nicht die weitere Entwicklung verfolgen zu können.

Bas schaute zu Ida, die leichenblass hinter der Sitzbank Deckung genommen hatte. Er sprang auf und eilte zu ihr. Half ihr hoch und brachte sie zurück auf ihren Platz.

»Was ist los? Warum hast du Ja gesagt? Uns hast du doch gesagt, dass du unschuldig bist«, raunte er ihr zu.

»Ja« war das Einzige, was sie herausbrachte.

»Na also. Wir haben dir doch erklärt, wie das Verfahren abläuft und was du sagen musst. Warum hast du dich dann trotzdem schuldig bekannt?«

»Alle zurück an ihren Platz«, donnerte Dr. Nahles in Richtung Bas und der Geschworenen, die ebenfalls aufgesprungen waren und lautstark diskutierten.

Bas eilte zurück zu seinem Sitzplatz, wo ihn sein Ausbilder mit wütendem Blick erwartete. »Hat diese Person uns die ganze Zeit hinters Licht geführt?«, fragte er.

Bevor Bas antworten konnte, schlug der Vorsitzende Richter wieder mit Hammer auf den Tisch. »Ruhe! Ich will keinen Mucks mehr hören, sonst lasse ich den Saal räumen. Ist das jetzt angekommen?«

Die Wachmänner stellten sich mit finsterer Miene breitbeinig neben die Zuschauersitzbänke. Das zeigte Wirkung. Tatsächlich hätte man in der folgenden Stille eine Hutnadel fallen hören können.

»Ist dir klar, dass du dich eben schuldig der Mittäterschaft am Mord der Familie Selm und der Knechte bekannt hast? Sind dir die Konsequenzen klar?«, wandte er sich an Ida.

Die warf wieder einen hilfesuchenden Blick zu Bas. Bevor er reagieren konnte, herrschte Dr. Nahles Ida an: »Schau zu mir und nicht zur Verteidigerbank. Sag mir, ob du getan hast, was man dir vorwirft!«

»Nein, oh Gott im Himmel hilf mir, nie im Leben hab ich so was gemacht.«

»Und warum hast du dann eben mit Ja geantwortet?«

»Weil der Herr Sello mit dem Kopf genickt hat. Da dachte ich, ich muss Ja sagen.«

In Gelächter und verständnislosem Seufzen entspannte sich die geladene Stimmung im Sitzungssaal, während Dr. Nahles Ida anstarrte, als wolle er direkt in ihren Kopf schauen.

»Gut, dann will ich dir glauben, dass die Antwort ein Versehen und kein Geständnis war.«

Nun sprang der Generalprocurator Grandjean auf. »Das war kein Versehen, Euer Ehren, das war die einzig wahre Antwort!«

»Unsinn«, konterte der. »Es steht in meinem Ermessen, und nur in meinem, zu entscheiden, ob ich Bedenken an dem Bekenntnis zur Schuld habe. Ich habe mich soeben davon überzeugt, dass es sich bei der Antwort um einen Erklärungsirrtum gehandelt hat. Überführen Sie Ida Irmisch mit den von Ihnen in der Anklageschrift angebotenen Beweismitteln. Dann bekommen Sie Ihr Urteil. Aber allein aufgrund eines Versehens nicht!«

Mit hochrotem Kopf und zornigem Blick setzte sich der Ankläger wieder. Bas holte tief Luft. Was war ihm da nur für ein katastrophaler Fehler unterlaufen? Wie sehr er sich bei Mathilde von Tabouillot blamiert haben musste. Ihm schoss wieder die Röte ins Gesicht, diese vermaledeite Schamesröte. Er senkte den Kopf.

Ein Klopfen auf seinen Arm holte ihn rüde zurück aus seinen finsteren Gedanken.

»Jetzt wird es spannend«, flüsterte Dr. Venedey ihm ins Ohr, als wäre nichts gewesen, als habe Bas nicht eben einen Kardinalfehler begangen. Er war seinem Ausbilder zutiefst dankbar dafür.

»Achten Sie genau auf jedes Wort. Jetzt muss Grandjean die Hose runterlassen und näher zur Anklage ausführen, insbesondere dazu, wie er Beweis führen will. Jedes einzelne Tatbestandsmerkmal, das in Summe den Tatvorwurf ergibt, muss er darlegen und beweisen. Wir können ihm jetzt zum ersten Mal in die Karten gucken.«

Bas versuchte krampfhaft, sich zu konzentrieren, und schaute zur Bank des Generalprocurators.

Dr. Venedey stupste ihn wieder an.

»Schauen Sie ihn nicht an! Der lenkt sie mit seinen theatralischen Gesten nur vom mageren Inhalt seiner Ausführungen ab. Hören Sie ihm nur zu!«

Grandjean hatte sich inzwischen wieder erhoben.

Bas richtet seinen Blick auf die Tischplatte.

Nach einem Räuspern des Anklägers und einem weiteren Innehalten, dessen Grund Bas nicht sah, drangen die ersten Worte an sein Ohr.

»Dem Fräulein Irmisch wird zur Last gelegt, am Abend des 24. August 1847 dem Mittäter Heinrich Meisner ermöglicht zu haben, das Wohnhaus des Schöttelshofs zu betreten, um auf der Grundlage eines gemeinsamen Plans blutige Rache zum Nachteil der Familie des Gutsbesitzers Ferdinand Selm zu nehmen«, begann Grandjean. »Ihr Mittäter hat den gewährten Zutritt genutzt, um die Hausbewohner zu erschlagen und erstechen, wobei es bei Johann Selm beim Versuch verblieb. Dies geschah mit Wissen und Wollen der Angeklagten. Sie unterstützte ihn in dem klaren Bewusstsein, was folgen würde. Zudem wird ihr vorgeworfen, Wohnhaus und Scheune in Brand gesteckt, wenigstens dabei geholfen zu haben, um ihre schändliche Tat zu verdecken.«

Wieder legte Grandjean eine Pause ein. Unwillkürlich sah Bas auf und bemerkte den rasierklingenscharfen Blick, den der Ankläger Ida zuwarf. Ida reagierte prompt mit zitternden Knien und umklammerte vornübergebeugt mit beiden Händen das Geländer.

Das zufriedene Gesicht von Grandjean reizte Bas. Am liebsten wäre er aufgesprungen, um diesen selbstgerechten Gernegroß in die Schranken zu weisen. Aber sich hier aufzuspielen, wäre das Letzte, was ihm in seiner Rolle als Referendar zustand.

»Im Einzelnen werfen wir der Angeklagten vor, dem Heinrich Meisner die Haustür nach Eintritt der Dunkelheit und nachdem alle Hausbewohner sich bereits zum Schlafe zurückgezogen hatten, aufgeschlossen zu haben, damit er zum Morden ins Haus gelangen konnte. Sie tat dies, um sich an der Familie Selm für ihre vermeintliche schlechte Behandlung zu rächen. Diese bestand aus ihrer Sicht darin, dass das Opfer Ferdinand Selm ihre Anstellung als Hausmagd fristlos gekündigt hatte. Er hatte ihr vorgeworfen, Familiensilber gestohlen zu haben. Selm hatte sie deswegen sofort des Hauses verwiesen. Außerdem hatte er ihr mit einer Anzeige wegen Diebstahls bei der Polizei gedroht, was zu einer Haftstrafe im Falle einer Verurteilung hätte führen können.

Um die Tat ausführen zu können, erschlich sie sich durch Vortäuschen einer Notlage die Erlaubnis der Hausherrin, eine weitere Nacht im Wohnhaus verbringen zu dürfen. Ziel der Täuschung war es, sich in die Lage zu versetzen, die Haustür aufschließen zu können.

Desweiteren verschloss sie die Zimmertüren zu den Schlafstuben der Familie, damit sich niemand in Sicherheit bringen konnte. Um die Tat zu verdecken, alle Zeugen zu beseitigen und die Morde wie einen Unglücksfall aussehen zu lassen, steckte sie allein oder gemeinsam mit ihrem Mittäter das Wohnhaus und auch die Scheune, in der die beiden Knechte arglos geschlafen hatten, in Brand. Damit diese sich nicht rechtzeitig retten konnten, erschlug der Meisner mit Wissen und Wollen auch diese vorab, wobei die Angeklagte ihm wiederum durch Täuschung und Ablenkung der Opfer half.«

Nun griff er zu einem vor ihm liegenden Papier, von dem Bas wusste, dass es die Zeugenliste war, die Dr. Venedey ebenfalls am Tage zuvor vom Gericht zugestellt worden war. Dann trat der Generalprocurator vor den Richtertisch, überreichte dem Vorsitzenden Richter den Zettel und setzte sich mit selbstgefälligem Gesicht wieder an seinen Platz.

Dr. Venedey zwickte Bas in den Unterarm.

»Und? Was sagen Sie dazu?« Sein Ausbilder wirkte merkwürdig beschwingt.

»Keiner der Zeugen – egal, wer auf dem Zettel steht – hat das gesehen und im Ermittlungsverfahren ausgesagt.«

»Richtig, Sello! Das ist die dünnste Nudelsuppe, auf der Grandjean jemals dahergeschwommen ist.« Grinsend schlug Dr. Venedey Bas auf den Rücken. Er hatte Mühe, sein Gleichgewicht zu halten und nicht nach vorn zu kippen.

Dr. Nahles ergriff die Namensliste, verlas die Namen, rief jeden Genannten einzeln vor den Richtertisch und belehrte sie über die Folgen einer Falschaussage. Dann ließ er sie aus dem Gerichtssaal in den Zeugenraum führen.

Kapitel 13

»Ida Maria Irmisch«, begann der Präsident kaum, dass die Zeugen den Saal verlassen hatten, »sage mir, was in der Nacht, als die Familie Selm verstarb und ihr Hofgut abbrannte, aus deiner Sicht geschah!«

Sie sah den Richter mit großen Augen an – und schwieg.

»Willst du dich nicht zur Sache äußern? Hier hast du Gelegenheit, uns deine Sicht der Mordnacht darzustellen.«

Ida sah hilflos zu Bas, der sich hütete, auch nur mit den Augen zu zwinkern.

»Sieh mich an, Mädchen. Willst du nicht die Chance nutzen, uns das Geschehen nach deinem Erleben zu erzählen?«, fragte Dr. Nahles erstaunlich sanft.

»D...d...dooch, schon«, kam nun zögerlich.

»Fällt es dir leichter, wenn ich dir Fragen stelle?«

Fast schon lebhaft nickte Ida. Dr. Venedey intervenierte nicht.

»Hat dein Dienstherr dich am Tag der Morde fristlos entlassen?«

»Ja.«

»Hast du Silber gestohlen?«

»Nein.«

»Hast du deinem Dienstherrn widersprochen?«

»Nein.«

Der Präsident schaute irritiert drein.

Dr. Venedey griff immer noch nicht ein, obwohl er doch Idas Not sah. Bas rutschte ungeduldig auf seinem Stuhl herum.

»Ida, was hast du zu Herrn Selm gesagt, als er dir vorgeworfen hat, du hättest gestohlen?«, fragte Dr. Nahles nach

»Ich war das nicht. Ich habe nicht gestohlen.«

»Das hast du so zu ihm gesagt?«

»Ja.« Sie nickte ehrerbietig und schaute Dr. Nahles unverwandt an. Bas schwante allmählich, warum sein Ausbilder schwieg.

»Und was hat er geantwortet, als du ihm erklärt hast, dass du das Silber nicht weggenommen hast?«

»Ich hab gestohlen. Das hat er gesagt.«

Der Richter seufzte.

»Gut, Ida. Machen wir weiter. Warum hast du Frau Selm gebeten, doch noch eine Nacht im Haus bleiben zu dürfen?«

»Der Heinrich hat mich nicht abgeholt. Es war schon dunkel. Ein Gewitter kam. Ich hatte Angst draußen. Ich hab sie aber nicht gefragt. Sie hat gesagt, ich darf ins Haus.«

»Wo war Frau Selm denn, als sie das gesagt hat?«

»Im Haus.«

»Und du auch?«

»Nein. Ich war im Verschlag. Bin dann aber raus. Das Wetterleuchten und der Donner … Ich hatte Angst. Und dann hat sie mich im Garten gesehen.«

»Wo ist denn der Verschlag?«, fragte Dr. Nahles.

»Hinter dem Wohnhaus.«

»Wie konnte die Frau Selm dich da sehen?

»Die Frau Selm hat zum Schlafzimmerfenster rausgeschaut. Das von der Tochter Josefine. Sie hat gewunken und gefragt, warum ich noch da bin. Ich hab's ihr gesagt. Und dass ich so große Angst vor dem Gewitter hab und nicht weiß, wo ich hinsoll. Da hat es mir die gnäd'ge Frau erlaubt. Ich darf in meine Kammer gehen. Sie lässt mich rein, hat sie gesagt.«

»Wann hat sie gesagt, dass du im Haus übernachten darfst?«

»Um dreiviertel zehn.«

»Viertel vor zehn, wie wir hier sagen würden, richtig?«

»Ja.«

»Hat Heinrich gesagt, dass er dich abholt?«

»Ja.«

»Wann hat er das gesagt?«

»Nachmittags. Ich bin zu ihm gelaufen.«

»Was habt ihr miteinander besprochen?«

Ida schaute fragend Dr. Nahles an.

»Och, Gottchen. Nun verliert sie absichtlich wieder den Faden und gibt sich schwer von Begriff«, meckerte Grandjean. »Euer Ehren erkennt wohl die Masche?«

»Wenn Sie meine Befragung noch ein einziges Mal unterbrechen, Herr Ankläger, dann ist *Ihre* Masche offenbar und trägt Ihnen ein Ordnungsgeld ein«, retournierte Dr. Nahles.

Der Generalprocurator sah aus wie ein begossener Pudel, schwieg aber.

»Also, Ida«, setzte Dr. Nahles die Befragung fort, »was hast du dem Heinrich gesagt, als du zu ihm gelaufen bist?«

»Ich bin entlassen worden und muss sofort vom Hof.«

»Und was hat der Heinrich geantwortet?«

»Er hat gefragt, warum.«

»Was hast du ihm gesagt?«

»Ich hab gestohlen.«

Ein Raunen ging durch den Saal. Der Präsident zog eine Augenbraue hoch. Er notierte etwas auf einem Blatt Papier, das vor ihm lag.

»Und was hat der Heinrich dazu gesagt?«

»Der hat gefragt, ob ich das getan habe.«

»Was hast du ihm geantwortet?«

»Ich hab nichts weggenommen. Noch nie.«

»Wie hat Heinrich reagiert?«

»Ich muss bei Gott schwören, ich habe nicht gestohlen, dann holt er mich zu sich.«

»Hast du dem Heinrich das geschworen?«

»Ja, denn ich hab ja nichts gestohlen.«

Bas fühlte sich inzwischen recht komfortabel mit Dr. Venedeys Strategie, den Präsidenten des Assisenhofs einfach seine Arbeit machen zu lassen. Er blickte in den Zuschauerraum und glaubte zu erkennen, dass erste Teile der Öffentlichkeit Ida mitleidig ansahen. Aus einigen Gesichtern war zumindest die offene Ablehnung gewichen, mit der sie die junge Sächsin zu Beginn beäugt hatten.

Dr. Nahles setzte unterdessen die Einvernahme fort.

»Wo war der Heinrich, als du zu ihm gelaufen bist?«

»Auf einer Baustelle am Klingelpütz.«

Glucksen aus dem Zuschauerraum. Dr. Nahles schaute mit strengem Blick auf. Stille.

»Wann wollte er dich abholen?«

»Wenn St. Gereon halb acht schlägt.«

»Wo wollte er dich abholen?«

»Auf der Anhöhe mit den Bäumen.«

»Gehört die Anhöhe noch zum Schöttelshof?«

Ida wurde verlegen. Sie antwortete nicht.

»Was hast du? Warum antwortest du nicht?«, fragte Dr. Nahles.

»Das ... das gehört zum Hof.«

Sie wirkte zerknirscht.

»Bekümmert dich das?«

»Ja.«

»Warum?«

»Ganz vom Hof muss ich, wenn der Dienstherr das sagt.«

»Und du hast nicht befolgt, was er dir befohlen hat.«

Ida nickte und begann zu weinen.

Dr. Venedey hingegen griente. Bas schaute Dr. Venedey fragend an.

»Wenn der so weitermacht, braucht es uns gar nicht mehr, mein lieber Sello. Das glaubt doch kein Mensch, dass die kaltblütig neun Menschen um die Ecke gebracht hat, das zarte, naive Pflänzchen«, flüsterte sein Ausbilder ihm ins Ohr.

Das entschiedene Räuspern vom Richtertisch ging in ihre Richtung, konstatierte Bas. Dr. Venedey hob entschuldigend die Hand.

»Ida, ich habe noch weitere Fragen an dich.«

Sie nickte wieder, wischte sich mit beiden Händen die Tränen aus dem Gesicht und blickte Dr. Nahles wie ein Hündchen an, das gehorsam auf das nächste Kommando wartete.

»Als du dort bei der Anhöhe gewartet hast, hat dich jemand bemerkt?«

»Nein.«

»Hast du jemanden auf den Hof kommen oder gehen gesehen?«

»Ja, der Onkel kam mit der Kutsche.«

»Welcher Onkel?«

»Der Bruder von der Frau Frederike.«

»In der Akte steht, dass er die Herrschaft und deren jüngsten Sohn abgeholt habe. Ist das richtig?«

»Ja.«

»Weißt du, warum er sie abgeholt hat?«

»Seine Frau hatte Geburtstag. Es gab Kaffee und Kuchen. Butterstreusel.«

Ida lächelte versonnen. Unwillkürlich fuhr sie sich mit der Zunge kurz über die Oberlippe.

»Wann hat die Frau Frederike dir vom Butterstreusel erzählt? Nach dem Geburtstagskaffee?«

»Nein, davor.«

»Hast du gesehen, wann die Herrschaft zurückgekommen ist?«

»Nein.«

»Wann bist du ins Haus gegangen?«

»Die Herrin hat gesagt, erst wenn alle im Bett sind und St. Gereon halb elf schlägt.«

»Wie bist du reingekommen? Die Tür war doch abgesperrt?«

»Die gnäd'ge Frau hat mir heimlich die Tür aufgeschlossen, um mich reinzulassen.«

»Wo waren die anderen?«

»Ich weiß nicht.«

»Hat die Frau Selm hinter dir die Tür abgeschlossen?«

»Das weiß ich nicht. Ich hab sie nicht gesehen. Ich bin in meine Kammer. Ganz schnell. Ich hatte zu große Angst vor dem Herrn Selm.«

»Wo warst du vorher?«

»Ich hab mich wieder im Verschlag beim Nutzgarten versteckt.«

»Wie weit ist der Schuppen vom Haus entfernt?«

»Das weiß ich nicht.«

»Ein paar Schritte?«

»Nein, mehr.«

»Wie viele Schritte ungefähr?«

»Das weiß ich nicht.«

»Ein Dutzend sind zwölf Schritte. Ein, zwei oder drei Dutzend?«

Ida trat auf der Stelle und zählte an den Finger ab – bis zwölf. Sie schaute zu Dr. Nahles auf. Der bedeutete ihr weiterzumachen. Grandjean verdrehte die Augen. Unter den Zuschauern war wieder das ein oder andere Glucksen zu hören. Das Trippeln wiederholte Ida sieben-, achtmal. Bas war beim Mitzählen aus dem Tritt gekommen. Er sah, dass Ida beide Hände mit acht durchgestreckten Fingern hochhielt.

»Heißt das acht Dutzend?«, fragte der Präsident nach.

»Ja.«

»Hast du, als du dich dort versteckt hattest, Geräusche gehört?«

»Das Donnergrollen. Und das Käuzchen hat gerufen. Das *Waaah* vom Fuchs hab ich gehört.« Sie dachte angestrengt nach. »Un des Schnaddern un Kwiedschn vom Wiesele.« Sie war ins Sächsische verfallen.

Nun konnten die Zuschauer nicht mehr an sich halten. Ein Kichern hob an. Selbst Dr. Nahles lächelte.

»Du scheinst dich ja auszukennen. Wer hat dir das beigebracht?

»Dorr Babba.«

»Dein Vater also.«

»Ja.«

»Woher weiß er das alles?«

»Er hat im Forstbetrieb gearbeitet.«

»Tut er das nicht mehr?«

»Er ... er ...«, wieder rannen ihr die Tränen über die Wangen, »Unfall.« Einen ganzen Satz brachte sie nicht mehr zustande. Im Gesicht zeigten sich hektische Flecken. Bas war in Sorge, dass sie gleich wieder in eine Schnappatmung verfallen und ohnmächtig werden würde.

»Haben deine Eltern dich deswegen zum Arbeiten hierhergeschickt?«

Sie nickte nur. Die Tränen tropften inzwischen auf ihr Gewand. Wieder wischte sie mit beiden Händen durch ihr Gesicht.

»Ida, zurück zu dem Abend, als du dich erst im Verschlag versteckt hattest. Hast du da auch menschliche Schreie gehört?«, fragte er.

»Nein.«

»Hat vielleicht jemand etwas gerufen?«

»Nein.«

»Hast du andere Geräusche aus dem Wohnhaus gehört? Ein Rumpeln zum Beispiel, so als würden Möbel verschoben?«

»Nein.«

»Hast du Geräusche aus der Scheune gehört?«

»Nein.«

»Wann bist du ins Haus gegangen?«

»Um halb elf.«

»War es im Haus ruhig?«

»Ja. Bis auf das Knarzen.«

»Was war das für ein Knarzen?«

»Das weiß ich nicht.«

»Wie hörte sich das genau an? Beschreib das Knarzen mit deinen Worten«, forderte Dr. Nahles Ida auf, die erneut in ein angestrengtes Nachdenken verfiel.

»Ich geh über Holzbohlen. Die knarzen dann.«

»Waren das Schritte, die du gehört hast?«

»Das weiß ich nicht.«

»Aber du hast doch was gehört.«

»Holz arbeitet, sagt dorr Babba.«

»Ach so. Das Knarzen könnte auch daher rühren.«

Sie zuckte mit den Schultern.

»Wusstest du, dass in der Scheune zwei der Söhne wachten?«

»Nein.«

Dr. Nahles sah Ida aufmerksam an. Sie schaute mit offenem Blick zurück. Bas gewann den Eindruck, dass der Präsident Ida für glaubwürdig hielt und nicht nur ihr Konjunktiv-Problem verstanden hatte. Oder war das bloßes Wunschdenken?

»Ida, schau mich an!« Dr. Nahles' Stimme klang harsch. Ida fuhr zusammen und starrte ihn an.

Er wirkte nun sehr streng und schien die Zügel anzuziehen.

»Bist du in der Nacht aufgestanden, um die Tür aufzuschließen?«

»Nein.«

»Ist der Heinrich in der Nacht auf den Hof gekommen und hat dir ein Zeichen gegeben, ihm die Tür zu öffnen?«

»Nein.«

Mit jedem Nein wurde Ida wieder trittsicherer, so schien es Bas, denn ihre zittrige Stimme wurde fester. Gut so.

»Ist die Tür zur Nacht immer abgeschlossen?«

»Ja.«

»Hast du gehört, dass sie jemand in der Nacht aufgeschlossen hat?

»Nein.«

»Hat die Frau Selm dir gesagt, dass du die Tür hinter dir absperren sollst, nachdem du reingekommen bist?«

»Nein.«

»Sag mal, Ida. Da ist eine Frage, die mich noch beschäftigt.« Der Richter klang nachdenklich.

»Hättest du vom Verschlag aus den Heinrich kommen sehen können, wenn er später noch zu eurem Treffpunkt gekommen wäre?«

»Nein.«

»Warum hast du dich dann so versteckt, dass er dich nicht sieht?«

»Ich hatte Angst. Der weiß, ich hab Angst bei Gewitter. Der ruft nach mir. Bestimmt.«

»Und als du ins Haus gegangen bist, hast du da noch gehofft, er kommt?«

»Nein. Er arbeitet im Hellen. So spät kann er nicht wegen der Arbeit kommen.«

»Hast du gedacht, er hat dich versetzt?«

»Nein. Ich dachte, es ist etwas passiert.«

»Glaubst du das immer noch?«

»Ja.« Sie weinte wieder. Ein leises, etwas Unumstößliches betrauerndes Weinen, so erschien es Bas.

Dr. Nahles lockerte wieder die Zügel und fragte den weiteren Verlauf der Nacht zwar noch ab, aber nicht mehr mit der zuvor gezeigten Akribie. Ida antwortete so, wie sie es in der ersten Befragung im Tippo getan hatte. Es gab keine Abweichungen.

Dr. Venedeys Gesichtsausdruck ließ keine Schlussfolgerung zu, wie er die Aussage von Ida bewertete. Er wirkte konzentriert.

»Sello, wir müssen jetzt beide aufpassen wie die Luchse. Nahles gibt Grandjean nun die Möglichkeit zur Nachfrage.

Und der wird versuchen, der Irmisch das Wort im Mund herumzudrehen. Schubsen Sie mich ruhig an, wenn ich nicht einschreite, obwohl Sie meinen, es täte not. Mir ist nicht entgangen, wie lebhaft Sie auf dem Stuhl herumrutschen. Sie können wahlweise auch mit mir reden.«

Bas verbot sich, rot anzulaufen. Zwecklos.

Schon stand Grandjean stand auf und strich sich den Knebelbart glatt.

»Ist es richtig, Ida Maria Irmisch, dass du bei meiner ersten Vernehmung in Gegenwart des Ermittlungsrichters gesagt hast, ich zitiere: *Ich hab die ganze Familie, alle bis auf den Johann totgemacht, also dabei geholfen.*« Grandjean las aus der Akte vor, die er wie eine Monstranz vor sich hielt. Dann schaute er Ida streng an. »Hast du das gesagt oder nicht?«

»Hab ich?«, Idas Blick huschte erneut zu Bas, der sich nicht rührte.

»Schau mich an! Du hast die Wahrheit zu sagen, nicht das nachzuplappern, was die Verteidigung dir einsagt. Also, du wirst doch wohl noch wissen, was du gesagt hast. Und hast du mir gegenüber als Motiv angegeben, ich zitiere wieder: *Weil ich gestohlen habe. Tafelsilber. Das ich immer poliert habe.* Hast du das vor mir eingestanden oder nicht?«

Er erntete nur große tränengefüllte Augen von Ida.

»Und weiter. Hast du gesagt: »*Wir haben aus Rache alle getötet* …«, keifte Grandjean, trat neben sein Pult und schritt auf Ida zu – mit ausgestrecktem rechten Arm, den Zeigefinger auf sie gerichtet. »Ida Maria Irmisch, gestehe!«, herrschte er sie an.

»Das reicht!« Venedey schlug mit der Faust auf den Tisch. »Wie wir bereits selbst hier vor dem hohen Gericht erlebt haben, drückt sich die Angeklagte häufig falsch aus. Insbesondere beherrscht sie den Konjunktiv nicht. Und sie ist leicht zu beeindrucken. Denken Sie nur daran, wie sie das Kopfnicken meines Referendars als Anweisung für ein Ja interpretierte und ergeben folgte. Nicht anders wird es gewesen sein, als sie ein vermeintliches Geständnis vor dem Ermittlungsrichter und Ihnen ablegte. Und wie Sie das erreicht haben, konnten wir ja jetzt eindrucksvoll nachvollziehen.«

»Da machen Sie es sich zu leicht, Herr Verteidiger. Wir haben zwei Geständnisse der Angeklagten vorliegen, und Sie wischen das weg mit einfachen Sprachschwierigkeiten. Das ist absurd. Stehen Sie dazu, dass Ihre Mandantin gestand!«

»Zwei? Welch wundersame Mehrung! Oder stimmt etwas mit Ihrem Additionsvermögen nicht? Ich komme maximal auf null. Nullkommanull, um genau zu sein.«

»Wir haben das Geständnis im Ermittlungsverfahren und das soeben hier in der Hauptverhandlung abgelegte.«

»Ist es Ihnen entgangen, dass der Präsident dieses Assisenhofs auf Erklärungsirrtum erkannte? Ist Ihnen auch entgangen, wie minutiös er das völlige Fehlen der Möglichkeitsform im Sprachgebrauch der Angeklagten herausgearbeitet hat? Was ist mit Ihnen? Ist Ihr Gehör oder gar Ihr Erkenntnisvermögen beeinträchtigt? Ich würde beides gleichermaßen bedauern.«

»Das könnte Ihnen so passen. Ihre Mandantin hat die Taten gestanden. Das war kein bloßes Verplappern, schon gar nicht, wenn es wie hier zum wiederholten Male erfolgt.« Grandjean wandte sich wieder Ida zu. »Gestehe und steh' zu deiner Verantwortung, wie es sich gehört.«

»Wenn die Heftigkeit Ihrer Versuche, auf die Angeklagte manipulativ einzuwirken, auch nur annähernd von der Qualität Ihrer Anklage kompensiert werden würde, hätte ich vielleicht Verständnis für Ihr Vorgehen. Aber was Sie uns hier präsentieren, ist erbärmlich und eines Strafprozesses nicht würdig.«

Die Zuschauer folgten Dr. Venedey mit offenem Mund, so als setzten sie zu einem Chorgesang an, würden aber im selben Moment von einer spontanen Eiszeit erfasst, die ihre Mienen von jetzt auf gleich gefrieren ließ.

»Fräulein Irmisch lebt nicht im Hätte, Könnte oder Würde. Für sie gibt es nur die Gegenwarts- und Wirklichkeitsform. Das war für jedermanns Ohren eben zu hören und von jedermanns Grips zu verstehen. Warum nicht von Ihnen, Herr Dr. Grandjean?«, stichelte Dr. Venedey. »Die Angeklagte gibt die Anschuldigungen so wieder, als sei es tatsächlich so passiert. Sie sagt zum Beispiel ›Ich habe gestohlen‹, wenn sie meint ›Ich soll gestohlen haben‹. Ach, und tun Sie uns doch die Güte und Freundlichkeit an, Herr Generalprocurator, und zitieren die Aussage meiner Mandantin um der Gerechtigkeit willen vollständig.«

Dr. Venedey stand ruckartig auf und hob eine Akte aus dem Stapel, der vor ihm lag. »Fräulein Irmisch hat auf die Frage des Instructionsrichters: *Hat man Ihnen bereits eröffnet, was man Ihnen vorwirft?* geantwortet: *Ich hab die ganze Familie, alle bis auf den Johann totgemacht, also dabei geholfen.*«

Er schritt auf Grandjean zu, mit der Akte wie ein Schwert in der Hand, bis sie sich gegenüberstanden.

»Also reiten Sie nicht auf einem Geständnis herum, das offenkundig keines ist, sondern lassen Sie Ihre Beweise sprechen, wenn Sie denn welche haben.«

Dr. Nahles klopfte mit seinem Hammer auf den Richtertisch. »Das reicht. Haben Sie noch Fragen zum Sachverhalt an die Angeklagte, Herr Generalprocurator? Oder möchten Sie weiterhin deren Defizite in der deutschen Grammatik ausstellen? Für Letzteres ist dieses Gericht nicht gewillt, Zeit zu opfern. Auf eine Wiederholung meiner Fragen an die Angeklagte legt das Gericht auch keinen Wert. Also, haben Sie noch *ergänzende* Fragen zum Sachverhalt?«

»Nein, zum jetzigen Zeitpunkt nicht«, antwortete Grandjean mit genervtem Blick zu seinem Kontrahenten Dr. Venedey und setzte sich auf seinen Platz.

»Gut. Und hier noch eine Ansage an die Verteidigung. Mäßigen Sie sich, Herr Dr. Venedey. Auch ein wohlfeil formulierter und in eine Frage gehüllter Angriff auf die Person des Staatsanwaltes ist ein persönlicher Angriff. Das sieht das Gericht nicht gern. Bewahren Sie die Contenance!«

Dr. Venedey nickte und schritt zurück an den Verteidigertisch.

Kapitel 14

»Wir haben nun die Anklage und die Einlassung der Angeklagten zur Kenntnis genommen. Treten wir nun also in die Beweisaufnahme ein. Als ersten Zeugen rufe ich den Gerichtsmediziner Dr. Quincus auf.«

Nachdem dieser ans Zeugenpult getreten war, klärte ihn Dr. Nahles über die Wichtigkeit des Eides für die Rechtsordnung und die Strafen für einen Meineid auf.

»Schwören Sie, dass Sie über alles, worüber Sie von dem Gerichte befragt werden, die ganze Wahrheit und nichts als die Wahrheit aussagen werden?«

»Ich schwöre«, erwiderte Dr. Quincus.

Es folgten die beim Zeugenverhör gesetzlich vorgeschrieben Fragen nach Namen, Alter, Stand, Wohnort und die Frage, ob er die Angeklagte früher gekannt oder mit ihr verwandt oder verschwägert sei.

Wie Bas wusste, wurde üblicherweise auch gefragt, ob der Zeuge im Dienst des Angeklagten stehe. Doch in Anbetracht des Berufes von Dr. Quincus und des Standes der Angeklagten verzichtete der Richter darauf. Nachdem alle Antworten zur Person des Zeugen gegeben und die Fragen nach einem besonderen Näheverhältnis von ihm verneint worden waren, begann der Präsident des Assisenhofs mit dem Zeugenverhör.

»Sind alle neun Opfer eines gewaltsamen Todes vor dem Brand gestorben?«

»Sechs der umgekommenen Personen sind unzweifelhaft eines gewaltsamen Todes vor dem Brand gestorben. An den anderen Leichen ließen sich durch Menschenhand zugefügte

Verletzungen wegen der weit fortgeschrittenen Verbrennungen nicht mit Sicherheit konstatieren. Ich betone: nicht mit Sicherheit. Anzeichen dafür gab es wohl«, beantwortete der Gerichtsmediziner die Frage des Richters.

»Woraus schlossen Sie, dass sechs der Opfer jener Nacht mit Sicherheit ermordet wurden?«, hakte Dr. Nahles nach.

Der Gerichtsmediziner wiegte den Kopf. »Nun, der Leichnam des alten Selm zeigte an der rechten Seite des Kopfes eine Hautwunde von reichlich anderthalb Zoll Breite mit scharfgeschnittenen Rändern. Unter derselben befand sich eine weitgehende Schädelfraktur.

Im Zuschauerraum brach Unruhe aus, während Dr. Quincus die blutigen Details referierte. Ein junger Mann hielt sich die Hand vor den Mund und drängte aus der Bank heraus – mutmaßlich zum Spuckbecken.

»Doch am schlimmsten war die Tochter des Hauses zugerichtet. Mit noch weit mehr Wunden war ihr Körper bedeckt: Außer einer gewaltigen Fissur des Schädels ließen sich an Kopf, Hals, Armen, Schultern und Händen nahezu vierzig verschiedene Verletzungen nachweisen«, setzte der Stadtphysikus seinen Vortrag vor, unterbrach sich aber plötzlich, um in seine mitgebrachte Akte zu schauen. Nach kurzem Nachlesen, währenddessen unter den Zuschauern eine stille Schockstarre vorzuherrschen schien, rezitierte Dr. Quincus weiter seinen Obduktionsbericht. »Der eine der beiden in der Scheune gefundenen Leichname, welchen man an den Resten eines Backenbartes als den des ältesten Sohnes erkennen konnte, war vom Hals abwärts, insbesondere an den Extremitäten in hohem Grade verbrannt. An der zweiten dort gefundenen Leiche, deren Gesicht und Extremitäten fast vollständig verkohlt waren, zeigten sich eine Zerschmetterung der vorderen Schädelpartie und der Grundfläche des Schädels, sowie eine vollständige Zertrümmerung der oberen Hälfte des Gesichts. Eine Recognition dieses Leichnams war unmöglich.

Ebenso wenig konnten die beiden in der Knechtekammer aufgefundenen Leichname recognosziert werden.«

Wieder erging sich der Gerichtsmediziner in Einzelheiten, die nicht nur Bilder in Bas' Kopf pflanzten, sondern offenkundig auch in die Köpfe der Geschworenen. Einer von ihnen kniff die Augen fest zu. Ein untauglicher Versuch, sich vor der Macht der eigenen Vorstellungskraft zu schützen.

»Können Sie uns etwas zu den Mordwerkzeugen sagen?«, fragte Dr. Nahles.

»Es ist mit hoher Wahrscheinlichkeit anzunehmen, dass mindestens zwei Mordwerkzeuge gebraucht worden sind, ein stumpfes und ein schneidend und stechend wirkendes. Jedoch konnten nicht an jeder Leiche die Anwendung der beiden Instrumente nachgewiesen werden. Vielmehr kann man nur so viel sicher sagen, dass sich an sämtlichen Leichen Spuren eines stumpfen und an den Körpern der Selm'schen Tochter und der Ehefrau Spuren eines schneidenden und stechenden Werkzeuges fanden.«

»Was denken Sie, von welcher Art Mordwerkzeugen wir ausgehen müssen?«

»Der oder die Mörder verwandten wahrscheinlich eine langgestielte schwere Axt mit scharfer, rechtwinkelig begrenzter Schneide von nicht viel über drei Zoll Länge, und einer scharfkantigen Rückenfläche von etwa anderthalb Zoll Breite. Als Hilfswerkzeug zur Ermordung der beiden Frauen wurde zudem vermutlich ein scharfes, spitzes Messer benutzt.«

»Weitere Fragen an den Zeugen?«, fragte der Richter Grandjean und Dr. Venedey. Beide schüttelten den Kopf.

»Gut, dann danke ich für Ihre Aussage und entlasse Sie als Zeugen.«

»Eins möchte ich noch ergänzen, Euer Ehren«, sagte der Gerichtsmediziner zu Bas Verblüffung.

»Bitte, nur zu«, antwortete Dr. Nahles.

»Es steht mir nicht zu, eine solche Bluttat zu bewerten.

Doch muss ich sagen, dass es mir erstaunlich vorkommt, dass eine solche Tat, die in Anbetracht der vorgefundenen Verletzungen eine enorme Kraft gekostet haben muss und in Anbetracht der Wehrhaftigkeit der ermordeten Männer aus meiner Sicht nicht von einem Mann alleine ausgeführt worden sein kann. Insbesondere gebe ich zu bedenken, dass sie alle zumindest noch teilweise bekleidet waren, also wohl nicht im Schlafe überrascht wurden. Ich denke, da müssen mehrere Männer am Werk gewesen sein.«

Durch den Sitzungssaal ging ein Raunen, viele nickten bestätigend mit dem Kopf und lächelten der Angeklagten zu.

»Wie Sie schon sagten, Dr. Quincus, ist es nicht Ihre Aufgabe, die Tat zu bewerten, das tun schon wir mit der entsprechenden Sachkunde. Wir reden Ihnen ja auch nicht bei der Leichenschau rein. Ihre Aufgabe ist es allein, über die Toten zu berichten«, donnerte der Generalprocurator los.

»Natürlich gehört zur Leichenschau und Begutachtung der Opfer, auch Rückschlüsse auf den Tathergang zu ziehen«, konterte Dr. Venedey.

Der Richter winkte ab. »Es steht dem Gutachter durchaus zu, eine solche Gesamtbewertung eines Tatgeschehens abzugeben, Grandjean. Vielen Dank dafür, Dr. Quincus. Wenn es keine weiteren Fragen an den Zeugen gibt«, er schaute zu dem Ankläger und Verteidiger, die beide erneut abwinkten, »dann nehmen Sie bitte im Saale Platz.« Er wies mit der Hand auf einige freie Plätze vor den Zuschauerreihen, die für Zuschauer gesperrt waren. »Sie müssen bis zum Ausspruch der Geschworenen hierbleiben, falls sich noch Fragen ergeben.«

Dr. Quincus erhob sich, nickte den Richtern zu und setzte sich auf den zugewiesenen Platz.

»Bevor wir zu dem nächsten von der Staatsanwaltschaft benannten Zeugen, dem einzigen Überlebenden des Massakers, Johann Selm, kommen, unterbrechen wir die Sitzung für eine Erfrischungspause von einer halben Stunde.«

Kapitel 15

Keiner erhob sich von den Zuschauerbänken. Auch Schäng nicht. Bas hatte ihn bisher nicht bemerkt. Er wollte auch nicht entdeckt werden. Es ging niemanden etwas an, dass er an seinem freien Tag hier war. Auch Mariele hatte er nichts gesagt. Eigentlich sollte er ein paar Silbergroschen dazuverdienen. Aber das Schicksal dieses Mädchens, das er verhaftet hatte, ließ ihn nicht in Ruhe. Was die Blutsäule nicht mehr leisten konnte, musste das Geschworenengericht nun erledigen. Doch was hatte diese Ida von Menschen zu erwarten, die nur aufgrund ihres Geldes und ihrer gesellschaftlichen Stellung auf der Geschworenenbank Platz nehmen durften? Stand für diese Leute nicht jeder Mensch aus der Unterschicht von vornherein unter Verdacht? Arbeiter, Knechte und Mägde gab es in allen Städten, gerade in Köln, in rasch wachsender Zahl. Wer eine Arbeit fand, brauchte sich still auf, wer nicht spurte oder gar aufbegehrte, flog raus und landete im Elend. Arme konnten durch Einhaltung der Gesetze nichts gewinnen. Im Gegenteil. Ihre Armut, wenn sie im Gewand der Bettelei daherkam, brachte sie ins Arbeitshaus oder Gefängnis. Da lag es doch nahe, dass Arme zuerst in Verdacht gerieten, sich genommen zu haben, was sie durch Arbeit nicht verdienen konnten. Oder gar aus Neid, Missgunst oder Rache die zu töten, die alles in die Wiege gelegt bekommen hatten.

Zwischen Schängs Wut und dem Hals des ein oder anderen Geldsacks, wegen dem er hinter armen Teufeln hergeschickt wurde, stand der liebe Gott. Seit den Hungerjahren mit ausgebreiteten Armen, damit Schängs Rage nicht an ihm vorbeilief.

Bas verließ strahlend wie ein Honigkuchenpferd den Saal, an seiner Seite dieses schreckliche Weib, das sich der Verhaftung der Ida Irmisch in den Weg gestellt hatte. Leck mich en d'r Täsch! Das wird doch nicht die Frau sein, von der Bas so anerkennend mit diesem verräterischen Sello-Rot im Gesicht gesprochen hatte? Schäng durchzuckte es. Nun wollte er doch von Bas gesehen werden.

Er wendete sich auffällig an seinen Sitznachbarn und befragte ihn zu seinen bisherigen Eindrücken vom Prozess. Bald drehten sich die Zuschauer aus der Reihe vor ihm um und gaben ihren Senf dazu. Schon hatte sich eine Traube von Menschen um Schäng gebildet. Manche waren sogar aufgestanden und hatten sich hinzugesellt.

Es überwog die Meinung, dass Ida »en enfältich Puut« sei, eine dumme Pute, die mit viel Pech in etwas hineingeraten sei. Man tippte einhellig auf Freispruch, denn der fiese Möpp von Staatswalt hätte ja offenbar nichts in der Hand. Schäng spinkste immer wieder zur großen Saaltür. Als er endlich Bas erspähte, wieder mit der Zicke am Ärmel, stellte er laut fest: »O, ich glaube, es geht weiter. Die Verteidigung kommt zurück.«

Alle strebten auf ihre Plätze. Bas schaute auf und blickte Schäng an. Und schon wieder leuchteten die Aprikosen-Bäckchen. Schäng grinste und nickte. Sein verlegener Freund geleitete diese ... wie hieß sie noch? ... ach ja, Tabujo, an ihren Platz, den ihr Sitznachbar freigehalten hatte. Dann kam Bas angezockelt.

»Was tust du hier?« Hatte sich da ein leichtes Entsetzen in seinen überraschten Blick gemengt?

»Halb dienstliche Beobachtungszwecke.« Den Rest der vorgeschobenen Erklärung verbarg Schäng hinter seinem rechten Zeigefinger, den er auf seinen Mund legte. »Später beim Krae auf ein Kölsch? Oder bist du schon verabredet?«

Bas blickte ihn irritiert an. Schäng richtete seinen Blick einen Moment zu lang auf die Frau mit den Affenschaukeln und lächelte Bas bezuckert an. Der sah aus wie ein vom Kutschrad überfahrener Regenwurm.

»Ja, nein. Weiß nicht«, antwortete er hastig, wandte sich ab und schritt Richtung Verteidigerbank.

»Um halb acht?«, rief Schäng ihm nach.

Bas wiegte den Kopf, ohne sich noch einmal umzudrehen. Schängs Grinsen wurde noch breiter.

Kapitel 16

»Bevor wir zur Mordnacht kommen, wüsste ich gern mehr über Ihre Familie. Wer waren die Opfer? Wie waren die Vermögensverhältnisse? Beschreiben Sie mir das bitte, damit ich einen Eindruck von Ihrer Familie und vom Leben auf dem Hof vor der Katastrophe bekomme«, forderte der Richter den Zeugen Johann Selm auf, der an dem Zeugenpult vor dem Richtertisch Aufstellung genommen hatte.

»Das Hofgut, zu dem die eingeäscherten Gebäude gehörten, stand seit Ende des vorigen Jahrhunderts im Besitze meines Vaters. Er war ein mit außergewöhnlicher Körperkraft begabter Mann im rüstigen Mannesalter von reichlich fünfzig Jahren. Meine Mutter war von schwächlicher Konstitution. Die Bewirtschaftung des Hofes wurde für gewöhnlich von uns vier erwachsenen Söhnen ohne fremde Leute besorgt. Allerdings hatten wir seit einigen Wochen zwei Knechte im Hause, weil der Vater die Wirtschaft noch ausbauen wollte. Meine Schwester leitete mithilfe der Mutter und einer Dienstmagd, eben der hier angeklagten Ida Irmisch, das Hauswesen. Und wir hatten eine Köchin, die allerdings nicht bei uns wohnte, sondern abends zu ihrem Mann und ihren Kindern heimkehrte.«

»War es also ein reicher Haushalt?«

Johann nickte. »Ja. Der Umstand, dass wir fremder Arbeitskraft selten bedurften, trug wesentlich dazu bei, dass unser Vermögen, welches schon von Haus aus gut war, rasch wuchs. Wir lebten außerordentlich eingeschränkt und sparsam. Der jährliche Aufwand für den Hausstand war gering.«

»Wie hoch war in etwa das Vermögen Ihrer Familie?«, hakte der Richter nach.

»Vor dem Brand bestand es in dem schuldenfreien Hofgut im Werte von etwa sechzigtausend Talern und Kapitalien im Betrage von mindestens vierzigtausend Talern.«

»Und alle Kinder arbeiteten auf dem Hof?«

Wieder nickte Johann. »Nur ich diente wiederholt eine Zeitlang auswärts.«

»Warum?«

Johann schaute zu Boden. Dann schien er sich einen Ruck zu geben. »Mir war das Leben auf dem Hof zu eingeschränkt. Unser Umgang beschränkte sich auf gelegentliche Besuche bei den Nachbarn. Auch wir Söhne verkehrten wenig mit unseresgleichen. Wir besuchten lediglich die öffentlichen Lustbarkeiten in der Nähe.«

»Weshalb lebten Sie so zurückgezogen?«

»Um zu sparen.«

»Aha. Kommen wir zur Tatnacht. An was können Sie sich noch erinnern?«

»Als ich in der Nacht erwachte, es muss so gegen ein Uhr gewesen sein, war meine Kammer von draußen erhellt. Sofort dachte ich an Feuer. Aber aus einem mir nicht verständlichen Grunde war ich so erschrocken und verstört, dass ich nicht mit Bestimmtheit sagen kann, was genau ich dann getan habe. Das war ganz ungewöhnlich für mich. Normalerweise bin ich sofort hellwach. Indes glaube ich, dass ich aus der Tür meines Schlafzimmers gerufen habe, es sei Feuer im Hause. Ich weiß noch, dass ich einen Hustenanfall bekam und Hitze in meinem Gesicht spürte. Also werde ich die Türe wieder geschlossen haben. Dann zog ich wohl rasch Jacke und Hose an und sprang aus dem Fenster, um mich in Sicherheit zu bringen.«

»Sie sind sich nicht sicher?«, fragte Dr. Nahles nach.

»Nein, ich verstehe das auch nicht. Ich war völlig verwirrt. Und, wie ich erfuhr, danach drei Tagen nicht bei Sinnen. Ich weiß nur, dass ich mich plötzlich im Hof befand und meine Jacke anhatte.«

»Aber Sie wissen noch mit Gewissheit, dass Sie sich angezogen haben.«

»Nur teilweise. Ich musste nur noch die Oberbekleidung anziehen.«

»Wieso das? Sie sagten doch eben aus, dass Sie bereits geschlafen haben.«

»Einige Zeit, etwa zwei bis drei Wochen vor jener Nacht, hat ein Blitzschlag unser Haus getroffen, jedoch ohne zu zünden. Deswegen hatten wir alle große Angst. Mein Vater hat uns befohlen, dass in der nächsten Zeit allnächtlich einer von uns Söhnen oder einer der Knechte wachen muss. Zudem durften sämtliche Hausgenossen nachts nur die Oberkleider ablegen.«

»Das erklärt, warum alle Opfer teilweise bekleidet gefunden wurden. Wer hatte in der Mordnacht den Wachdienst?«

»Mein ältester Bruder Wilhelm.«

»Dessen Leiche in der Scheune gefunden wurde«, stellte Dr. Nahles fest. »Hat er dort Wache gehalten?«

»Ich weiß es nicht«, antwortete Johann.

»War Wilhelm ein zuverlässiger Mensch?«

»Immer. Er war sehr streng mit uns Brüdern, wenn einer nicht ordentlich seine Aufgabe erfüllte. Ich kann mir nicht erklären, warum er offenbar von den Mördern überrascht wurde.«

»Zumal der Leichnam eines Ihrer anderen Brüder, ebenfalls dort gefunden wurde. Kann es sein, dass sie gemeinsam Wache hielten?«

Johann zuckte die Schultern. »Auch das weiß ich nicht.«

»Wie ging es in der Nacht weiter? An was können Sie sich noch erinnern?«

»An ganz wenig. Ich weiß, dass ich einen Mann sah, als

ich im Hof stand, und dachte, das sei mein Vater oder einer meiner Brüder. Ich rief um Hilfe, weil ich solche Schmerzen im Rücken hatte, die ich mir auch nicht erklären konnte. Doch er schoss auf mich. Ich versuchte zu fliehen, aber er holte mich ein und versetzte mir Schläge und Stiche. Irgendwann ließ er von mir ab. Da rappelte ich mich auf und flüchtete zum Nachbarn. Doch schon an die Ankunft bei Ziethens kann ich mich nicht mehr erinnern und erwachte erst drei Tage später wieder.«

»Sie haben also den Täter, der auf Sie schoss, nicht erkannt?«

»Im Nachhinein und nachdem ich Zeit hatte, darüber nachzudenken, ist mir eine starke Ähnlichkeit zu dem Verlobten unserer Magd, dem Heinrich, eingefallen. Ich bin mir sicher, dass er es war, den ich gesehen habe.«

»So, so«, unterbrach Dr. Venedey die Vernehmung. »Wie passend, dass Ihnen das noch eingefallen ist.«

Dr. Nahles schlug zum wiederholten Male mit dem Hammer auf den Tisch. »Ich verbitte mir jedwede Unterbrechung, während ich Zeugen vernehme. Das gilt auch für Sie, Herr Verteidiger. Sie haben nachher Gelegenheit, Ihre Fragen zu stellen!«

Sein Ausbilder nickte mit einem schiefen Lächeln auf dem Gesicht.

»Ist Ihnen noch etwas eingefallen, was Sie uns zur Erhellung der Geschehnisse in der Mordnacht berichten können?«

Johann wandte sein offenkundig vor Wut hochrotes Gesicht weg von Dr. Venedey und dem Richter wieder zu. »Nein«, antwortete er durch zusammengepresste Kiefer.

»Was denken Sie über die Motive und Ausführung des Verbrechens?«

»Spekulativ«, knurrte Dr. Venedey.

»Allerletzte Ermahnung.« Der Präsident klang nicht, als

sei er zu Scherzen aufgelegt. Bas sah, wie sein Ausbilder die Fäuste über dem aufgeschlagenen Aktenstück ballte.

»Herr Selm, bitte antworten Sie.«

»Zu Anfang konnte ich mir die Sache nicht anders erklären, als dass eine größere Bande, in der Absicht zu rauben, den Hof überfallen hat. Ich nahm an, dass derlei kriminelles Pack meine Angehörigen erschlagen hat. Doch denke ich nun, dass der Heinrich, wenn er von der Ida eingelassen wurde, es tatsächlich schaffen konnte, in aller Ruhe einen nach dem anderen zu erschlagen, ohne dass die Brüder und Knechte in der Scheune das bemerkten. Vor allem hätte eine ganze Bande viel zu viel Lärm gemacht, den die Brüder gehört hätten. Aber wenn die Haustür offen war, konnte der Mörder ganz leise sein schändliches Werk vollenden. Die im Haus schliefen ja schon.«

»Das passt aber nicht dazu, dass Ihre Schwester mit so vielen Wunden bedeckt gefunden wurde.«

»Vielleicht hat der Mörder sie erst gefangen genommen und sie dann gepeinigt und misshandelt, damit sie den Ort verrät, wo unser Geld versteckt war. Denn er hatte es zumindest auch auf unser Vermögen abgesehen, das verschwunden ist. Ich habe davon bis heute keine Spur entdecken können.«

»Wo war es denn versteckt?«

»Am Sonntag vor dem Brand hat der Vater in seinem Schlafzimmer Papiere und Silbersachen aus drei verschiedenen Kästen umgepackt. Zwei dieser Kästen hat er in den Wandschrank gestellt und zu mir gesagt: ›Wenn etwas passieren sollte, so weißt du, wo die Kästen stehen.‹ Am selben Tage hat er im Wohnzimmer Geld gezählt und dann eine Summe von etwa zweitausend Talern in Silber in zwei Beuteln in einen unter seinem Bette befindlichen Verschlag getan. Doch weder die Kästen noch die Münzen unter dem Bett habe ich nach dem Brand gefunden. Auch keine Reste davon. Alles ist weg. Irgendwer muss es in der Brandnacht gestohlen haben. Und die Ida wusste, dass wir reich waren, und wird irgendwie mitbekommen haben, wo die Wertsachen aufbewahrt wurden.«

»Kommen wir zu den Tatwaffen. In der Knechtekammer wurde beim Wegräumen des Schuttes ein Beil, anscheinend alt, jedoch außerordentlich scharf, mit einer etwa sieben Zoll langen Schneide und anderthalb Zoll breitem Rücken gefunden. An der Rückseite war ein auffallendes Charnier angeschweißt. Gerichtsdiener, zeigen Sie dem Zeugen das sichergestellte Beil.«

Nachdem Johann es genau betrachtet hatte, schüttelte er den Kopf. »Ich glaube nicht, dass das eine von den auf dem Hof gebrauchten Äxten ist. Nein, bestimmt nicht.«

»Ich habe keine weiteren Fragen mehr. Nur die eine: Ist die Angeklagte diejenige, von welcher Sie in Ihrer Aussage gesprochen haben?«

»Ja, das ist sie ganz gewiss.«

Dann wandte sich der Richter an Ida. »Willst du auf die Aussage des Zeugen Johann Selm etwas antworten?«

Wieder ernteten Bas und Venedey den unglücklichen und hilflosen Blick von Ida. Als die ihr ermuntert zulächelten, schüttelte sie den Kopf.

Bas wusste, dass diese Frage der Angeklagten nach jeder Zeugenaussage gestellt wurde.

»Dann dürfen nun Sie, Herr Verteidiger, Ihre Fragen stellen.«

Kapitel 17

Bas schob seinem Ausbilder den Zettel hin, auf dem er während der Befragung durch den Richter weitere, wie er meinte, relevante Fragen an den Zeugen notiert hatte. Venedey überflog sie, nickte und stand mit dem Zettel in der Hand auf.

»Kommen wir nochmals zurück zu dem Ablauf in der Nacht und Ihrem tiefen Schlaf. Für mich ist es undenkbar, dass Sie von dem Lärm bei der Ermordung Ihrer Angehörigen nicht aufgewacht sein wollen.«

»So ist es aber. Ich kann es mir auch nicht erklären. Es muss wohl mit der Ohnmacht zusammenhängen, in die ich vor dem Hause unseres Nachbarn fiel. Oder …«

»Stopp! Beantworten Sie meine Fragen. Werden Sie nicht weitschweifig oder spekulativ! Mich interessieren nur Fakten, nicht Ihre zusammengereimten Schlussfolgerungen. Wovon sind Sie in jener Nacht – nach Ihren Angaben so gegen eins – wach geworden?«

»Ich erinnere mich nicht mehr. Es könnte der Brandgeruch gewesen sein oder der Feuerschein.«

»Oder der Heilige Geist?«, spottete Dr. Venedey.

»Möchten Sie meinen Glauben verunglimpfen?«

»Nein, ich möchte präzise Antworten auf präzise Fragen.«

»Herr Verteidiger, der Zeuge antwortete bereits, er erinnere sich nicht mehr.« Der Präsident unterbrach einigermaßen sachlich Dr. Venedeys Absicht, Selm in die Mangel zu nehmen.

»Wann und durch wen erlitten Sie die Verletzungen, die aktenkundig geworden sind?«

»Ja, das ist merkwürdig. Ich kann mich nicht erinnern, wann das geschah.«

»Sie werden mit einem Messer traktiert und haben keinerlei Erinnerung an den Angriff? Ja, das ist in der Tat merkwürdig. Wollen Sie uns verkackeiern?«

»Keineswegs. Ich weiß nur, dass ich die Verletzungen hatte, als ich bei den Ziethens wieder zu mir kam.«

»Sie verspürten allerdings Rückenschmerzen, als sie in der Tatnacht im Haus aufwachten. Gebe ich Ihre Aussage richtig wieder?«

»Ja, durchaus.«

»Verspürten Sie auch einen Schmerz am rechten Unterarm oder in der Bauchgegend, als Sie aus dem Fenster sprangen?«

»Ich erinnere mich nicht.«

»An einen Schmerz? Also verspürten Sie keinen?«

»Nein, so ist das nicht zu verstehen. Ich weiß nicht mehr, ob ich auch dort einen Schmerz verspürte.«

»Sie wissen nicht mehr, ob Sie einen Schmerz verspürten oder nicht, nachdem Sie das Haus verließen, korrekt?«

»Ja.«

»Verspürten Sie einen Schmerz am rechten Unterarm oder in der Bauchgegend, als Sie nach der Schussabgabe vom Hof flohen?«

»Auch das weiß ich nicht mehr.«

»Ist es dann wohl zutreffend, davon auszugehen, dass Sie zu diesem Zeitpunkt, also im Moment der Schussabgabe die angesprochenen Verletzungen am Arm und im Bauchraum noch nicht hatten? Denn die Rückenverletzungen haben Sie ja gespürt.«

»Nein, ich weiß nicht, ob man davon ausgehen darf.«

»Herr Selm, seien Sie nicht albern. Sie sind der Einzige von allen Anwesenden hier, der es weiß, ob Sie schon so schwer verletzt waren, als angeblich ein Mann auf Sie geschossen hat.«

»Was heißt angeblich?«

»Sie erinnern sich an maßgebliche Dinge nicht. Sie sagen selbst, Sie seien fürchterlich verwirrt gewesen. Wer sagt uns denn, dass dieser Mann und der von ihm abgefeuerte Schuss nicht nur ein Phantasma sind, ein Fiebertraum, der sich in Ihre Ohnmachten eingeschlichen hat?«

»Aber hat man nicht Schrotkugeln gefunden?«

»Die können auch einem Hasen gegolten haben, der eine Woche zuvor durchs Bild gehoppelt ist, nicht wahr?«

»Ich bin mir sicher, den Mann gesehen zu haben, auch ihn erkannt zu haben.«

»So sicher eben, wie Sie unsicher sind, wann und wie Ihnen Ihre Verletzungen zugefügt worden sind, von denen wir noch nicht einmal wissen, ob sie aus einem oder gegebenenfalls mehreren Angriffen resultieren.«

»Ich war bei vollem Bewusstsein, als ich den Mann gesehen habe.«

»Junger Mann, ich darf Sie an die Wahrheitspflicht gemahnen. Binden Sie uns keinen Bären auf. Sie stellen selbst Ihr Erinnerungsvermögen so löchrig wie einen Schweizer Käse dar. Nun tun Sie nicht so, als ob ausgesuchte Details wie ein Leuchtturm auf einer Bewusstseinsinsel Ihr Erinnerungsvermögen erhellen. Befremdlich auch, dass es ausgerechnet solche Einzelheiten sind, die die Angeklagte und ihren Verlobten belasten und Sie entlasten.«

»Wieso mich entlasten? Ich stehe doch nicht unter Anklage.«

»Was nicht ist, kann ja noch werden.«

»Herr Dr. Venedey, Ihre Fragen bitte, wenn Sie noch welche an den Zeugen richten möchten«, intervenierte Dr. Nahles.

»Sind Sie sicher, dass der Mann, der angeblich auf Sie geschossen hat, der Mörder Ihrer Familie ist? Warum hat er nicht auch Sie getötet? Warum benutzt er erst ein Messer und dann eine Schusswaffe? Das ist ein unterschiedlicher Modus Operandi. Also nochmals meine Frage: Hat der Mann, der geschossen haben soll, und den Sie als Heinrich Meisner erkannt haben wollen, Sie und Ihre Familie im Haus angegriffen und es hernach in Brand gesteckt?«

»Vielleicht wurde ich ja ebenfalls im Bette überfallen und gestochen und der Mörder dachte, ich sei tot. Vielleicht war ich bereits betäubt von den Brandgasen und erwachte deshalb nicht sofort. Möglicherweise barst das Fenster, es kam frische Luft in mein Zimmer und ich erwachte davon, ohne wirklich zu klarem Verstand zu kommen. Ich weiß mit Gewissheit, dass das Fenster zerbrochen war, als ich aufwachte. Und zu Ihren anderen Fragen: Vielleicht hat der Mörder erst geschossen, als alle außer mir tot waren. Vielleicht hat er vorher nur das Messer benutzt, um nicht durch einen Schuss meine schlafende Familie vorzeitig zu wecken, die ihn hätte überwältigen können.«

»Das sind mir viel zu viele Vielleichts. Und es ist keine Antwort auf meine Frage: Haben Sie Heinrich Meisner im Haus gesehen?«

»Ich kann mich nicht erinnern.«

»Nächste Frage: Herr Selm, ich habe Ihnen eben, als der Präsident Sie befragt hat, genau zugehört. Ihnen gefiel das sparsame Leben auf dem Hof nicht. Daher waren Sie der Einzige, der zeitweilig den Hof verlassen und eine anderweitige Anstellung angenommen hat. Haben Sie nicht auch ein Motiv, Ihre Familie zu töten? Ich frage Sie jetzt ohne Umschweife: Haben Sie Ihre Familie getötet?«

Johann lachte laut auf. »Ich? Ich war der schwächste unter den erwachsenen Brüdern. Mein Vater, obwohl schon alt, war mir körperlich weit überlegen. Zudem war ich selbst schwer verletzt. Im Rücken! Wie sollte das geschehen sein, wenn nicht von fremder Hand?«

»Wodurch ist belegt, dass Sie sich die Wunden nicht doch

selbst beibrachten? Und dass die Wunden entstanden, bevor Sie das Haus verließen?«

»Ich hatte Messerstiche im Rücken, Herr Verteidiger. Wie sollte ich mir die wohl selbst beigefügt haben?«

»Auch dafür wird es Wege geben«, konterte Dr. Venedey.

»Papperlapapp«, ließ sich Grandjean vernehmen. »Wie Sie der Zeugenliste entnehmen konnten, steht als nächster Zeuge der erstversorgende Arzt des Johann Selm im Zeugenstand. Er hat ihn sofort nach dem Auffinden versorgt. Er wird seine Aussagen bestätigen.«

»Warum, wenn Sie sich schon in meine Befragung einmischen, Herr Generalprocurator, wurde eigentlich der einzige Überlebende nie verdächtigt? Wenn jemand ein Motiv hatte, dann doch er, der nach dem Tode Alleinerbe dieses großen Vermögens wurde. Sequere pecuniam, Herr Ankläger. Folge dem Geld.«

Der Generalprocurator winkte ab. »Und was ist mit dem Motiv Rache? Gepaart mit Gier? Beides scheint ein starker Antrieb für Ihre Mandantin gewesen zu sein.«

»Und wie schön er scheint, Ihr Schein. Aber er trügt auch oft, Herr Ankläger. Deswegen reicht er auch nicht zum Beweis.«

Dr. Nahles benutzte wieder den Hammer. »Meine Herren, wir sind in der Zeugenvernehmung und nicht im Plädoyer. Also beschränken Sie sich bitte auf Fragen an den Zeugen.«

»Woher wussten Sie, wie Heinrich Meisner aussieht?«, setzte Dr. Venedey seine Befragung fort.

»Der Heinrich schlich immer um unseren Hof herum, um die Ida zu treffen. Wir alle kannten ihn.«

»Ach, tatsächlich? Wie kann er das, wenn er einer geregelten Arbeit nachging? Nun denn! Sie haben also den Heinrich vermeintlich gesehen. Aber der sitzt hier nicht auf der Anklagebank. Haben Sie in jener Nacht auch die hier angeklagte Ida Irmisch gesehen? Ich gemahne Sie an Ihre Wahrheitspflicht. Also, haben Sie die Angeklagte gesehen?«

»Nein.«

»Sie können also nicht mit Gewissheit sagen, dass sie dem Heinrich half?«

»Nein, das kann ich nicht.«

»Und wie war das mit der Haustür? Können Sie aus eigener Kenntnis bezeugen, dass diese in der Mordnacht abgeschlossen wurde, bevor sich alle schlafen legten?«

»Das wurde jeden Abend gemacht. Also sicherlich auch an jenem.«

»Das reicht mir nicht. Schließlich lautet der Vorwurf gegen die Angeklagte, sie habe die Tür aufgeschlossen, um den Mörder für die Mordtat wissentlich hereinzulassen. Also nochmals: Wissen Sie definitiv, dass die Tür abgeschlossen war? Und wenn ja, woher?«

Johann zuckte die Schultern. »Ich habe sie nicht abgeschlossen.«

»Haben Sie jemanden dabei beobachtet, wie er die Tür abschloss? Oder haben Sie vor dem Schlafengehen kontrolliert, dass sie abgeschlossen ist?«

»Nein.«

»Wann haben Sie sich eigentlich schlafen gelegt?«

»Ich glaube, gegen zehn.«

»Gut, mehr Fragen habe ich nun nicht mehr an den Zeugen. Zunächst.«

»Haben Sie, Herr Generalprocurator, noch Fragen?«, wandte sich der Vorsitzende Richter an Grandjean.

Der winkte ab.

Dr. Nahles wandte sich an Johann Selm. »Gut, dann nehmen Sie bitte neben dem Zeugen Dr. Quincus auf der Zeugenbank Platz.«

Dann blickte er auf seine Zylinderuhr. »Es ist spät geworden. Für heute beenden wir die Verhandlung. Sie wird gleich morgen um neun Uhr fortgesetzt.«

Kapitel 18

»Gehen Sie schon vor, dahinten ist mein alter Freund von Steglitz. Wir treffen uns dann morgen pünktlich vor dem Saal«, sagte Dr. Venedey zu Bas. Der reichte seinem Ausbilder die Hand zum Abschied, der sich sogleich in Richtung des Besucherbereiches entfernte. Dann raffte Bas seine Unterlagen zusammen und schritt durch den Mittelgang zum Ausgang.

»Haben Sie einen Moment Zeit für mich?«, hörte er hinter sich. Zu seiner großen Verblüffung sah er Mathilde von Tabouillot eiligen Schrittes nahen.

»Wie stehen die Chancen für Ida? Was meinen Sie?«

Neben Bas waren ein paar Zuschauer stehen geblieben, offenbar neugierig auf seine Antwort.

»Lassen Sie uns ein paar Schritte gehen«, forderte er die Redakteurin auf, die nach einem Blick in die Runde nickte und ihm folgte.

»Wo wollen wir hingehen?«, fragte Mathilde.

»Was halten Sie vom Botanischen Garten?«

»Hat er denn geöffnet?«

Bas nickte. Eigentlich war er zu erschöpft von dem langen Tag voller Konzentration und Anspannung. Er sehnte sich nach einem Kölsch und nach Abendbrot, wiewohl er ein bisschen Manschetten vor Schängs möglicher Frotzelei hatte. Na, er hatte es ja in der Schwebe gelassen. Gleichviel, Erschöpfung hin oder her! Um nichts in der Welt hätte Bas auf ein paar Minuten allein mit Mathilde verzichtet.

Eine Zeitlang gingen Mathilde und Bas schweigend

nebeneinanderher. Zum Wetter hätte Schäng schubbig gesagt. Der Himmel sah aus, als hätte Caspar David Friedrich alle Grautöne aus seinem Bestand aufgebraucht und so melodramatisch inszeniert, als wolle er den einsamen Mönch am Meer an den Rhein versetzen. Das Bild hatte seine Tante als junge Frau auf einer Ausstellung in Berlin gesehen, wohin sie ihren Mann auf einer Reise begleitet hatte. Sie war von dem Gemälde so beeindruckt, dass Bas es aus ihren Schilderungen glaubte, selbst gesehen zu haben.

Wenigstens hatte der Nieselregen aufgehört.

Sie gingen die Komödienstraße und Trankgasse entlang, bis sie auf der Höhe des halb fertigen Doms angekommen waren. Über das Hexengässchen erreichten sie den Eingang zum Botanischen Garten. Bas hatte die Gelegenheit genutzt, Mathilde über ihre Arbeit in der Redaktion und ihre beruflichen Pläne zu befragen. Er wollte modern wirken und hoffte herauszuhören, ob sie privaten Beschränkungen durch eine Verlobung unterlag. Sein Herz hüpfte verhalten, als sie davon sprach, noch nicht entschieden zu haben, ob sie sich auf eine journalistische Tätigkeit als Lokalreporterin fokussieren wolle. Das klang so, als sei da niemand, der ein Mitspracherecht geltend machte.

Während sie redete, wurde Bas allerdings klar und klarer, dass Mathilde immer für sich in Anspruch nehmen würde, das letzte Wort über ihren Lebensweg zu haben. Das beinhaltete, dass eine einmal getroffene Entscheidung für sie reversibel war. Bas' Erkenntnisgewinn brachte ihn nicht weiter. Ob da schon jemand in Mathildes Leben war, musste doch herauszubringen sein. Sie schlicht zu fragen, erschien ihm unschicklich, vor allem aber plump. Vielleicht könnte Schäng ...? Nein. Ausgeschlossen. Der würde ihn glatt für einen Waschlappen halten.

Sie spazierten zunächst durch die Kolonnaden zum Mineralwasserausschank. Die frische Luft, ohne die beigemischten Ausscheidungsgerüche der großen Stadt, und das Grün um ihn herum belebten Bas. Er kratzte die letzten Silbergroschen zusammen und lud Mathilde zu einem Glas Sprudel ein. Beide tranken ihres beinahe in einem Zug aus. Die lange Verhandlung, die fehlende Pause und der Verzicht auf einen Imbiss forderten ihren Tribut. Bas war nicht nur durstig, er hatte auch Hunger. Nicht bloß Appetit auf alles Essbare, was einem in den Sinn kam, sondern einen Hunger, der sich in jeden klaren Gedanken schlich.

»Wollen wir uns setzen?« Mathilde wies auf eine Sitzbank in der Nähe des Säulengangs.

Bas zückte sein Taschentuch und wischte die Bank sauber. Sie setzten sich nebeneinander mit Blick auf Bäume, Büsche und Beete.

Der Referendar holte tief Luft. Dann wandte er sich seiner Begleiterin zu. »Sie wollen wissen, wie die Chancen für Ida stehen? Ich denke, nicht schlecht. Bisher hat die Anklage keinen wirklichen Beweis dafür vorgebracht, wie die Irmisch ihrem Verlobten geholfen haben soll. Darauf zielt unsere Verteidigungsstrategie ab. Zudem wollen wir darlegen, dass Ida und ihr Verlobter nicht die Einzigen waren, die ein Motiv hatten. Wir wollen den Erben Johann Selm, der auf solch wundersame Weise überlebte, in den Fokus rücken. Ob uns das gelingt? Wir werden sehen. Wir stehen noch ganz am Anfang der Verhandlung. Aber ich denke schon, dass wir Chancen haben, Ida freizubekommen.«

Mathilde nickte, dann verfielen sie wieder in Schweigen. Ein Schweigen, das fast vertraut wirkte, wie sie so nebeneinandersaßen. Nach einer Weile, die Bas viel zu kurz vorkam, erhob sich Mathilde.

»Gehen wir noch ein Stück gemeinsam. Die Luft ist so angenehm.«

Nichts lieber als das, dachte Bas trotz seines knurrenden Magens, und reichte Mathilde den Arm zum Einhängen. Sie hakte sich unter, aber ihr Lächeln adressierte nicht ihn. Ihr Blick wanderte über das Grün der Umgebung. Bas beneidete jeden Ast, jedes Blatt der immergrünen Sträucher und jede einzelne Nadel der Kiefer, die sie passierten, um das Mehr an Aufmerksamkeit, das ihnen zuteilwurde.

Die Dämmerung setzte ein.

Kapitel 19

»Guten Morgen, nehmen Sie Platz! Der Assisenhof setzt seine Beweisaufnahme im Verfahren gegen die Angeklagte Ida Maria Irmisch fort. Als nächsten Zeugen rufe ich Dr. Franz Bendrath auf.«

Bas hatte sich gesetzt. Er schaute auf die Zuschauerbänke. Schäng würde er dort heute nicht finden. Der hatte Dienst. So suchte er Mathildes Blick, der er eben auf dem Flur nur hatte zuwinken können. Sie hatte mitten in der Menschentraube gestanden, die in den Saal drängte. Nun schaute sie zum Gerichtsdiener. Der verschwand durch eine der Türen hinter dem Richtertisch und kam mit einem weißhaarigen Mann zurück, dessen Gesicht durch tiefe Falten und Tränensäcke, gezeichnet war. In den Händen hielt er Gehstock und Zylinder.

»Sie haben als Erster den einzigen Überlebenden des Massakers auf dem Hofgut der Familie Selm, den Johann Selm, untersucht und behandelt. Ist das richtig?«, fragte der Richter, nachdem er den Zeugen vereidigt und die üblichen Fragen gestellt hatte.

»Das stimmt. Ich wurde am frühen Morgen nach der Brandnacht, es war wohl gegen fünf Uhr, zu dem Gut der Familie Ziethen gerufen. Dort fand ich den Johann Selm auf einem Stuhl sitzend nicht ansprechbar vor. Wie mir der Hausbesitzer, den ich gut kenne, berichtete, hatte er den jungen Selm in ebensolchem Zustand vor dem Haus vorgefunden und ihn hineingebracht, bevor er sich selbst zum Löschen aufmachte.«

»Was haben Sie bezüglich seines Gesundheitszustandes festgestellt?«

»Das darf ich nicht sagen, Sie verstehen, der Eid des Hippokrates.«

Dr. Nahles dachte einen Moment nach.

»Haben Sie ihn vor oder nach dieser Nacht behandelt?«

»Ich bin nach der Brandnacht noch zweimal an sein Lager getreten, um ihn und seinen Zustand zu untersuchen. Vorher kannte ich ihn nicht.«

»Ist er in dieser Zeit zu Bewusstsein gekommen? War er ansprechbar?«

»Nein«, antwortete Ziethen.

»Dann unterliegen Sie auch nicht der Schweigepflicht. Hier wurde zu keiner Zeit ein Arzt-Patienten-Vertrauensverhältnis begründet, welches Voraussetzung dafür ist, ein Geheimnis unbefugt offenbaren zu können. Schließlich war der Patient während Ihrer Behandlung ununterbrochen ohnmächtig. Sie hatten also nie eine Schweigepflicht gegenüber Johann Selm. Und folglich auch die gesetzliche Pflicht, hier Auskunft zu geben. Haben Sie das verstanden?«

»Selbstverständlich«, antwortete der Arzt mit einer tiefen Kerbe zwischen den Augenbrauen, die wohl seine Empörung über die letzte Frage zum Ausdruck bringen sollte.

»Ich fand ihn auf einem Stuhle nicht ansprechbar vor. Er saß dort mit nach vorn geneigtem, stark gerötetem Gesichte, die Kiefer fest aufeinandergepresst. Nur die Lehnen des Stuhles verhinderten, dass er zu Boden sank. Anscheinend war er in tiefen Schlaf versunken, aus welchem ich ihn auch nicht durch Rütteln und Stoßen erwecken konnte. Der Puls war schwach, unter sechzig Schlägen in der Minute, die Augen waren geschlossen und beim Öffnen der Lider starr und ausdruckslos. Jedoch reagierten die Pupillen, wenngleich schwächer als im Normalzustande. Dem Patienten gewaltsam eingeflößtes Wasser floss unverschluckt wieder heraus. Ich ließ ihm von einer Magd die Oberkleider ausziehen. Dort stellte ich vier Stichwunden fest, die teilweise stark geblutet haben mussten und noch immer etwas suppten. Sein Hemd war durchtränkt davon.«

»Wo genau befanden sich die Wunden?«, fragte der Vorsitzende Richter nach.

»Eine befand sich nahe der linken Niere ganz dicht bei dem Rückgrat. Das war eine tiefe Wunde. Ich wunderte mich, wie der Patient noch hatte laufen können. Die zweite, wie ich meine, lebensbedrohliche Wunde befand sich ein wenig oberhalb der ersten. Das Messer muss genau zwischen zwei Rippen eingedrungen sein. Dann gab es noch eine weitere Stichwunde am Schulterblatt und eine am Oberarm.«

»Und der Zeuge war die ganze Zeit nicht ansprechbar?«

»Ja, war er nicht.«

»Wie ging es weiter?«

»Nachdem ich die Wunden versorgt hatte, die Blutung hatte inzwischen aufgehört, brachte ich ihn mithilfe der Magd ins Bett. Dann setzte ich ihm in der Schläfengegend Blutegel, um ihn aus seinem Koma zu erwecken. Allerdings ohne sichtliche Einwirkung auf seinen Zustand. Schließlich ließ ich den Patienten in der Obhut besagter Magd zur Beobachtung zurück. Als ich am folgenden Tage mittags meinen Besuch wiederholte, hatte sich im Wesentlichen bei dem Patienten nichts geändert. Allerdings berichtete man mir, dass er sich wiederholt willkürlich bewegt hatte, namentlich sich ohne Hilfe von der einen Seite auf die andere legte, Schlingbewegungen machte und mit den Mundwinkeln zuckte. Doch auch an diesem Tage gelang es mir nicht, ihn aus seinem lethargischen Schlafe zu erwecken, ebenso wie am folgenden.«

»Was denken Sie, wodurch könnte diese Ohnmacht ausgelöst worden sein?«

Der Arzt zuckte die Schultern. »Ich fand damals keine Erklärung für den Zustand des Patienten. Insbesondere sprach er auch nicht auf die üblichen Behandlungsmethoden wie Riechsalz an. Er muss ganz tief in sich zurückgezogen gewesen sein, sonst hätte er darauf reagiert. Der Fall ließ mich nicht los, auch nachdem seine Behandlung von meinem Kollegen Dr. Quincus übernommen worden und der Patient erwacht war. Der Kollege berichtete mir auf meine Nachfrage, dass an Johanns Kopf eine etwas erhabene, kahle Stelle von geringem Umfange entdeckt worden war. Als ich ihn untersuchte, hatte ich diese nicht entdeckt. Vermutlich schwoll sie erst nach meiner ersten Untersuchung an.«

»Woher könnte die gestammt haben? Von einem Schlag?«

»Vielleicht. Aber wie mir berichtet wurde, könnte sie möglicherweise daher rühren, dass Selm vor dem Nachbarhause ohnmächtig zusammengebrochen war. Ich denke, er ist dabei auf dem Kopf aufgeschlagen.«

»Könnte diese Verletzung ursächlich für das Koma sein?«

»Ja, so etwas kann eine tiefe Ohnmacht hervorrufen. Aber diese könnte auch durch den Schrecken, welchen der junge Mann in jener Nacht erleben musste, verursacht worden sein.«

»Gut, damit sind meine Fragen beantwortet. Herr Generalprocurator?«

»Mit dieser Aussage dürfte bewiesen sein, dass nur die Angeklagte mit ihrem Liebhaber die Täter sein können. Keine weiteren Fragen.«

»Dr. Venedey«, wandte sich Dr. Nahles an den Verteidiger, der sich daraufhin erhob.

»Kann sich der Johann Selm die Wunden selbst beigebracht haben?«

»Sich selbst?« Dr. Bendrath lachte laut auf. »Versuchen Sie nur einmal, die angegebenen Punkte an Ihrem Rücken zu erreichen. Nur zu erreichen!«

Der Zeuge stand auf, wandte dem Verteidiger den Rücken zu und versuchte, mit seinem Zeigefinger auf die Stellen zu weisen, an denen sich die Wunden bei Johann befunden hatten. Er schaffte es nicht.

»Und das ist nur der Versuch, an die Stellen mit dem Finger zu gelangen. Stellen Sie sich nun vor, wie sich ein Mensch dort ein Messer selbst in den Körper stoßen soll. Und das so tief, wie die Wunden waren. Nein, das ist unmöglich.«

»War der Zustand des Johann Selm auf eine wirkliche Bewusstlosigkeit oder auf Simulation zurückzuführen?«

»Natürlich lässt sich das mit völliger Sicherheit nicht entscheiden. Doch für die Annahme, dass seine Bewusstlosigkeit eine wahre, natürliche gewesen war, sprechen weit gewichtigere Momente als für die Simulation. Denken Sie nur an das Riechsalz. Ein Mensch bei Bewusstsein, der simuliert, wird darauf körperlich reagieren, das lässt sich unter keinen Umständen vermeiden. Ich beobachtete ihn bei dem Versuch ganz genau. Und konnte keinerlei Regung bei ihm entdecken. Nein, das war nicht vorgetäuscht.«

Kapitel 20

Nachdem Dr. Nahles den Zeugen entlassen und auf die Zeugenbank geschickt hatte, rief er die Köchin des Hofgutes, Clara Hauser, auf. Sie war mittleren Alters, von gedrungener Gestalt, ihre Gesichtszüge gewöhnlich bis grobschlächtig. In ihrem schwarzen langen Rock, der weißen Buse mit gestärktem Kragen und der dunkelgrauen, hüftlangen Jacke, auf Taille geschnitten, wirkte sie einfach nur bott.

»Wann am Tage vor der Brandnacht haben Sie das Haus der Familie Selm verlassen?« Dr. Nahles ging ohne Umschweife in medias res.

»Zom Jlöck allt am fröhen Ovend, söns wör isch jetz och ripsch.«

»Vor Gericht wird Deutsch gesprochen.«

»Ja ... ja, also ... Ich hab gesagt: Zum Glück schon am frühen Abend. Sonst wär ich jetzt auch tot.«

»Erinnern Sie sich an die Uhrzeit?«

»Ja. Ich hörte die Glocke von St. Gereon gerade sechs schlagen.«

»Ist an dem Tag etwas Besonderes im Hause Selm vorgefallen?«

»Und ob. Es gab einen riesigen Aufruhr im Hause.«

»Was war die Ursache dafür?«

»Die Ida war beim Stehlen erwischt worden. Das ist passiert. Ich hab ihr nie getraut, dem Flittchen, das sich mit den Kerlen rumtrieb. Es bekommt keinem Weib, zu schön zu sein«, stellte sie mit selbstgefälligem Lächeln fest. »Deswegen hat unser Herr, seligen Angedenkens, sie rausgeworfen.«

»Woher wissen Sie das?«

Die Köchin grinste feist. »Rumgebrüllt hat der Alte ... also der Herr Selm.« Sie blickte unterwürfig, ja, wie Bas fand, geradezu speichelleckerisch zur Richterbank.

»Geschrien hat er. Das konnte ich bis in die Küche hören.«

»Hat denn der Herr Selm die Angeklagte beim Stehlen erwischt?«

»Das weiß ich nicht. Aber es wird schon so gewesen sein. Der Herr war immer gerecht. Wenn auch streng. Das kann ich beschwören.«

»Kam der Verdacht gegen Ida überraschend für Sie?«

»Enä, absolut nicht. Ich hab auch schon mal beobachtet, wie sich die Ida was in die Tasche steckte. Wer weiß, was das war. Und dann hat sie sich plötzlich Tand gekauft, Haarbänder aus Spitze und Seide, die sie sich in die Haare geflochten hat. Das passt doch nicht zu einer einfachen Magd. Ich hab sie gefragt, wo sie die Sachen herhat. Da hat sie mich nur angegiftet, dass mich das nichts angeht. Da haben Sie's. Wenn das kein Beweis ist.«

»Hat die Angeklagte tatsächlich anschließend das Haus verlassen? Haben Sie das gesehen?«

»Enä, ich musste schließlich kochen. Und dann auch noch spülen, weil sie nicht da war. Dabei war das doch ihre Aufgabe.« Die Köchin klang empört.

»Kommen wir zu einer anderen Frage. Wurde vor dem Schlafengehen nachgeschaut, ob alles dicht oder abgeschlossen war?«

»Aber sicher. Es treibt sich ja genug Gesindel in der Gegend rum. In der Dämmerung machte sich der alte Selm höchstpersönlich auf den Weg, alles zu überprüfen.«

»Woher wissen Sie das? Sie sind doch nach dem Abendessen immer gegangen?«

»Das wohl. Aber im Winter, wenn es früh dunkel wurde, wurde hinter mir gleich abgeschlossen. Das Drehen des Schlüssels konnte ich dann hören.«

»Wer machte das?«

»Der Hausherr, also meistens. Aber die Ida war es, die mir morgens die Haustür wieder aufschloss.«

»War das auch am Abend vor der Brandnacht so?«

»Weiß ich nicht, als ich ging, war es schließlich noch hell.«

»Kannten Sie den Verlobten der Ida?«

»Vom Sehen, sicher. Er schlich ja immer auf dem Hof rum, um sie zu treffen. Einmal hab ich die beiden sogar hinter der Kirche nach dem Sonntagsgottesdienst erwischt. Wie sie schmusten. Wer weiß, was die sonst noch alles getrieben hätten, wenn ich nicht dazwischengegangen wäre.« Sie bekreuzigte sich. »Das hab ich auch montags drauf sofort dem Herrn gemeldet. Der war richtig wütend und hat der Ida die Leviten gelesen.«

»Haben Sie Idas Verlobten auch am Abend vor dem Brand gesehen?«

»Enä, da hab ich ihn nicht gesehen.«

»Und danach, an einem der darauffolgenden Tage?«

»Er ist nach dem Brand nicht noch mal aufgetaucht.«

»Gut, haben Sie weitere Fragen?« wandte sich Dr. Nahles an den Generalprocurator.

»War also auch am Abend des Brandes die Haustür abgeschlossen?«

»Muss wohl. Wurde schließlich immer so gemacht.«

»Das hatten wir bereits, Herr Kollege Die Zeugin weiß nicht mit Sicherheit, ob abgeschlossen wurde oder nicht. Sie war zu dem Zeitpunkt nicht mehr auf dem Hof, kann also nur mutmaßen. Das reicht als Beweis nicht aus!«, ging Dr. Venedey dazwischen.

Dr. Nahles blickte zu Grandjean.

»Haben Sie noch weitere Fragen an die Zeugin?«

Der winkte ab, als schlüge er eine lästige Fliege aus dem Gesichtsfeld. Dann nahm er wieder Platz.

»Herr Verteidiger, Ihre Zeugin«, sagte der Präsident. Sein Ausbilder erhob sich.

»Sie haben also den Verlobten der Ida an jenem Abend nicht gesehen?«

»Nein, aber er war bestimmt da.«

»Woraus schließen Sie das?«

»Na, er hat doch schließlich alle umgebracht.«

»Ach so. Und im Frühjahr kehren die Störche zurück nach Europa und die Geburtenrate steigt. Also bringt der Klapperstorch die Kinder.«

Aus dem Zuschauerraum war lautes Lachen, von der Geschworenenbank Kichern zu vernehmen, das unter einem Hustenanfall versteckt wurde.

»Ihre Logik ist von bestrickender Effizienz. Sie selbst dürfen sich im Falle eines Rollentauschs jedoch glücklich schätzen, wenn das Gericht seine Urteilsfindung nicht darauf stützt.«

»Rollentausch?« Die Zeugin fingerte am oberen Knopf ihrer weißen Bluse. »Wie meinen Sie das?«

»Nach einem Freispruch für Fräulein Irmisch könnten Sie sich unversehens als Angeklagte in einem Strafverfahren wegen Falschaussage wiederfinden. Wie fänden Sie das, wenn Sie schuldig gesprochen würden, weil das Gericht davon ausgeht, dass alle belastenden Aussagen gegen Fräulein Irmisch wohl falsch gewesen sein müssen? Also auch Ihre Aussage. Dann sind Sie dran.«

»Ja ... ja ... Aber das geht doch nicht.« Die Zeugin nestelte an einer Strähne, die sich aus dem Haarknoten am Hinterkopf gelöst hatte.

»Eben.«

Clara Hauser wollte noch etwas sagen, doch Dr. Venedey setzte sofort nach, ohne den Blick von ihr abzuwenden.

»Ich frage also noch einmal ganz konkret: Haben Sie den

Heinrich Meisner am Mordabend auf oder in der Nähe des Hofguts der Familie Selm gesehen? Wenn nicht, haben Sie andere Beweise dafür, dass er sich in der Nähe aufhielt?«

»Nein, aber ...«

»Kein Aber! Ja oder nein?«

»Nein«, kam in beleidigtem Tonfall.

»Mehr gibt es dann auch nicht dazu zu sagen«, stellte Dr. Venedey fest und setzte sich wieder. »Damit bleibt also der Hauptvorwurf der Anklage, die Angeklagte habe ihren Verlobten ins Haus gelassen, aus unserer Sicht unbewiesen. Der nach eigenen Angaben bewusstseinseingetrübte Zeuge Johann Selm will sich an die Anwesenheit des verschwundenen Heinrich Meisner auf dem Hofgelände erinnert haben. Was von der Zuverlässigkeit seiner Erinnerungen zu halten ist, liegt auf der Hand, nämlich nichts. Aus unserer Sicht ist die Angeklagte bereits jetzt freizusprechen.«

Aus dem Zuschauerraum war Beifall zu hören, der aber sofort endete, als Richter Nahles den Hammer ergriff. Dann wandte er sich an den Generalprocurator.

»Es lässt sich nicht von der Hand weisen, dass damit Ihr Hauptanklagepunkt zumindest bisher ohne Beweis ist. Welche weiteren Beweismittel haben Sie dafür, dass die Angeklagte dem gesuchten Heinrich Meisner die Tür aufschloss, damit er in das Haus eindringen konnte?«

»Nun, wir haben noch die Aussage des Chefs der Pompiers, dass die Haustür aufgeschlossen war, als sie in das brennende Haus eindrangen.«

»Das ist nicht die Frage. Die Frage lautet, war sie an jenem Abend überhaupt abgeschlossen«, konterte Dr. Venedey. »Denn wenn sie es nicht war, konnte die Angeklagte den Tatbeitrag, dessen Sie sie bezichtigen, gar nicht leisten. Und selbst wenn wir die Aussage des Pompiers als wahr unterstellen, fehlt der Beweis, dass es Ida Irmisch war, die die Haustür aufschloss.«

»Nicht so voreilig, Herr Verteidiger. Ihnen sollte doch der

Prima-facie-Beweis geläufig sein. Ich übersetze für die Geschworenen und Zuschauer gerne. Es handelt sich um den Beweis des ersten Anscheins. Und der ist hier wie folgt geführt: Im Hause Selm wurde jeden Abend, wenn die Dämmerung einsetzte und alle Familienmitglieder im Haus waren, die Haustür abgeschlossen, wovon sich im Nachgang auch das Familienoberhaupt überzeugte. Das sagte soeben noch Frau Hauser glaubhaft aus. In der Tatnacht war jene Tür zum Zeitpunkt der Aufnahme der Löscharbeiten unverschlossen. Das wird der Pompier glaubhaft bestätigen.

Die Angeklagte, die nach eigenen Angaben die Hausherrin bewogen hatte, sie trotz ihres Rauswurfs für eine weitere Nacht ins Haus zu lassen, hat ganz offenbar dafür gesorgt, dass die Tür nicht abgeschlossen war. Somit hat sie dem Täter den Zutritt ermöglicht. Und dass es einen Täter gab, der ins Haus eingedrungen ist, werden Sie wohl kaum abstreiten, Venedey. Schließlich sind die Familienmitglieder, wie eindrücklich vom Zeugen Dr. Quincus dargelegt, erschlagen und nahezu verbrannt in ihren Betten aufgefunden worden.«

»Schön und gut. Aber wie die Angeklagte aussagte, hat die Hausherrin von sich aus angeboten, dass sie die Nacht noch im Hause verbringen dürfe. Nicht die Angeklagte bat darum. Das ist ein großer Unterschied. Zudem wurde ihr die Tür von Frederike Selm nach Viertel vor zehn geöffnet. Vielleicht hat diese vergessen, wieder abzuschließen. Und noch etwas: Ihr gedankliches Konstrukt setzt voraus, dass Heinrich Meisner überhaupt der Mörder ist. Sie haben nur einen unzuverlässigen Zeugen für die angebliche Anwesenheit von Meisner am Tatort. Der von Erinnerungslücken geplagte Johann Selm, der selbst ein Tatinteresse gehabt haben könnte, will Meisner nach Ausbruch des Brandes auf dem Hofgelände gesehen haben. Bisher sehe ich weder einen Beweis dafür, dass der Verlobte der Angeklagten überhaupt das Haus betreten hat, noch, dass er der Mörder ist, geschweige denn, und das betone ich besonders, sollte er es tatsächlich gewesen sein, dass ihm die Angeklagte geholfen hat. Denn es besteht zumindest die theoretische Möglichkeit, dass, sollten der unauffindbare Meisner und der Erbe des Vermögens Selm zusammen den perfiden Plan an das Vermögen zu kommen, ausgeheckt haben, die Verletzungen des Johann Selm von diesem beigebracht wurden, damit seine Täterschaft ausgeschlossen ist!«

»Mit Ihnen geht die Fantasie durch!«, unterbrach Grandjean den Verteidiger. »Mir werfen Sie unsubstantiierte Schlüsse vor, und selbst erzählen Sie hier Märchen, die durch nichts belegt sind!«

»Wenn Sie meinen«, konterte Dr. Venedey mit breitem Grinsen.

»Der Verlobte ist geflohen. Das ist Beweis genug für seine und die Schuld der Angeklagten.«

Stille im Saal. Alle Augen richteten sich auf Dr. Venedey. Bas Ausbilder neigte langsam den Kopf zur Seite, ohne den Blick von Grandjean abzuwenden. »Woher nehmen Sie eigentlich die Gewissheit, dass Heinrich Meisner geflohen ist? Ihnen fehlt sogar die Gewissheit über die Identität aller Opfer. Vielleicht ist unter jenen, die bis zur Unkenntlichkeit verbrannt sind, Heinrich Meisner, der zur falschen Zeit am Tatort auftauchte, helfen wollte, aber getötet wurde, und nun ist ein Knecht auf der Flucht.«

Ein erschrockenes, kurzes Luftschnappen unter den Zuschauern und Geschworenen war zu hören.

»Heinrich ...«, wisperte Ida. Ihre Augenlider begannen zu flackern. Ihr Kopf fiel nach vorn, der Körper folgte. Ihre Stirn streifte im Fallen die Holzeinhegung der Anklagebank. Sie schlug auf dem Boden auf. Bas und ein Wachmann stürzten zu ihr. Sie hoben ihren Oberkörper an und fächerten ihr mit bloßen Händen Luft zu. Ida kam wieder zu sich. Bas tupfte mit seinem Taschentuch das Blut ab, das auf ihrer

Stirn stand. Es war nur eine Schramme, keine stark blutende Platzwunde.

»Benötigt die Angeklagte ärztliche Versorgung?«, fragte Dr. Nahles.

Inzwischen erfüllte Tuscheln den Saal.

»Soweit ich das beurteilen kann, nicht, Euer Ehren«, antwortete der Wachmann.

»Geht es wieder, Ida?« Bas musterte die junge Frau kritisch.

»Mein Heinrich ... Er ist ... Ist er ... tot?«

Dr. Venedey war auch aufgestanden und stand vor dem Holzgitter. Er blickte zerknirscht drein.

»Es tut mir leid, Fräulein Ida. Ich wollte Ihnen nicht noch mehr Kummer bereiten. Aber ich musste diese Frage stellen.« Er wirbelte – trotz seiner Leibesfülle – elegant herum und fixierte mit seinem Blick Grandjean.

»Die Frage zu stellen, war Ihre Aufgabe, Herr Ge-ne-ral-pro-cu-ra-tor«, überprononcierte Dr. Venedey die Amtsbezeichnung seines Widersachers.

Das Tuscheln war zu einem aufgeregten Geplapper angeschwollen.

Wieder ließ Dr. Nahles seinen Hammer auf den Tisch knallen. Als Stille im Saal eingekehrt war, wandte er sich an den Generalprocurator. »Das ist nicht von der Hand zu weisen. Ist dies nach dem Ausschlussprinzip geklärt worden?«

»Nein«, gab Grandjean zur Antwort. »Wie sollte es auch gelingen, wenn selbst die Todesursache an drei der Opfer nicht mehr festgestellt werden konnte?«

»Ihnen ist aber schon klar, dass zugunsten der Angeklagten dieser Umstand angemessen zu würdigen ist?«, fragte der Präsident den puterrot anlaufenden Grandjean.

Von der Zeugenbank kam ein Zwischenruf. Bas sah, dass der Stadtphysikus Dr. Quincus aufgeregt Handzeichen gab.

Der Vorsitzende Richter winkte ihn nach vorn, wo er sich

an das Zeugenpult neben die Köchin stellte, die noch immer auf weitere Fragen wartete.

»Können Sie etwas zur Erhellung beitragen? Kann eines der nicht identifizierten Opfer der Verlobte der Angeklagten sein?«, fragte Dr. Nahles.

»Möglicherweise. Wie groß war der Heinrich Meisner?«

Alle schauten die Angeklagte an. Die zuckte hilflos die Schultern und schaute zu Bas. Bevor er reagieren konnte, fragte Dr. Venedey: »War dein Heinrich besonders groß oder klein, Ida? Hatte er irgendein besonderes Merkmal?«

»Ich ... ich weiß nicht«, stotterte sie.

Dr. Venedey warf dem Stadtphysikus einen fragenden Blick zu.

»War er größer als die anderen Männer im Selm'schen Haushalt? Oder hatte er eine alte Verletzung, also beispielsweise den Bruch eines Knochens? So etwas halt, das ihn unterscheidbar macht?«

Er schaute Ida auffordernd an.

»Er is glei grouß. Ee gleener Fingorr fehlt«, antwortete sie mechanisch und fasste sich wie in Trance an den kleinen Finger der linken Hand.

»Ich kann in meinen Unterlagen prüfen, ob einer der nicht identifizierten Leichen ein Finger fehlte. Welche Hand war betroffen?«, fasste Dr. Quincus nach.

Ida hob die linke Hand an, deren kleinen Finger sie immer noch umfasst hielt. Sie sah den Stadtphysikus nicht an, sondern hielt den Kopf gesenkt und die Augen geschlossen.

»Links also?«, fragte er nach.

Ida reagierte nicht. Bas beugte sich zu Dr. Venedey rüber. »Das folgt aus dem Steckbrief«, flüsterte er ihm ins Ohr.

»Mein Referendar macht mich gerade darauf aufmerksam, dass der Steckbrief das Fehlen des linken kleines Fingers als besonderes Kennzeichen ausweist.«

»Danke für den Hinweis. Nun, Herr Dr. Quincus, können Sie dazu Auskunft geben?«

»Ich muss in die Akten schauen«, antwortete Quincus dem Richter.

Der sah auf die Uhr. »Gut, der Tag ist ohnehin weit vorangeschritten. Vertagen wir die Sitzung auf morgen früh um neun Uhr. Sie, Herr Doktor, werden dann erneut als Zeuge vernommen.«

Kapitel 21

Zu Bas' Überraschung hatte Mathilde vor dem Gerichtstor auf ihn gewartet. Sie empfing ihn lächelnd. Aber dieses Lächeln hatte nach wie vor etwas Sphinxhaftes, nichts, das ihn ermutigt hätte, sie abseits des Prozesses zu einem privaten Treffen einzuladen – ganz unverfänglich in ein Café vielleicht.

Wieder waren sie zunächst schweigend, dann über den Verlauf der Verhandlung diskutierend durch die Stadt spaziert. Mathilde entpuppte sich erneut als überaus kluge Diskussionspartnerin, deren scharfe Zunge Bas faszinierte. Ihn verblüffte nur, dass sie freiwillig so viel Zeit mit ihm verbrachte. Doch er nahm es als Geschenk und genoss es einfach.

Als er am nächsten Morgen den Gerichtssaal betrat, suchten seine Augen nach ihr – und fanden sie auf ihrem angestammten Platz. Nickend lächelte er ihr zu, sie winkte zurück. Venedey musste das beobachtet haben, denn kaum saß Bas, meinte er: »Nanu, schäkern Sie etwa mit unserer Auftraggeberin?«

Bas konnte wieder nicht verhindern, dass ihm Blut in den Kopf schoss und ihn sicherlich aussehen ließ wie eine überreife Tomate. Ihn rettete der Eintritt der Richter. Alle erhoben sich und warteten auf Dr. Nahles' Geheiß, sich wieder setzen zu dürfen. Der breitete heute nur die Arme aus und bedeutete durch wiederholtes Senken und Heben der flachen Hände, dass alle wieder Platz nehmen durften. Der Stadtphysikus wurde erneut aufgerufen.

»Dr. Quincus, konnten Sie Ihren Unterlagen entnehmen, ob es sich bei einem der nicht identifizierbaren Brandopfer um den verschwundenen Heinrich Meisner handeln könnte?«, fragte Nahles ohne Umschweife den Stadtphysikus, nachdem der an die Zeugenbank getreten war.

»Ja, ich konnte meinen Unterlagen entnehmen, dass alle drei nicht identifizierbaren Opfer jeweils links ein komplettes Handskelett aufwiesen. Bei keinem der Opfer kann es sich um den Heinrich Meisner handeln.«

»Gut, dann danke ich und entlasse Sie erneut aus dem Zeugenstand«, verabschiedete Dr. Nahles den Gerichtsmediziner.

»Also ist der vermeintliche Haupttäter weiter verschollen. Dennoch bleibt die zentrale Frage: Wie wollen Sie, Herr Generalprocurator, die Mittäterschaft der Angeklagten an den Morden und der Brandstiftung beweisen?« fragte der Richter Grandjean.

»Das ist doch der Beweis. Der Mittäter Heinrich Meisner, der nicht etwa tot ist, ist seit den Morden und der Brandstiftung abgetaucht, ergo auf der Flucht. Und die Angeklagte hat unstreitig ohne Wissen des Hausherrn erreicht, dass sie in der Nacht noch im Hause bleiben durfte. Wozu, wenn sie nicht diese schändliche Tat unterstützen wollte? Sie hätte doch genauso gut bei der Familie Meisner um Obhut bitten können. Schließlich war sie mit Heinrich verlobt. Das hätte doch auch näher gelegen, statt im Hause des ehemaligen Dienstherrn zu verbleiben, der sie angeblich zu Unrecht vor die Tür gesetzt hatte. Nein, das Erwartbare, das Nächstliegende hat die Angeklagte nicht getan. Sie drängte zurück ins Haus der Selms. Wozu? Nun, es konnte nur einem Zweck dienen: Ida Irmisch wollte vor Ort sein. Wozu? Sie musste davon ausgehen, dass die Haustür abgeschlossen wird. Sie musste also im Hause sein, um die Haustür für ihren Mittäter öffnen zu können.«

»Die Flucht ist eine durch nichts bewiesene Behauptung.

Nur hieraus auf Idas Mittäterschaft zu schließen, ein unzulässiger Ringschluss. Ebenso gut kann Meisner das Verbrechen allein vollbracht oder gar mit dem Johann Selm im Bunde gestanden haben. Die Ida mag nur Mittel zum Zweck gewesen sein, ein nützliches Werkzeug, das nicht über eigenes Wissen und Wollen zur Tat verfügte. Mit Ihrer Argumentation hätten Sie auch den Johann Selm anklagen können. Die Verletzungen mag ihm der Meisner zu Täuschungszwecken zugefügt haben. Tödlich waren sie ja nicht«, konterte Dr. Venedey. »Und nur, um dies klarzustellen, Herr Ankläger: Johann Selm hatte ein schlüssigeres Motiv als Heinrich Meisner. Eine Art vorgezogene blutige Rache für die geschasste und herabgewürdigte Verlobte. Rache ist doch in unserem aufgeklärten Zeitalter kein Motiv mehr, sondern mittelalterlicher Tinnef. Heinrich wollte Ida heiraten. Sie hätte ohnehin den Schöttelshof verlassen. Wozu sollte er vorher noch die ganze Familie Selm auslöschen? Zumal seine Wut sich doch auf den Hausherren reduzierte. Und nochmals: Die Angeklagte hat nicht um Einlass in das Haus gebeten, die Hausherrin hat das aus Nächstenliebe angeboten. Widerlegen Sie dies, oder akzeptieren Sie es!«

Zustimmendes Nicken aus dem Zuschauerraum.

»Wie Sie wissen, ist an so manchem Zeitgenossen die Aufklärung vorbeigegangen, Herr Verteidiger. Außerdem übersehen Sie da geflissentlich etwas. Und das ist keine Kleinigkeit. Es ging ja nicht nur um die Kündigung und den Rauswurf der Angeklagten. Da stand auch noch die angedrohte Anzeige bei der Polizei im Raume, die sie ins Gefängnis hätte bringen können. Und ganz nebenbei bleibt da das Motiv der Gier. Schließlich war Familie Selm vermögend.«

Vereinzeltes Nicken im Saal. Bas konstatierte, dass auch Grandjeans Argumentation noch Anklang fand.

»Beweisen Sie erst einmal, dass die Angeklagte überhaupt etwas gestohlen hat! Bisher haben Sie uns nur ein Gebäude aus Hypothesen errichtet, in das wir Ihnen aber nicht willfährig folgen.«

»Das hat die Zeugin Clara Hauser bestätigt. Sie hat mit eigenen Augen gesehen, dass Ida etwas einsteckte. Und kann bezeugen, dass die Angeklagte danach in der Lage war, sich teure Haarbänder zu kaufen.«

»Papperlapapp! Die Zeugin ist voreingenommen. Ihre Aussage troff vor Ablehnung und Vorurteilen gegenüber der Angeklagten. Selbst diese missgünstige Zeugin hat nicht ausgesagt, dass sie Ida beim Einstecken von Silber beobachtet habe. Sie konnte auf Nachfrage nicht sagen, was die Ida genommen haben soll. Es könnte ihr eigenes Taschentuch gewesen sein. Nein, das reicht nicht. Und die andere Behauptung ist schnell geklärt.« Dr. Venedey drehte sich zu Ida um. »Hast du Haarbänder aus Spitze und Seide gekauft?«, fragte er die Angeklagte.

»Nein, ich hab doch gar kein Geld.«

»Lass mich die Frage anders formulieren. Hattest Du Haarbänder aus solch teurem Material?«

»Ja.«

Unter den Zuschauern kam wieder Unruhe auf. Diesmal reichte der scharfe Blick von Dr. Nahles, um alle zum Schweigen zu bringen.

»Und woher hattest du sie dann, wenn du sie nicht selbst gekauft hast?«

»Die hat mir der Heinrich zur Verlobung geschenkt.«

Dr. Venedey zog die Augenbrauen hoch und wandte sich wieder dem Generalprocurator zu. Er hob die Hände wie ein Magier, der stolz sein Kunststück zeigt.

»So einfach ist das, Herr Ankläger.«

»Wenn es denn stimmt«, konterte der nun.

»Beweisen Sie das Gegenteil! Das ist Ihre Aufgabe.«

Dr. Nahles hob die Hände in Richtung der Kontrahenten. »So kommen wir nicht weiter. Vielleicht weiß der Zeuge Johann Selm mehr dazu, wieso die Angeklagte des Diebstahls bezichtigt wurde.«

»Ich protestiere gegen eine erneute Einvernahme«, sagte Dr. Venedey scharf. »Da nicht ausgeschlossen werden kann, dass er selber als Täter in Betracht kommt, kann er seine Aussage nun zu seinem Vorteil ausfallen lassen.«

»Er ist zur Wahrheit verpflichtet. Das muss uns fürs Erste reichen. Das Gericht hört ihn zu dem Punkt an.«

Johann tauschte den Platz am Zeugenpult mit Dr. Quincus.

»Immer wieder verschwanden Silbersachen aus dem Haushalt, mal ein Besteck, mal ein Kerzenleuchter. Mein Vater hatte schnell die Ida in Verdacht. Wer hätte es auch sonst sein sollen?«, beantwortete er die Frage des Präsidenten.

»Aber gab es auch Beweise dafür?«

»An jenem Morgen vor der schändlichen Tat fand mein Vater in Idas Kammer die silberne Haarbürste meiner Schwester.«

»Was hat die Angeklagte dazu gesagt?«

»Geweint hat sie. Und blieb stur dabei, dass sie die nicht weggenommen hätte, sondern nur poliert habe. Aber das war natürlich gelogen.«

»Stimmt das? Hast du die Haarbürste gestohlen?«, wandte sich Dr. Nahles an Ida.

»Nein. Ich schwöre, ich habe nichts genommen, was mir nicht zustand.«

»Da haben Sie's«, frohlockte Johann. »Was ihr zustand!« Er wandte sich wütend Ida zu. »Und, meinst du, dass dir die Bürste etwa zustand? Genau wie das Vermögen meiner Familie, dass mit deinem Heinrich verschwunden ist?«

Idas Kinn zitterte. Sie schwieg.

»Gestohlen haben die beiden mir alles. Unser ganzes Vermögen. Ich stehe nun da mit einem abgebrannten Hof und gänzlich ohne Kapital.«

Plötzlich stand Ida auf und wischte sich die Tränen aus

dem Gesicht. »Ich hab nichts genommen, was nicht erlaubt war. Warum sagt der Johann das? Das ist gemein«, sagte sie mit fester Stimme. »Seine Schwester Josefine hat sie mir zum Polieren gegeben.«

Bas konnte erkennen, dass in Dr. Venedeys Gesicht ein Lächeln begann, sich fürs Bleiben einzurichten.

»Was hat sie dir gegeben?«, fragte Dr. Nahles nach.

»Die Bürste. Sie hat gesagt, ich soll sie ordentlich putzen. Sie muss glänzen.«

»Herr Zeuge, noch eine abschließende Frage, bevor der Herr Verteidiger mich rügt, nicht gründlich gewesen zu sein. Haben Sie selbst vor oder während der Brandnacht die Ida beim Diebstahl beobachtet?«

»Nein, das nicht.«

»Konnten Sie in der Brandnacht sehen, dass der Mann, den Sie als Herrn Meisner erkannt haben, Wertgegenstände aus Ihrem Familienvermögen vom Hof verbracht hat?«

»Nein, das auch nicht. Aber wie sollte ich auch? Ich rannte um mein Leben und war nicht bei Sinnen, wie Ihnen die Ärzte bestätigt haben.«

Johann Selm wirkte unzufrieden.

»Aber finden Sie es nicht komisch, dass ausgerechnet am Tag, an dem die Ida mit Schimpf und Schande aus unseren Diensten entlassen wird, meine Familie getötet und um ihr Hab und Gut gebracht wird? Mir blieb mit Glück mein Leben. Ansonsten blieb mir nur das karge Auszugshaus, weil das Mörderpaar uns nicht nur alles nahm, sondern, was sie nicht nehmen konnten, niedergebrannt haben. Es kann kein Zufall gewesen sein, dass die grausame Tat in jener letzten Nacht passierte, die die Ida sich auf unserem Hof erschlichen hatte? Es muss ein Schelm sein, der nichts Böses dabei denkt. Wahrscheinlich hat sich Heinrich dann nicht an den gemeinsamen Plan gehalten, sondern ist mit der Beute ohne seine Mörderbraut geflohen, um sich ein schönes Leben ohne den Ballast der Vergangenheit zu machen. Vielleicht sind sie auch über die Verwendung der Beute in Streit geraten. Und nun sitzt die betrogene Mörderin allein auf der Anklagebank. Wie betrüblich für sie, zugunsten von Heinrich schweigen zu müssen, sonst müsste sie ja gestehen, dass sie Anteil hatte. So kommt er am Ende davon. Sie hoffentlich nicht.«

Aus dem Zuschauerbereich war ein leises Raunen zu vernehmen.

»Das sind perfide Unterstellungen. Und sie werden perfider, je näher Sie in den Fokus rücken, Herr Zeuge«, zischte Dr. Venedey.

Er erntete dafür nur einen Seufzer des Präsidenten. »Verteidiger sind schwerer zu erziehen als kleine Kinder.« Dr. Nahles schüttelte den Kopf. »Nun gut. Ich habe genug gehört. Haben Sie, Herr Zeuge, noch etwas von Substanz dazu beizutragen, was den behaupteten Diebstahl der Angeklagten beweisen könnte?«

»Ist das nicht Beweis genug? Mir reicht es völlig, um zu wissen, wer meine arme Familie aus welchem Grunde ermordet hat«, schnaubte Johann.

Grandjean feixte mit seinem Sitznachbarn, einem jungen Procurator, der ihn an jedem Verhandlungstag begleitet hatte.

»Wenn ich Sie unterbrechen darf, Herr Generalprocurator, haben Sie noch Fragen an den Zeugen?«

Der schüttelte den Kopf.

»Herr Verteidiger, Ihr Zeuge.«

Bas' Ausbilder neigte den Kopf zur Seite und musterte Johann. Ließ seinen Blick vom Kopf zu dessen Füßen wandern. Und wieder zurück. Dann lehnte er sich zurück, verschränkte die Arme vor der Brust und suchte Augenkontakt. Johann Selm hielt dem Blick nicht stand.

»Der Herr Selm hat außer seinem Jammer über das verlorene Erbe und unsubstantiierter Spekulationen zu Lasten meiner Mandantin nichts, aber auch rein gar nichts zur Auflösung beizutragen. Entlassen Sie ihn doch besser aus dem Zeugenstand, bevor er uns unter einer weiteren Wortlawine begräbt.«

»Herr Dr. Venedey, ich rufe Sie hiermit zur Ordnung. Der Zeuge ist nicht in dieser Art und Weise anzugehen. Aber auch den Zeugen ermahne ich hiermit vorsorglich, sich der Verbreitung von Mutmaßungen zu enthalten, sofern er keinerlei Beleg für deren Wahrheitsgehalt hat. Hier im Gericht geht es um Fakten, nicht um Vermutungen, auch wenn sie einem noch so schlüssig erscheinen. Schlüssigkeit ersetzt die Wahrheit nicht! Sie können jetzt gehen, Herr Selm.«

Der ging mit hochrotem Kopf zurück zur Zeugenbank.

Dr. Nahles blickte auf den Zeugenzettel. Bas tat es ihm gleich. Dort stand kein Name mehr drauf. Alle Zeugen waren angehört worden.

»Wenn von keiner Seite mehr Beweisanträge gestellt werden, schließe ich die Beweisaufnahme.«

Der Präsident schaute zu Grandjean und dann zu seinem Ausbilder, die nacheinander den Kopf schüttelten.

Dr. Venedey wandte sich Bas zu. »Das Bonbon ist gelutscht. Nichts ist bewiesen. Wenn es nicht mit dem Teufel zugeht, muss Fräulein Irmisch nach dem Grundsatz von in dubio pro reo freigesprochen werden.«

Vermischte Nachrichten

* Köln, 28. Okt., Der gestrige Verhandlungstag gegen die Ida Irmisch, angeklagt der Unterstützung der Ermordung der Familie Selm auf dem Schöttelshof, endete mit dem Schluß der Beweisaufnahme. Der Vorsitzende Richter Dr. Nahles forderte den Generalprocurator Dr. Grandjean und den Verteidiger Dr. Venedey auf, für den kommenden Montag, den 1. Nov. ihre Plädoyers vorzubereiten. Es steht zu erwarten, dass nach dem Ergebnis der Beweisaufnahme die Angeklagte freizusprechen ist. Insbesondere hat sich im Laufe der Verhandlung der Verdacht ergeben, dass der verschwundene Verlobte der Angeklagten Heinrich Meisner möglicherweise der alleinige Täter und das Motiv nicht Rache, wie bisher angenommen, sondern Habgier war. Anders ist das spurlose Verschwinden desselben unter Zurücklassung seiner Verlobten, der angeklagten Ida Irmisch, nicht zu erklären.Sogar die Möglichkeit, dass der überlebende Sohn der Familie Selm, Johann Selm, mit dem Flüchtigen unter einer Decke steckte, kann nach Meinung der unterzeichnenden Redakteurin nicht gänzlich ausgeschlossen werden.

Redakteurin Mathilde von Tabouillot

Kapitel 22

Bas und Dr. Venedey hatten das ganze Wochenende an dem Plädoyer geschliffen. Die Nacht von Sonntag auf Montag, dem großen Tag, hatte Bas durchgearbeitet. Selbst als sich sein Ausbilder in seine Privaträume im Obergeschoss zurückgezogen hatte, hatte Bas weiter daran herumgefeilt. Nun kam es darauf an. Und er beabsichtigte nicht, durch Nachlässigkeit einen Fehler zu begehen.

Völlig übermüdet und mit roten Augen saß er also am Montagmorgen auf der Verteidigerbank, sein Ausbilder dagegen las frisch ausgeruht die von ihm ergänzten Ausführungen. Bas nahm ein selbstgefälliges Grinsen auf dem Gesicht des Generalprocurators wahr. Wie kam das nur? Hatten sie etwas übersehen, das Grandjean im letzten Moment auszunutzen gedachte? Dabei hatten sie ihm doch alle Beweise gegen Ida Irmisch widerlegt.

Das Gericht trat ein. Nachdem sich alle wieder gesetzt hatten und der Vorsitzende Richter dem Ankläger das Wort für sein Plädoyer erteilt hatte, erhob Grandjean sich.

»Hohes Gericht, ich beantrage den Wiedereintritt in die Beweisaufnahme. Es sind neue Beweise aufgetaucht, die die Schuld der Angeklagten eindeutig beweisen, ja sogar zeigen werden, dass ihr Anteil an der Ermordung der Familie Selm größer war als bisher angenommen!«

Der sich anschließende Tumult im Zuschauerraum konnte nicht durch den Richterhammer, der heftig und ununterbrochen auf den Tisch sauste, beruhigt werden. Das schafften erst die Wachleute. Bas warf einen hilflosen Blick zu seinem Ausbilder, der seinerseits keine Mine verzog.

»Wie begründen Sie Ihren Antrag, Herr Generalprocurator?«

In der folgenden Stille war nur ein leises Hüsteln von den Zuschauerbänken zu hören, das sofort mit einem »Scht« aus den eigenen Reihen getadelt wurde.

»Ich benenne den Gerichtsmediziner Dr. Quincus als Zeugen dafür, dass die ganze Familie vor ihrer Ermordung betäubt wurde. Und ich werde auch beweisen, dass es die hier angeklagte Ida Irmisch war, die der Familie das Betäubungsmittel verabreichte, was Conditio für die folgenden Straftaten war.«

Dr. Nahles sah zu seinen Kollegen auf der Richterbank, die verblüffte Blicke zurückwarfen.

»Wieso kommen Sie erst jetzt mit dem Beweis?«, fragte er in die folgende Stille.

»Weil es dem Zeugen erst am letzten Wochenende gelungen ist, den nicht einfachen Nachweis von Laudanum in dem bei der Obduktion sichergestellten Material sämtlicher Opfer nachzuweisen.«

Der Präsident nickte. Grandjean reichte den schriftlichen Antrag zum Wiedereintritt in die Beweisaufnahme nebst Beweisantrag zur Gerichtsakte.

»Wir ziehen uns zur Beratung zurück«, sagte Dr. Nahles. Schon standen die Richter auf und gingen ins Beratungszimmer, das hinter dem Verhandlungssaal lag. Nach gut zehn Minuten kamen sie zurück.

»Bleiben Sie sitzen«, sagte Dr. Nahles. »Auf Beschluss tritt das Gericht erneut in die Beweisaufnahme ein und ruft den Zeugen Dr. Quincus auf. Treten Sie bitte an das Zeugenpult.«

Dr. Venedey starrte Bas an, der erschüttert zurückschaute. Es entbehrte der Sinnhaftigkeit, sich gegen die Entscheidung des Gerichtes zu empören. Dr. Nahles würde den Zeugen befragen, egal was die Verteidiger dagegen einwenden würden – Bas an seiner Stelle würde sich auch nicht davon abhalten lassen. Nun konnten sie nur auf einen Fehler von Grandjean hoffen, sonst stünden die Chancen für Ida miserabel.

Der Gerichtsmediziner winkte zwei Männer aus dem Zuschauerraum zu sich an das Pult, die eine schwere Kiste trugen und neben dem Arzt abstellten.

»Ich hatte Sie bereits darüber belehrt, dass Sie hier die Wahrheit sagen müssen und nichts als die Wahrheit. Den Zeugeneid haben Sie ebenfalls bereits abgelegt, sodass wir in medias res gehen können. Wie kommen Sie darauf, dass alle im Hause Selm am Vorabend der Tat Anwesenden betäubt wurden?«, fragte Dr. Nahles recht rüde.

»Der Verdacht drängte sich mir schon bald auf, weil es mir so seltsam erschien, dass ein einzelner Mann so viele kräftige Männer allein ermorden konnte, und sei er noch so stark. Doch war das zunächst nur ein vager Verdacht. Zudem fand ich Johann Selms Bewusstlosigkeit mehr als seltsam. Ich hatte ihn ja in persona bei der Erstuntersuchung so vorgefunden und erlebt, wie er erwachte. Doch erst als er und sein ihn erstbehandelnder Arzt hier vor Gericht seine seltsame Ohnmacht schilderten, verstärkte sich mein ungutes Gefühl zu einem konkreten Verdacht. Und dem bin ich letztes Wochenende erfolgreich nachgegangen.«

»Zu welchem Ergebnis sind Sie gekommen?«

»Laudanum. Es war im Körper sämtlicher Opfer.«

Die Zuschauer schrien auf, vereinzelt waren Rufe wie »Mörderin!« und »Kopf ab!« zu hören. Ida Irmisch sackte nicht in sich zusammen. Sie brach nicht in Tränen aus. Auch kein »Das ist nicht wahr« entschlüpfte ihren Lippen. Mit versteinerter Miene stierte sie auf ihre Schuhe.

Bas war irritiert. Dr. Venedey schien es nicht anders zu ergehen. Er suchte eine Weile den Blickkontakt zu Ida, aber sie reagierte nicht.

Die Gemüter im Saal hatten sich immer noch nicht beruhigt. Dr. Nahles zertrümmerte fast seinen Hammer auf dem Richtertisch. Als die Wachleute auf sein Geheiß schließlich die Zuschauer aufforderten, still zu sein, anderenfalls würden sie gewaltsam entfernt, siegte die Neugier, und gespannte Ruhe kehrte in den Gerichtssaal zurück.

»Wie ist Ihnen denn der Nachweis gelungen?«, fragte Dr. Nahles.

»Das war sehr schwierig. In der Vergangenheit sind Nachweise von Giften im Körper der Toten kaum erfolgreich gewesen. Denken Sie nur daran, dass es erst vor sieben Jahren in Frankreich gelungen ist, Arsen nicht nur in Speisen, sondern auch in Leichnamen nachzuweisen. Bis auf wenige Ausnahmefälle wie beispielsweise ätzende Gifte. Die ziehen unverkennbare Zerstörungen des Gewebes nach sich. Oder Entzündungsgifte wie die Spanische Fliege, das Liebespulver, das die Nieren zerstört. Damit gelang erstmals der Nachweis von Gift in einem Toten.

Doch ließ mir der Mord an der Familie Selm keine Ruhe. Und so überlegte ich, was wohl die Ursache sein könnte dafür, dass sich niemand wehrte. Und kam schnell zu dem Ergebnis, dass sie vielleicht betäubt worden sein könnten.«

Der Gerichtsmediziner richtete sich noch gerader auf, und ein selbstgefälliges Lächeln überzog sein Gesicht.

»Also habe ich überlegt, welches Mittel infrage kommt. Es drängte sich auf, dass es sich wohl um eine Opiumtinktur, lateinisch Tinctura Opii, gehandelt haben müsse. Das ist eine alkoholische Lösung von Opium, die zu neunzig Prozent aus Alkohol und zehn Prozent Opium besteht. Und an die der Mörder leicht herankam, denn mit dem Namen Laudanum ist es in jeder Apotheke frei käuflich!«

»Aha. Aber wie haben Sie den Nachweis denn nun geführt? Sagten Sie nicht eben selbst, dass er bei Leichen kaum möglich ist?«

Dr. Quincus nickte. »So war es auch bisher. Doch die Toxikologie hat sich in den letzten Jahren enorm weiterentwickelt. Ich habe in meinen Büchern und Fachzeitschriften nachgeforscht und bin auf die Arbeiten von Mathèo-José Orfila gestoßen, einem renommierten Pariser Toxikologen. Das brachte mich auf die Idee, die Marsh'sche Methode auf den Nachweis für Laudanum im Magen der Opfer anzuwenden. Und es ist mir gelungen!«

»Wie sind Sie vorgegangen?«

»Dazu muss ich etwas ausholen. Bei der Marsh'schen Methode erzeugt man in einem Gefäß durch Einwirkung von Salzsäure auf Zink Wasserstoff in statu nascendi, der durch ein Calciumchloridröhrchen getrocknet und nach Durchführung einer Knallgasprobe am Austritt entzündet wird. Der nach Zugabe einer Arsenik enthaltenden Probe im Gefäß entstehende Arsenwasserstoff zersetzt sich in der Flamme und bildet an einem dort hineingehaltenen Porzellanstück einen schwarzen sogenannten Arsenspiegel.

Diese Methode habe ich auf den Opiumnachweis angepasst. Dazu habe ich Teile des Mageninhaltes durch Erhitzung auf die Hälfte eingedampft. Vorausschauend hatte ich von allen Opfern Proben, unter anderem des Mageninhaltes, in Alkohol konserviert. Anschließend wurde der Extrakt in kochende Kalkmilch, bestehend aus fünf Teilen Caliumoxid und vierzig Teilen Wasser eingetragen und dann filtriert. Den rückständigen Kalk habe ich mehrmals ausgekocht. Die auf vierzig Teile eingeengten Filtrate wurden anschließend kochend mit zwei Teilen Salmiak versetzt und nach längerem Erhitzen zum Kristallisieren abgekühlt. Das sich langsam ausscheidende Morphin beträpfelte ich schließlich mit Salpetersäure. Und was soll ich sagen: Das Konzentrat färbte sich purpurn. Das ist der eindeutige Beweis für das Vorhandensein von Morphin, dem Hauptalkaloid des Opiums!«

Im Zuschauerraum brandete Beifall auf, einige Zuschauer sprangen auf, manche brüllten: »Gut gemacht, Dr. Quincus!«

»Deshalb war ich drei Tage wie tot und kam nicht zu mir«, brüllte mitten in den Beifall Johann Selm, der nach dem Ende der Beweisaufnahme im Zuschauerbereich Platz genommen hatte. Die Umstehenden klopften ihm nickend auf die Schulter.

Nachdem endlich Ruhe von den Wachmännern erzwungen worden war, sprang Dr. Venedey auf. »Und das ist eine gängige, wissenschaftlich anerkannte Untersuchungsmethode zum Nachweis von Laudanum?«

»Nein«, antwortete der Stadtphysikus mit einem selbstgefälligen Lächeln. »Diese Methode habe ich neu entwickelt, und der Ablauf wird sicherlich unter dem Namen Quincus'sche Methode in die Geschichte eingehen.«

Wieder wurde geklatscht.

»Nun, das ehrt Sie sehr, Dr. Quincus. Aber ohne die wissenschaftliche Bestätigung Ihrer Methode können wir sie als Beweismittel im Mordfall Selm nicht akzeptieren. Das werden Sie sicherlich verstehen«, sagte der Richter.

»Mir ist klar, dass ich meiner Zeit mit dieser Methode weit voraus bin. Doch werden Sie schon noch eines Tages feststellen, dass ich recht hatte. Damit Sie das dann auch noch nachvollziehen können, habe ich entsprechend der Forderung des großen Orfila Teile meines Untersuchungsmaterials zurückgestellt. In dieser Kiste«, er wies auf die neben ihm abgestellte, »habe ich Teile aller von mir überprüften biologischen Materialien konserviert mitgebracht. Möge das Gericht sie aufbewahren und zu einem späteren Zeitpunkt, wenn meine Methode erst einmal anerkannt ist, erneut untersuchen lassen. Sie werden feststellen, dass ich recht hatte.«

Dr. Nahles nickte. Dann wandte er sich an den Ankläger. »Das ist also im Moment nur eine Hypothese. Auch wenn die Methode bereits anerkannt wäre, so reichte sie nicht als Beweis für die Behauptung, dass die Angeklagte am Abend der ganzen Familie Laudanum einflößte, um sie wehrlos zu machen.«

Mit einem lauten Donnern hieb Dr. Venedey seine Faust auf die Tischplatte, sodass der ganze Tisch erzitterte. »Und das war es jetzt? Sie pflanzen den Geschworenen unfundierte, unbewiesene und absurde Ideen in den Kopf und tun es dann mit dem Hinweis ab, dass die Methode nicht anerkannt ist? Der Zeuge Dr. Quincus hätte nie dazu gehört werden dürfen. Denn nun sitzt es im Bewusstsein der Geschworenen fest – egal, welchen Gegenbeweis wir zur Verteidigung vorbringen, die Spekulationen des Herrn Gerichtsmediziners werden als Verdacht gegen meine Mandantin haften bleiben.«

»Was regen Sie sich so auf, Herr Verteidiger?«, unterbrach der Generalprocurator Dr. Venedeys Wutausbruch mit aufgesetzter Nonchalance. »Mehr, als darauf hinweisen, dass die Methode unbewiesen ist, kann ich nun wirklich nicht. Eine höhere Sorgfalt zur Wahrung meiner Amtspflichten obliegt mir nicht.«

»Sie hätten sie gar nicht erst vorbringen dürfen! Um es Ihnen in den Worten des Geheimrats von Goethe zu sagen: *So fühlt man Absicht, und man ist verstimmt.*«

Grandjean nickte leicht mit dem Kopf. »Mag sein, dass ich es nicht getan hätte, wenn, ja wenn wir nicht noch auf etwas anderes gestoßen wären.« Nun erhob sich der Generalprocurator wieder breit grinsend. »Dass die fortschrittliche, aber noch nicht verprobte Methodik des Dr. Quincus dem geschätzten Gericht nicht zum Beweise genügen kann, habe ich unterstellt. Deshalb haben wir nach einem weiteren Beweis gesucht. Und sind fündig geworden, nachdem wir diesen Ermittlungsansatz hatten. Ich bitte das Gericht, als weiteren Zeugen den Apotheker Louis Voigtel aufzurufen. Er wird bezeugen, dass die Angeklagte am Tage vor den Morden bei ihm Laudanum erwarb. Auch er ist präsenter Zeuge und wartet vor der Tür.«

»Ich werte Ihre Ausführungen als weiteren Beweisantrag, den Sie bitte noch zur Akte reichen wollen«, antwortete Dr. Nahles. »Die Verhandlung ist unterbrochen. Wir ziehen uns erneut zur Beratung zurück.«

Kurze Zeit später kehrten die Richter zurück.

»In Anbetracht der Umstände geben wir dem Beweisantrag statt und rufen als Zeugen Herrn Voigtel auf. Und Sie, Herr Verteidiger, ersparen uns bitte Ihre Einwände, denn wir werden diesen Zeugen anhören, gleichgültig, was Sie als Argumente dagegen vorbringen könnten.«

Dr. Venedey, der aufgesprungen war, setzte sich wieder mit hochrotem Gesicht, wohl vor Zorn, wie Bas vermutete.

Ein kleiner buckliger Mann mit Zwirbelbart, spitzer Nase und Monokel im linken Auge betrat hinter dem Gerichtsdiener den Sitzungssaal. Der Präsident belehrte ihn über seine Wahrheitspflicht.

»Sie wissen, warum Sie hier sind?«

Der Apotheker nickte.

»Was also können Sie uns zu dem Verkauf von Laudanum an dem Tag vor dem Brand auf dem Hofgut Selm berichten?«

»Am frühen Nachmittag, ich war gerade zurück vom Mittagstisch, betrat eine junge Frau meine Apotheke.«

»Welche ist Ihre Apotheke?«, unterbrach der Richter.

»Die Adler-Apotheke in der Gereonstraße 16.«

»Gut, weiter.«

»Als ich sie fragte, was sie wünsche, forderte sie Laudanumtinktur. Ein Fläschchen. Ich füllte es für sie ab, sie reichte mir das Geld, das ich dafür verlangte, und ging wieder.«

»Erkennen Sie die Frau wieder?«

»Ja, sie sitzt doch da.«

Er wies mit der Hand auf Ida Irmisch.

Hatte Grandjean ihnen eine Falle gestellt? Das Schicksal von Ida war besiegelt, wenn es nicht gelang, diese neuen Indizien zu entkräften. Bas fühlte sich, als hätte ihm jemand mit der Faust in die Magengrube geboxt. Ach herrje! Und was würde Mathilde nun von Venedey und ihm halten, die hier ganz offenkundig vorgeführt – ja, nachgerade übertölpelt worden waren. Er suchte ihren Blick.

Kapitel 23

Mathilde versuchte, gegen das Gekreische um sie herum anzubrüllen. Dieser Mob, der umgehend »Kopf ab« für Ida forderte. Wie schnell sich die öffentliche Meinung umgekehrt hatte. Am Ende des letzten Verhandlungstages hatten sie noch lautstark ihren Freispruch gefordert. Bas Sello schaute sie an. War das Überraschung oder Fassungslosigkeit in seinem Blick? Das verunsicherte sie zutiefst. Noch mehr verwirrten sie die neuen Fakten und die Aussage des Apothekers.

Nachdem wieder Ruhe im Zuschauerraum und auf der Geschworenenbank eingekehrt war, fuhr der Richter mit seiner Befragung fort.

»Und daran können Sie sich noch nach Monaten erinnern? Sie haben doch sicherlich viele Kunden. Was war an ihr so Besonderes?«

»Nun, wenn ich das so sagen darf, ist die Angeklagte ja eine überaus angenehme Erscheinung. Aber das war es nicht allein. Sie schien mir sehr aufgeregt, um nicht zu sagen aufgelöst. Hatte rotgeweinte Augen und stotterte herum.«

»Und woher wissen Sie so sicher, welcher Tag das war?«

»Weil doch in der folgenden Nacht das Hofgut abbrannte. Davon erfuhr ich gleich am folgenden Tage.«

»Stimmt das?«, fragte der Richter Ida.

»Ich bitte um eine kurze Unterbrechung. Diese neue Behauptung müssen wir zunächst allein mit unserer Mandantin besprechen«, unterbrach Venedey den Richter.

Der nickte. »Reichen Ihnen zehn Minuten?«

»Ich hoffe«, antwortete der Verteidiger.

Venedey, Bas und Ida verschwanden durch die linke Tür hinter der Richterbank.

Mathilde hielt es auf der Zuschauerbank zwischen all diese selbstgerechten Kleingeistern, den Spießbürgern und billigen Moralaposteln, die den Splitter im Auge des anderen monierten, aber den Balken im eigenen nicht sehen konnten, nicht aus. Also quetschte sie sich durch die Reihen in den Mittelgang und floh auf den Gerichtsflur.

Bas Sello, ein kluger Kopf mit modernen Ansichten, aber auch einer schönen Form der Verlässlichkeit, die nicht militärischer Tugend entsprach, sondern etwas zutiefst Humanes hatte, hatte ihr den Ablauf des Verfahrens auf ihren Wanderungen durch die Stadt genau erklärt. Und zwar in einer Art und Weise, die leicht verständlich war. Ungewöhnlich für Menschen seines Berufsstandes, die gern mehr verschleierten als offenbarten. Gerade das gefiel ihr an ihm. Er war keiner dieser akademischen Gockel, die aufgeplustert umherstolzierten. Mehr als einmal hatte sie sich eingestehen müssen, dass seine besonnene, sachliche Art sie beruhigte. Da war nur sein Erröten, dass sie anfangs als Interesse an ihr gedeutet hatte. Inzwischen war sie davon überzeugt, dass es nur seiner noch fehlenden Souveränität geschuldet war, denn nie hatte er ihr ernsthafte Avancen gemacht. Seine Ausdeutungen der Verhandlungstage gaben ihr Zuversicht, dass am Ende des Verfahrens der Irrtum über Idas Täterschaft aufgeklärt sein würde. Denn dass dieses Wesen durch und durch harmlos war, davon war sie von Anfang an überzeugt gewesen. Aber seine Warnung, dass man nie vorhersagen könne, was sich in solch einer Verhandlung alles ergeben könne und nie zu sicher auf einen Freispruch hoffen dürfe, hatte sie nicht ernst genommen. Ein Fehler, wie sie jetzt feststellen musste. Hatte sie den Ankläger unterschätzt? Oder sich in Ida geirrt? Nein, die ihr unterstellte Heimtücke nahm sie diesem Grandjean nicht ab. Jetzt war es an Dr. Venedey und Bas, die Vorwürfe zu entkräften. Aber auch sie wirkten überrascht. Ach, papperlapapp! Die beiden würden das schon schaffen.

Der Gerichtsdiener unterbrach ihre Gedanken mit seinem Ruf, dass die Verhandlung fortgesetzt würde.

»Hast du am Tage vor dem Brand in der Adler-Apotheke Laudanum erworben?«, wiederholte Dr. Nahles seine letzte Frage vor der Unterbrechung der Sitzung.

Ida nickte. »Frau Frederike hatte schlimme Zahnschmerzen. Sie hat mich zur Apotheke geschickt, Laudanum holen.«

»Und wieso warst du so aufgeregt? Warum hattest du geweint?«

»Weil ich entlassen worden bin. Ich war in meine Kammer gelaufen. Frau Frederike kam herein und schickte mich los.«

»Hat sie denn nichts von der Kündigung gewusst?«

»Nein. Da noch nicht. Und ich war froh, weil ... ich bin schnell zu Heinrich gelaufen.«

»Und danach?«

»Der Heinrich hat versprochen, mich abends abzuholen. Dann bin ich in die Apotheke geeilt und hab das Mittel geholt. Wie von der Herrin aufgetragen. Und dann bin ich schnell zum Hof zurück. Die Herrin hatte schlimme Zahnschmerzen.«

»Als du wieder auf dem Hof warst, was hast du dann getan?«

»Ich habe der Herrin das Mittel gegeben.«

»Was hat sie zu dir gesagt?«

»Geh in die Küche. Mach deine Arbeit.«

»Sie hat dich nicht vom Hof geschickt?«

»Nein, nicht.«

»Hat dich das nicht gewundert? Der Herr hatte dir doch gekündigt.«

»Ich hab gedacht, man muss den Tag fertigmachen.«

»Hast du dann in der Küche gearbeitet?«

»Ja.«

»Wie lange?«

»Halb vier, bis die Glocke von Sankt Gereon schlug.«

»Was geschah dann?«

»Der Herr Selm kam rein, sah mich und brüllte los. Wieso ich noch da bin. Ich muss sofort meine Sachen packen und verschwinden. Das hab ich gemacht. Dann hab ich bei der Anhöhe auf den Heinrich gewartet. Ich sah, wie der Onkel sie mit seiner Kutsche abholte.« Johann Selm sprang von der Zeugenbank auf. »Das ist doch alles gelogen! Meine Mutter hat niemals Laudanum oder etwas Ähnliches genommen. Niemals. Das schwöre ich bei Gott, unserm Herrn. Zahnschmerzen? Ich habe meine Mutter an jenem Tag erlebt. Nichts hat sie davon gesagt. Sie wirkte auch nicht so auf mich, als plagte sie ein schlimmer Schmerz.«

Selm zeigte mit dem Finger auf Ida. »Sie hat das Teufelszeug geholt, um meine geliebte Familie auszulöschen. Aus keinem anderen Grund! Sie ist durchtrieben, hat auch meinen beiden älteren Brüdern, dem Wilhelm und Karl, schöne Augen gemacht. Geturtelt hat sie mit ihnen hinter der Scheune.«

Von den Zuschauerreihen waren empörte Rufe zu hören, die jedoch auf den strengen Blick von Dr. Nahles hin sofort verstummten.

»Unfug! Wieder fällt dem jungen Herrn Selm nachträglich etwas ein, was die Angeklagte in ein schlechtes Licht rückt. Und überhaupt steht Wort gegen Wort! Das ist wahrlich kein Beweis«, unterbrach Dr. Venedey den Wortschwall von Johann.

»Ist das alles, was Sie zu bieten haben? Das reicht nicht für eine Verurteilung, Herr Ankläger!«, wandte er sich sodann an den Generalprocurator.

Der grinste von einem Ohr zum anderen. »Wenn Sie meinen. Vielleicht. Wenn da nicht noch etwas anderes wäre.«

Er zückte einen kleinen Lederbeutel, den er theatralisch aufschnürte. Daraus zog er ein kleines braunes Glasfläschchen hoch. »Dieses kleine Medizinfläschchen befand sich unter den Asservaten, die auf dem Schöttelshof nach dem Brand sichergestellt wurden.«

Er schritt zum Richtertisch und reichte es Dr. Nahles. Der zog ein Monokel aus der Brusttasche seiner Robe und hielt das Fläschchen zum Lesen hoch. *»Laudanum Tinctur«,* las er laut vor. Dann schaute er den Ankläger an. »Wo wurde das gefunden?«

Mathilde starrte zu Bas, der mit Dr. Venedey aufgeregt flüsterte. So hatte sie ihn noch nie erlebt. Immer war er die Ruhe in persona gewesen.

»Auf der Rückseite des Wohnhauses im Nutzgarten. Vor einem der Fenster. Gleich am Morgen nach dem Brand, als alles, was ihn überstanden hatte, verzeichnet wurde«, antwortete der Ankläger und reichte Dr. Nahles eine Liste.

Der fuhr mit dem Finger die Liste entlang, bis er plötzlich in der Mitte anhielt.

»Wissen Sie, wo genau, also unter welchem Fenster es lag?«

»Das steht so genau nicht in dem Verzeichnis, allerdings habe ich den Sergeanten vor der Tür stehen, der die Liste schrieb. Ich denke, der könnte uns genauere Auskunft geben.«

Der Beschluss war von den Richtern schnell gefasst und der Beamte wurde hereingerufen. Nachdem er über seine Wahrheitspflicht belehrt worden war, sah Mathilde Bas in der Akte blättern. Dann wies er seinem Ausbilder mit dem Zeigefinger auf etwas hin.

»Kommen wir gleich auf den Punkt. Erkennen Sie dieses Fläschchen wieder?«, eröffnete der Richter nach der üblichen Einleitung die Befragung, während er es samt Beutel hochhielt.

»Ja, das kenne ich wohl.«

»Woher?«

»Ich hab's gefunden. Als wir das Gelände rund um die Ruine durchsuchen mussten. Lag ja allerlei Kram rum, der rausgeworfen worden war, um ihn zu retten, und der sichergestellt werden musste. Trieben sich schon ein paar Plünderer in der Gegend rum, also hat der Hauptmann angeordnet, dass wir alles von Wert aufsammeln. Und natürlich Beweise suchen. Also für die Morde und so.«

»Wann war das genau? Wissen Sie das noch?«

»Am 25. August letztes Jahr. Ich habe nochmals nachgeschaut.«

»Und wo genau haben Sie das Fläschchen gefunden?«

»Auf der Rückseite vom Haupthaus. Unter den Fenstern.«

»Wissen Sie, zu welchen Zimmern die Fenster gehörten?«

»Nein. Woher auch.«

»Kannst du uns sagen, welche Kammern dort lagen?«, wandte sich der Richter an Ida.

»Die Schlafkammern«, antwortete sie kaum hörbar.

»Auch deine?«

»Ja?«, kam die Antwort wieder mehr fragend als bestätigend.

»Ja oder nein«, donnerte Dr. Nahles.

»Ja«, kam diesmal ohne Fragezeichen am Ende.

»Wessen noch? Und nun bitte eine klare Antwort und keine Gegenfrage.«

»Der Familie.«

»Von wem genau?«

Ida zuckte die Schultern. »Der Söhne, der Tochter und der Eltern.«

»Vor welchem genau lag der Beutel?«, wandte sich Dr. Nahles wieder an den Wachtmeister.

Der zuckte die Schultern. »So genau weiß ich das nicht mehr. Irgendwo in der Mitte.«

»Lag dort deine Kammer?«, fragte der Richter Ida.

»Meine lag zwischen der des Herren und der Herrin und

den Söhnen. Damit sie aufpassen konnten, haben sie gesagt.«

»Also in der Mitte des Gebäudes?«

»Etwa.«

»Nun gut. Kennst du das Fläschchen und den Lederbeutel?«

»Nein!«

»Das ist eine Lüge. Genauso eine Geldkatze habe ich bei der Ida oft gesehen. Sie hat darin ihren Notgroschen aufbewahrt«, brüllte Johann Selm von der Zeugenbank. Aufgeregtes Gebrabbel wurde neben ihm laut.

»Ruhe im Gerichtssaal«, brüllte Dr. Nahles. »Das gilt auch für Sie, Zeuge Selm. Sie haben sich nur auf Fragen hin zu äußern.«

Dann wandte er sich wieder Ida zu. »Stimmt das, ist das deine Geldkatze?«

»Nein. Nein. Auf keinen Fall. Ich hab eine, aber die ist gestrickt, nicht aus Leder.«

»Lüge, alles Lüge«, rief Johann.

»Ruhe«, brüllte der Richter ihn an. »Gut. Ich habe genug gehört. Haben Sie noch Fragen, Grandjean?«

Der schüttelte mit siegesgewissem Grinsen im Gesicht den Kopf. »Allerdings möchte ich die Anklage erweitern auf Vergiftung der Opfer nach Artikel 301. Es ist aus meiner Sicht hinreichend bewiesen, dass die Angeklagte allen heimlich Laudanum verabreichte, um sie durch das Betäubungsmittel wehrlos zu machen, damit ihr Verlobter sie in aller Ruhe nach und nach ermorden konnte.«

Der Richter winkte ab. »Die Ausführungen des Dr. Quincus klingen überzeugend, gleichwohl handelt es sich bei der Aussage des Physikus' um bloße Spekulation. Auch die Frage, ob die in dem Fläschchen enthaltene Menge gereicht hätte, tatsächlich alle in eine hilflose Lage zu versetzen, ist aus unserer Sicht mehr als fraglich. Zu guter Letzt fordert der zitierte Artikel, dass die Vergiftung in der Absicht der Tötung erfolgte. Man hat zugunsten der Angeklagten davon auszugehen, dass dies nicht der Fall gewesen ist. Zumal die eigene Tötungsabsicht nicht erkennbar ist, ja sogar dem von der Anklage unter Beweis gestellten Tatplan widersprechen würde, wonach Heinrich die eigentlichen Morde begehen sollte. Einen solchen Anklageakt wird der Assisenhof nicht annehmen.«

Dann wandte er sich an den Verteidiger. »Dr. Venedey?«

»Keine Fragen. Ich protestiere allerdings dagegen, dass ein am Tage nach dem Brand plötzlich hinter dem Haus aufgefundenes Fläschchen als Beweis gegen meine Mandantin zugelassen wird. Das kann von wer weiß wem nach dem Brand dort platziert worden sein.«

»Nein,« unterbrach ihn der Sergeant, der noch am Zeugenpult stand. »Da kam keiner mehr hin. Wir haben den abgebrannten Hof Tag und Nacht bewacht. Vom ersten Morgen nach dem Brand an.«

»Mit wie vielen Kräften waren Sie vor Ort, um den Tatort zu sichern?«

»Mit zwei.«

»Doch so viele!« Bas' Ausbilder zog die Augenbrauen hoch.

»Mir reicht das als Antwort«, mischte sich Dr. Nahles ein. Wenn Sie, Herr Verteidiger, keine weiteren Zeugen aufbieten können, dann schließe ich jetzt erneut die Beweisaufnahme und komme zu den Plädoyers des Generalprocurators und des Herrn Verteidigers. Können wir damit beginnen oder benötigen Sie mehr Vorbereitungszeit nach diesen neuen Erkenntnissen?«

»Nein, können wir nicht. Und ja, unbedingt«, antwortete Dr. Venedey.

Der Vorsitzende Richter nickte. »Dann machen wir morgen früh weiter.«

Mathilde musste heute auf den gemeinsamen Spaziergang durch die Stadt, vor allem aber auf eine Einordnung des heute Erlebten und dessen Auswirkung auf den zu erwartenden Richterspruch verzichten. Die Verteidiger mussten, wie Bas ihr noch ins Ohr geflüstert hatte, ihr vorbereitetes Plädoyer neu entwerfen.

Da sie aber zu unruhig war, streifte sie allein durch die Stadt. Sie vermisste ihren gewohnten Begleiter, was sie selbst verblüffte. Mochte sie ihn mehr, als sie Widerhall zu erzeugen im Stande war? Ach, was! Gedankengut dummer Puten.

Kapitel 24

Die Plädoyers waren verklungen. Grandjean hatte erwartungsgemäß die Beschaffung des Laudanums durch Ida in den Mittelpunkt seiner geknüpften Indizienkette gestellt. In Verbindung mit den Nebenwirkungen, die bei Johann Selm noch Tage nach dem grausamen Verbrechen festgestellt worden waren, sah er als erwiesen an, dass auch die übrigen Opfer betäubt worden waren. Da Ida nachgewiesenermaßen über Mittel und Gelegenheit verfügt habe, die Opfer zu betäuben, sei der Indizienbeweis gegen sie geführt. Sie und Heinrich hätten ein ganzes Motivbündel gehabt, die Taten mittäterschaftlich zu begehen: Rache, Gier, Verdeckung von Straftaten, nämlich Idas Diebstähle zum Nachteil der Familie Selm. Die hielt er durch die Aussage von Johann Selm für erwiesen, der vom Auffinden der Haarbürste seiner Schwestern im Zimmer der Ida glaubhaft zu berichten gewusst habe.

Dr. Venedey hatte alles minutiös auseinandergepflückt und vorrangig darauf abgestellt, dass die Indizienkette der Anklage eben nicht auf Indizien, also erwiesenen Tatsachen fuße, sondern auf Annahmen. Vor allem sei nicht bewiesen worden, dass die ermordete Familie überhaupt betäubt worden sei und dass die Ida die Haustür für Heinrich geöffnet habe. Und für den Laudanum-Kauf habe die Angeklagte eine schlüssige Erklärung abgegeben, die die Anklage nicht widerlegt habe. Im Weiteren führte Bas' Ausbilder aus, dass die Ida eine nachvollziehbare Begründung für den Besitz der Haarbürste habe. Ihre Erklärung, dass sie die silberne Bürste polieren sollte, sei nicht widerlegt. Vor allem aber sei ein Zusammenwirken seiner Mandantin mit ihrem verschwundenen Verlobten nicht nachgewiesen worden.

Als sein Ausbilder zu Ende gesprochen hatte, war Bas davon überzeugt, dass Ida freigesprochen werden müsse.

Doch Dr. Venedey hatte missmutig dreingeschaut. So abwehrend missmutig, dass Bas sich nicht getraute, ihn nach dem Grund seiner schlechten Stimmung zu fragen.

Nun harrten alle des Resümees des Präsidenten des Assisenhofs. Der Zuschauerraum war wieder zum Bersten gefüllt. Ida wirkte abwesend. Sie strich sich eine Haarsträhne aus dem Gesicht, zupfte den Hemdkragen ihres schwarzen Kleids zurecht und strich den Stoff über ihren Oberschenkeln und Knien glatt. Ihren Blick richtete sie wieder auf ihre Schuhe, mit deren Spitzen sie wippte.

Bas fing Mathildes fragenden Blick auf. Er zuckte zur Antwort kaum merklich mit den Schultern.

Das Gericht trat ein. Man erhob sich. Man setzte sich wieder. Bas fühlte sich, warum auch immer, an einen Brustkorb erinnert, der sich beim Einatmen hob und beim Ausatmen senkte.

Er bemühte sich, Dr. Nahles zu folgen, der schon begonnen hatte zu sprechen. Dessen Worte kamen auch bei ihm an, aber Bas' Kopf brachte sie in keine brauchbare Reihenfolge. Er fühlte sich, als sei er auf einer Faschingsfeier, bei der ihm statt Luftschlangen Wortgirlanden ins Gesicht gepustet wurden und dann an ihm ohne jedes Alaaf entlang zu Boden glitten.

Dr. Venedey hingegen machte sich Notizen, nickte mal Dr. Nahles zu, dann zog er die Stirn kraus oder brummte gereizt.

Bas versuchte, sich zu konzentrieren. Dr. Nahles fasste gerade Sachlage, Zeugenaussagen und gesetzliche Strafvorschriften zusammen, nach denen die Angeklagte möglicherweise verurteilt werden könnte. Das »möglicherweise« betonte er ausdrücklich, ebenso die Notwendigkeit, geäußerte Meinungen von erwiesenen Fakten zu unterscheiden. Vorgebrachtes dürfe nicht ungeprüft geglaubt werden. Es müsse sich an festgestellten Erkenntnissen messen lassen. Bestünden Zweifel, dass die Angeklagte die ihr unterstellte Tathandlung oder eine strafbewehrte Unterlassung begangen habe, so dürfe der nicht zu ihrem Nachteil beseitigt werden. In Sonderheit dürfe man den Raum des Zweifels nicht mit unbewiesenen Hilfsannahmen zu Lasten der Angeklagten ausfüllen. Den letzten Satz versuchte Bas sich zu merken, nur um sogleich festzustellen, dass er nach dem Verstehen sofort ins Vergessen abgerauscht war. Was war bloß mit ihm los?

Dr. Nahles sprach indes weiter. Druckreif für die Lehrbücher, wie Bas schien. Hätte er die letzten Wochen seine Nase zur Examensvorbereitung mehr in die Bücher gesteckt, dann würde sein Erinnerungsvermögen mit dem Erlernten jetzt über Bande spielen können. Und er könnte dem Ganzen hier folgen und käme sich nicht blöd wie ein leckgeschlagener Eimer Wasser vor. Ob Mathilde ihm seine Orientierungslosigkeit ansah? Er setzte ein strenges Gesicht auf und schaute in ihre Richtung. Sie nickte nur kurz und kritzelte etwas auf ihren Notizblock. Offenbar war sie konzentrierter als er.

Bas riss sich zusammen und zwang sich zur Aufmerksamkeit.

»Es ist nun an Ihnen«, Dr. Nahles schaute die Geschworenen an, »über Schuld oder Unschuld der Ida Maria Irmisch zu entscheiden. Kommen wir zu den Fragen, die Sie zu beantworten haben.«

Die Geschworenen richteten sich auf ihren Plätzen auf, wohl um ja kein Wort zu versäumen.

»Erstens. Ist die Angeklagte Ida Maria Irmisch schuldig, in der Nacht vom 24. auf den 25. August 1847 gemeinsam mit dem Heinrich Meisner den Jakobus Selm, seine angetraute Ehefrau Frederike Selm, die Tochter Josefine Selm, die Söhne

Wilhelm, Karl, Arnold und Paul sowie die Knechte Bruno Jäger und Diethard Müller freiwillig und mit Vorbedacht getötet zu haben?

Zweitens. Ist die Angeklagte Ida Maria Irmisch fürderhin schuldig, gemeinschaftlich mit dem Heinrich Meisner bei dem Sohn Johann Selm versucht zu haben, ihn freiwillig und mit Vorbedacht zu töten?

Drittens. Ist die Angeklagte Ida Maria Irmisch schuldig, in der Nacht vom 24. auf den 25. August 1847 gemeinsam mit dem Heinrich Meisner freiwillig und mit Vorbedacht die Gebäude des Schöttelshofes in Brand gesetzt zu haben?«

Dr. Nahles übergab die schriftlich verfassten Fragen dem Gerichtsdiener, der den Zettel dem Präsidenten der Geschworenen Gottfried Niemeyer, der als Erster bei der Ziehung ausgewählt worden war und nun in der vorderen Reihe am linken Rand der Geschworenenbank platziert war, weiterreichte.

»Wenn die Fragen durch einfache Mehrheit mit Ja beantwortet werden, ist die Stimmenanzahl auf dem Fragezettel zu vermerken«, erläuterte der Richter den Geschworenen.

Eine einfache Mehrheit würde nicht für eine Verurteilung wegen Mordes gemäß Artikel 351 der in der Rheinprovinz gültigen französischen Kriminalprozessordnung reichen, kullerte Bas von irgendwoher ins Bewusstsein. Deshalb musste auf dem Fragezettel die Anzahl der für die Verurteilung abgegebenen Stimmen vermerkt werden. Sollte dieser Fall eintreten, müsste der Assisenhof für sich beraten und über die Schuld der Angeklagten abstimmen. Nach der Mehrheit unter den Richtern würde Ida dann verurteilt oder freigesprochen.

»Begeben Sie sich jetzt bitte in das Beratungszimmer. Vor Fassung des Beschlusses zu den Fragen dürfen Sie den Raum nicht verlassen. Wachtmeister«, wandte sich Dr. Nahles an den Befehlshaber der Wache, während er ihm einen schriftlichen Befehl übergab, »sorgen Sie dafür, dass die Eingänge des Beratungszimmers bewacht werden. Niemand darf ohne meine schriftliche Erlaubnis den Raum betreten oder verlassen. Sollte einer der Geschworenen sich notwendig entfernen oder jemand mit meiner Genehmigung den Raum betreten müssen, so wird dieser von Ihnen begleitet. Diese Weisung ist zu beachten, bis gemeldet wurde, dass der Ausspruch beschlossen ist!«

Sodann ließ er dem Präsidenten der Geschworenen vom Gerichtsdiener das Verweisungsurteil und den Anklageakt überreichen. Dann verließen die Geschworenen den Sitzungssaal durch die mittlere Tür hinter dem Richtertisch, um in den Besprechungsraum zu gelangen.

Nun würde Niemeyer, der von den Geschworenen gewählte Präsident, wie es seine Aufgabe war, als Erstes die im Beratungsraum in großer Schrift angehefteten Instruktionen vorlesen. Bas hatte sie aus einem Lehrbuch abgeschrieben, das Blatt gefaltet und wie einen Glücksbringer in seine Jackentasche gesteckt. Er nahm es heraus und starrte auf Zeilen, damit sie ihm Zuversicht zusprachen. Aber sie redeten nicht mit ihm. Sie hatten sich in bloßes, hieroglyphenartiges Gekrakel verwandelt.

Dr. Venedey zog sich ins Anwaltszimmer zurück und bat, nach ihm zu schicken, wenn die Geschworenen ihr Urteil gefällt hätten. Bas hatte den Eindruck, dass sein Ausbilder allein sein wollte. So blieb er mit Mathilde – umgeben von all den Zuschauern – auf dem Flur zurück. Sie blickte Dr. Venedey nach. Lag da eine gewisse Enttäuschung in ihrem Blick, nun keine Einschätzung aus erster Hand zu erhalten?

»Lassen Sie uns in einen ruhigeren Gang bei der Treppe gehen.«

Mathilde folgte Bas schweigsam. Am Ziel angekommen, sprudelte sie plötzlich los. Fragen über Fragen fluteten seine Ohren. Nur die letzten, bevor sie Luft holte, rauschten nicht an ihm vorbei.

»Sagen Sie Bas, haben die Geschworenen eine Art Leitfaden, wie sie die Beweise auszuwerten haben? Wissen sie, wie man Annahmen von bewiesenen Indizien unterscheiden kann?«

Es erwies sich als Gück, den Glücksbringer eingesteckt zu haben. Mit Verve zog er das Papier aus der Jackentasche. Dabei streifte er ihren Arm. Schon war es vorbei mit seinem souveränen Schwung. »Ent-Entschul-schuldigung.« Er stotterte und lief rot an. Was auch sonst.

Sein Körper war eine lachhafte Hülle, wenn es darauf ankam. Er produzierte Ausfälle und Peinlichkeiten. Nun reichte es Bas. Das würde er sich nicht länger bieten lassen. »Nichts lag mir ferner, als Sie anzurempeln«, schob er mit betont fester Stimme nach.

»Das macht doch nichts«, drang an seine Ohren. Mathilde lächelte. Nicht aufgesetzt, nicht genant, nicht undurchdringlich. Und was stattdessen? Das würde er jetzt herausfinden. Er kratzte seinen Restmut zusammen und rückte noch ein kleines bisschen näher an sie heran.

»Hier habe ich die Instruktionen an die Geschworenen.«

Er beugte sich vor und hielt Mathilde das entfaltete Blatt in ausreichendem Leseabstand – wie er meinte – vor die Augen. Sie ergriff seinen Arm, zog ihn etwas näher an sich heran und hielt ihn fest. Aus ihren Haarbändern stieg Lavendelduft in Bas' Nase. Schon überfiel ihn die törichte Idee, sie durch die Affenschaukel zu stecken, um auch das Odeur von Mathildes Haut in sich aufzunehmen. Wieder riss ihn eine Stimme aus seiner Vorstellung. Es war Mathildes.

»Das Gesetz schreibt ihnen also vor, mit gewissenhafter Aufrichtigkeit zu erforschen, welchen Eindruck die gegen Ida vorgebrachten Beweise und angewendeten Verteidigungsmittel auf ihre Vernunft gemacht haben.« Sie lachte laut auf, während Bas sich in jede Windung ihrer geflochtenen Haarsträhnen verguckte. Er schreckte auf. »Warum lachen Sie, Mathilde?«

»Die Vernunft, mein lieber Bas, errötet über die Neigungen, über die sie nicht Rechenschaft ablegen kann.«

Das hatte sie jetzt nicht wirklich gesagt.

»Bitte?«, fragte Bas nach.

Sie ließ seinen Arm los und wandte sich ihm zu, ohne die Nähe aufzugeben.

»Lassen Sie es mich anders formulieren: Die Vernunft sitzt bei so manchem im Bauch. An derlei Vernunft zu appellieren, erscheint mir unvernünftig.«

»Ach so, ja. Das ist wohl wahr.«

Etwas Schlaueres wusste er nicht zu erwidern. Er schwieg.

»Bas, sagen Sie mir unumwunden Ihre Einschätzung. Hat Ida eine Chance, freigesprochen zu werden?«

»Eine Chance ja. Aber ich müsste lügen, wenn ich sie höher als fünfzig Prozent einschätzen würde. Die erwiesene Beschaffung des Laudanums in Verbindung mit Quincus' effektvoller Spekulation könnten den Ausschlag für einen Schuldspruch geben.«

»Aber die Geschworenen dürfen doch dessen pseudowissenschaftlichen Schwampf gar nicht verwenden.« Mathilde empörte sich. »Das war niederträchtig von diesem ...«, sie zog Bas näher an sich heran, »diesem Widerling Grandjean.« Bas tauchte wieder in den Lavendelduft ein und löste in Gedanken die Haarbänder. Er zögerte eine Antwort hinaus. Plötzlich hörte er lautes Geklacker von Absätzen. Jemand näherte sich im Laufschritt. Bevor er den Blick von Mathilde abgewendet hatte, erkannte er den Heraneilenden an seiner Stimme. Es war Schäng, der wohl nach Dienstschluss auf gut Glück einen Umweg über das Gericht genommen hatte.

»Tagen die Geschworenen noch?«

Bas nickte.

»Hoffentlich wird sie freigesprochen.«

Nun nickte Mathilde. Sie musterte Schäng und wirkte mit einem Mal verspannt. »Ich muss mich bewegen, sonst halte ich die Spannung nicht aus.« Wieder nickte sie, drehte sich auf dem Absatz um und ging den Flur entlang. Bas blickte ihr nach. Schäng unterließ jede Frotzelei, jegliches Grinsen.

»Ihr seid beide besorgt, stimmt's?«

»Ja.«

Bas blickte Mathilde hinterher. Er faltete das Blatt, das er noch in der Rechten hielt, wieder zu einem kleinen Quadrat und stopfte es in die Sakkotasche.

Eine Stunde später verkündete der Gerichtsdiener, dass die Verhandlung weiterginge. Schäng hatte sich anerboten, Dr. Venedey zu informieren. Er hastete zum Anwaltszimmer.

Bald waren alle Zuschauer und Prozessbeteiligten zurück an ihre Plätze geeilt. Nur Ida fehlte. Die Verkündung des Wahrspruches der Geschworenen geschah in Abwesenheit der Angeklagten.

Kein Laut war zu hören, als zuerst das Gericht und dann die Geschworenen in den Sitzungssaal zurückkehrten.

Der Vorsitzende Richter wandte sich an den Präsidenten der Geschworenen zu und fragte: »Was ist Ihre Entscheidung?«

Der Angesprochene erhob sich von seinem Platz, legte die Hand aufs Herz und antwortete: »Bei meiner Ehre und meinem Gewissen. Vor Gott und den Menschen. Die Entscheidung der Geschworenen ist folgende:

Zu Frage eins: Ist die Angeklagte Ida Maria Irmisch schuldig, in der Nacht vom 24. auf den 25. August 1847 gemeinsam mit dem Heinrich Meisner den Jakobus Selm, seine angetraute Ehefrau Frederike Selm, die Tochter Josefine Selm, die Söhne Wilhelm, Karl, Arnold und Paul, sowie die Knechte Bruno Jäger und Diethard Müller freiwillig und mit Vorbedacht getötet? Die Antwort der Geschworenen lautet: Ja, die Angeklagte ist schuldig mit allen in der Frage liegenden Umständen!«

Im Gerichtssaal brach die Hölle los. Venedey ballte beide Fäuste und zischte: »Ils sont conne comme la lune.« Laute

Jubelrufe übertönten ihn und den Aufschrei von Mathilde. Es versetzte Bas einen Stich, dass er nicht zu ihr eilen und sie trösten konnte. Schäng stand neben dem Wachtmeister an der Tür, starrte auf den Boden und schüttelte den Kopf.

Das Schlimmste stand noch bevor, nicht nur für Mathilde, Schäng, Venedey oder ihn, sondern vor allem für Ida.

Nachdem die Wachtmeister und Schäng, der ihm beigesprungen war, endlich wieder für Ruhe gesorgt hatten, fragte Dr. Nahles den Präsidenten der Geschworenen: »Wie war bei der Abstimmung das Stimmenverhältnis?«

»Die Entscheidung fiel einstimmig.«

Der aufbrausende Applaus wurde durch die zwischen den Reihen der Zuschauer postierten Wachtmeister schnell unterbunden.

»Gut, kommen wir zur nächsten Frage. Fahren Sie fort.«

»Zu Frage zwei: Ist die Angeklagte Ida Maria Irmisch fürderhin schuldig, gemeinschaftlich mit dem Heinrich Meisner bei dem Sohn Johann Selm versucht zu haben, ihn freiwillig und mit Vorbedacht zu töten? Die Antwort der Geschworenen lautet einstimmig: Ja, die Angeklagte ist schuldig mit allen in der Frage liegenden Umständen.«

Wieder brandete Applaus auf.

»Ruhe im Saal. Fahren Sie fort!«

»Zu Frage drei: Ist die Angeklagte Ida Maria Irmisch schuldig, in der Nacht vom 24. auf den 25. August 1847 gemeinsam mit dem Heinrich Meisner freiwillig und mit Vorbedacht die Gebäude des Schöttelshofes in Brand gesetzt zu haben? Die Antwort der Geschworenen lautet einstimmig: Ja, die Angeklagte ist schuldig mit allen in der Frage liegenden Umständen.«

Wieder fragte der Dr. Nahles nach der Stimmenverteilung, wieder lautete die Antwort einstimmig.

Tumultartige Rufe wie »Kopf ab!« wurden wieder laut. Wieder mussten die Wachtmeister eingreifen und der Richter drohte die Entfernung der Schreihälse aus dem Sitzungssaal an. Bas sah Schäng nicht mehr.

Endlich wurde Ida auf den Befehl von Dr. Nahles von einem der Wachtmeister zurück zur Anklagebank geführt.

»Angeklagte, Ihnen wird nun die Entscheidung verkündet.« Er notierte noch etwas, dann winkte er den Gerichtsdiener heran und überreichte ihm ein Blatt.

Der stellte sich Ida gegenüber und verlas die Entscheidung.

Ida stand wie zur Säule erstarrt da, mit einem Gesicht so blass wie Carraramamor. Nur ihr Blick verriet ihr Entsetzen. Bas fühlte sich hundeelend. Er hatte versagt. Ganz eindeutig. Er hatte Dr. Venedey nicht gut genug zugearbeitet.

»Herr Generalprocurator Dr. Grandjean, welche Strafe für die Angeklagte, beantragen Sie?«, fuhr Dr. Nahles fort, als sei nichts geschehen.

Schuldig, schuldig, schuldig! Das Wort rotierte in Bas Hirn und schottete ihn von der Wirklichkeit ab. Kein Wort bekam er mit von Grandjeans Antrag zur Strafe noch auch nur ein Wort seines Ausbilders, der sicherlich versuchte, eine mildere Strafe als die Todesstrafe zu erwirken.

Er kehrte erst in die Realität zurück, als alle sich erhoben, weil der Assisenhof sich zur Beratung über die Strafe zurückzog.

Niemand verließ den Sitzungssaal für die Unterbrechung, zu sehr waren alle auf das Strafmaß gespannt. Wieder schaute Bas zu Mathilde, die auffallend aufrecht saß und ihn keines Blickes würdigte. Ja, er hatte versagt. Das würde sie ihm niemals verzeihen.

Es konnte noch keine Viertelstunde vergangen sein, da forderte sie der Gerichtsschreiber wieder auf, sich zu erheben.

Dr. Nahles schaute einen Moment zu Ida, die wie abwesend wirkte. Dann begann er zu sprechen: »Unter Bezugnahme auf die nach dem Schuldspruch anzuwendenden Vorschriften des Artikel 295 in Verbindung mit Artikel 302 sowie des Artikels 434 wird die Angeklagte Ida Maria Irmisch wegen vorsätzlichen Mordes in neun Fällen, versuchten Mordes in einem Fall und Brandstiftung zum Tode durch Enthauptung verurteilt.«

Kapitel 25

Venedey erinnerte den Moment der Urteilsverkündung, als stünde er justament im Gerichtssaal. Er verspürte sogar wieder das Spannen der Robe über seinem Bauch. Wie ein Perpetuum mobile, von dem er eigentlich annahm, es sei eine technische Unmöglichkeit, schien seine Erinnerung zu wirken. Immer wieder führte sie ihm die Szene vor Augen. Vor allem Idas Reaktion – zuvörderst dieses ungläubige Entsetzen, das sich in ihrem Gesichtsausdruck widerspiegelte, mündend in einer maskenhaften Starre, repräsentiert durch ein Augenpaar, das ihn ansah, aber nicht mehr wahrnahm – hatte ihm einen Schlag versetzt.

Je enger sich die Schlinge um ihren Hals zog, je ungelenker sie sich verhielt, umso mehr war er von der Unschuld seiner Mandantin überzeugt. Das tat zwar nichts zur Sache. Eine gute Verteidigung verdiente sie so oder so. Dennoch war es ihm nicht gelungen, dem Frettchen und dem Beutelteufel mit den Waffen der Strafprozessordnung einen Kammerschuss zu versetzen. Und Johann Selm war ein Beutelteufel, wie er im Buche stand. Der unangenehme Körpergeruch, den er verströmte, wenn er hinter dem Zeugenpult in Aufregung geriet; seine lauten Einwürfe von der Zeugenbank und seine aggressive Art, die er gegen die Irmisch an den Tag legte, um sie zur leichten Beute des Geschworenengerichts zu machen, all das war Ausweis der Ähnlichkeit mit der tierischen Spezies der Raubbeutler, wie sie Pierre Boitard in einem Vortrag in Paris beschrieben hatte.

Venedey war auf ganzer Linie gescheitert. Eine Berufung

war nicht möglich. Ein Rechtsmittel wegen formaler Fehler des Urteils schied aus. Wiederaufnahmegründe waren nicht in Sicht. Die Taschenspielertricks eines charakterlosen, karriereversessenen Juristen, der sich die Eitelkeit des Stadtphysikus' zunutze gemacht hatte – das alles war so vorhersehbar gewesen. Hatte er die Vorsicht schleifen lassen? War er zu siegesgewiss gewesen, weil die Anklage so dünner Kaffee gewesen war, dass man durch ihn hindurch schon den Freispruch lesen konnte?

Venedey fühlte sich miserabel. Grandjean hatte ihn mit billigsten Mitteln vorgeführt. Er würde Gelegenheit bekommen, es ihm heimzuzahlen. Aber Ida würde der Kopf nicht nachwachsen. Sie hatte nur noch eine Chance. Es war nun ausgerechnet an dem Romantisierer auf dem Thron, diesem von seiner erzkonservativen Kamerilla gesteuerten Hohenzollern, Ida und damit auch Venedey aus der schlimmsten aller Klemmen zu helfen. Ausgerechnet er, der so gern die Wiederauferstehung des großen Fritz wäre, bei dem es aber nur zum vierten aller Fritz-Willis gereicht hatte, musste es nun richten. Diese königlichen Flitzpiepen – der Vater wie sein Thronfolger – hatten sich seit Eingliederung der Rheinprovinz in ihr preußisches Staatsgebiet über das geltende Recht gestellt und nahmen sich heraus, Todesurteile erst durch ihre Bestätigung in Kraft zu setzen. Und nun war die einem Rechtsstaat abträgliche Allgewalt des Monarchen die einzig verbleibende Option, das Unrecht des rechtskräftigen Urteils gegen Ida aus der Welt zu schaffen. Was für eine böse Ironie! Venedey konnte nur hoffen, dass Ida seine launigen Streitschriften gegen die wiederholten Berliner Versuche, der Rheinprovinz das preußische Recht überzustülpen, nicht zum Nachteil gereichten.

Er hatte seinen Doktorvater bemüht, um beim König selbst vorsprechen zu dürfen. Der Säulenheilige der deutschen Rechtswissenschaft, niemand Geringeres als Friedrich Carl von Savigny, hatte sich seinerzeit des jungen Venedey erbarmt und seine Annahme als Promotionsstudent an der neugegründeten Universität zu Berlin durchgesetzt, obwohl er seine Examina im Rheinland abgelegt hatte.

Venedey hatte enormen Aufwand betrieben, um eine gute Arbeit abzuliefern. Vermutlich hatte das Resultat von Savigny in die Irre geleitet, als er seinem Schützling eine Lehrtätigkeit nahelegte. Ein sinnierendes Leben zwischen Fachbuchdeckeln war Venedeys Sache jedoch nicht. Das Recht zu erklären, auch nicht. Er hatte immer dafür streiten wollen, mitten im Gerichtssaal, mitten im Leben. In ihm steckte damals mehr der junge Vollblutanwalt Danton, denn der kontemplierende Montesquieu. Zwei bedeutsame französische Juristen mit einiger Strahlkraft auf den jungen Venedey.

Allerdings, so musste Venedey sich eingestehen, hatte er sich inzwischen so bequem eingerichtet wie der Rechtsphilosoph Montesquieu, der fern von Paris auf seinem Château de La Brède höchstens ungeheizte Räume fürchten musste und nicht die Guillotine. Mehr Danton hätte dem Prozess gegen Ida sicher gutgetan. Aber den hatte er unter der Fettschicht des la belle vie erdrückt. Indiskutabel, tout à fait hors de question, so fortzufahren. Er würde jetzt alles an die Front werfen, um Ida zu retten.

So hatte er nicht nur von Savigny kontaktiert, der inzwischen immerhin Großkanzler und Vertrauter des Königs war, sondern er hatte dies sogar unter Nutzung des optischen Telegrafen getan. Von Köln über Paderborn, dann vom Köterberg durch braunschweigisches Gebiet nach Bevern bei Holzminden und Hahausen bei Seesen, dann über Liebenburg, Veltheim, Oschersleben weiter nach Magdeburg, von dort zum Telegrafenberg bei Potsdam, schließlich über die Dahlemer Dorfkirche zur Sternwarte in der Dorotheenstraße in Berlin war seine Kurznachricht übermittelt worden. Die Telegrafenlinie hatte Venedey immer schon fasziniert. Auf den Dächern der Telegrafenstationen stand jeweils ein Balkenbaum mit sechs Flügeln, die durch Schnüre, die über Rollen geführt wurden, vom Observationszimmer aus bewegt werden konnten. Es gab ein geheimes Codesystem, in dem 4096 Flügelstellungen festgelegt waren, um Nachrichten von Station zu Station zu übermitteln, was um ein Vielfaches schneller war, als berittene Boten übers Land zu schicken.

Natürlich war die Telegrafie nicht dem privaten Plausch zugänglich, sondern diente vornehmlich staatlichen, vorrangig militärischen Zwecken. Dennoch hatte Venedey es durch Adressierung der Nachricht an den Großkanzler vermocht, die Flügel an den Mastbäumen in Bewegung zu bringen. Und von Savigny hatte mit einem Eilbrief geantwortet.

Werter Venedey, mein lieber Cornelius,
natürlich erinnere ich mich Deiner. Die Rechtswissenschaft führt Dich noch heute unter den verlorenen Seelen, derer sie nicht aufgibt, habhaft zu werden. Der spektakuläre Weg, auf dem Du Dein Anliegen vorgebracht hast, hat jedoch jede meiner Hoffnungen fahren lassen, dass es mir – wenn auch spät – gelingen könnte, Dich auf den Weg einer Habilitation zu komplimentieren.
Es sind und bleiben wohl die Menschen, in deren Dienst Du Dich stellst, nicht das Recht als für sich bestehendes Wesen, für die Du brennst. Welch weiteren Beleges hätte es bedurft?
Sei es, wie es sei. Ich habe alles Deiner Bitte gemäß arrangiert, siehe Zeit und Ort auf dem beigefügten Einladungsschreiben, das Dir die Pforten des Berliner Schlosses öffnet. Deiner Fortschrittsaffinität gemäß unterstelle ich Deine pünktliche Anreise mit den Zeit und Raum entkoppelnden Stahlrössern – eine wahrlich epochale Transformation des Reise- und Transportwesens.
Gundel und ich erwarten Dich am Abend vor der Audienz zum Essen. Gerne gewähren wir Dir auch Logis. Sei unser Gast.
Herzlichst
Dein Friedrich

So stand Venedey notgedrungen in Deutz am Bahnhof. Plötzlich lupfte jemand neben ihm den Hut. Es war dieser Blunske, der Wächter aus dem Tippo, der offenbar in die Heimat fuhr. Venedey grüßte zurück. Beide warteten auf eines dieser Stahlrösser, die einen auf eiserner Straße durch die Landschaft … ja, was eigentlich genau? … pfeilschnell schoben? Wie ein Blättchen in einem organisierten Sturm mit sich rissen? Oder wie eine Caliberkugel aus einer Büchse schossen?

Gleichviel, wie man es nun bezeichnete, er hatte Manschetten vor dieser Fortbewegungsmethode. In weniger als zwei Tagen in Berlin zu sein, war das wirklich erstrebenswert? Rückte einem dieses Preußen nicht zu nah auf die Pelle? Und was bedeutete das militärisch, wenn trennender Raum von nun an so schnell überwindbar war? Ihm fehlte die Fantasie, sich auszumalen, wohin das alles führen würde. Es verschlug ihm gar jeden Gedanken, als er diesen schwarzen, qualmenden Punkt sah, der erst langsam, dann immer schneller größer wurde und schließlich direkt auf ihn zusteuerte. Dieses kohlenschwarze Wesen schnaubte und stampfte entschlossen in seine Richtung. Zu seiner Überraschung hielt es am Gleis geradezu punktgenau, um die Fahrgäste einsteigen zu lassen. Beklommen sah er die Wagenreihung hinter der Zugmaschine. Menschen drängten zu offenen Holzkisten bar jeden Witterungsschutzes. Andere stiegen in geschlossene Waggons. Ein uniformierter Mann näherte sich. War das ein Kondukteur?

»Darf ich Ihnen helfen, mein Herr?«, fragte er Venedey. Er nickte nur und zeigte sein Billet vor. Sollte er sich tatsächlich durch diese schmale Tür, vor die ihn der Mann führte, in das Innere des Waggons quetschen? Er hielt den Mund geschlossen, weil er fürchtete, dass sein bis zum Hals schlagendes Herz heraushüpfte. Der Kondukteur hatte längst die Tür geöffnet, die Reisetasche ergriffen und in dieses fahrende Holzhaus gestellt. Und Venedey hatte sich schließlich doch hinterhergeschoben. Was ihn empfing, war ein schlichtes Interieur. Holzbänke ohne Polster, die sich in den offenen Abteilen jeweils gegenüberstanden. Wäre er genötigt, über Stunden sein mitreisendes Gegenüber anzuschauen? Ach, Papperlapapp! Friedrich Carl erwartete seine Anreise mit dem Zug. Also würde er ihn nicht enttäuschen.

Venedey schob die Reisetasche unter eine Bank und setzte sich entgegengesetzt zur Fahrtrichtung. Er wollte die Landschaft nicht auf sich einstürzen sehen, sondern lieber einen Fixpunkt wählen, bis der aus dem Bild gezogen sein würde und er sich einen neuen suchen müsste.

Der Waggon füllte sich. Ein mittelaltes Ehepaar in Festtagskleidung, das sich ihm vorstellte, setzte sich ihm gegenüber. Bald darauf ertönte ein Pfiff. Die Waggontür wurde geschlossen. Dann setzte der Zug sich in Bewegung.

Es war das schiere Grauen. Venedey wurde gründlich durchgeschüttelt. Es rumpelte und ruckelte bei jedem Halt und jedem Anfahren. An ein Repetieren seiner Argumentationslinien war gar nicht zu denken. Wenn der Zug einmal fuhr, verursachte das Abrollen der Räder auf den Gleisen ein Rauschen, das durch ein regelmäßiges Rattern durchbrochen wurde. Die ohne Unterlass aus seinem Blickfeld fliehende Landschaft verursachte ihm Übelkeit, also schloss er die Augen. Klack-Klack, Klack-Klack. Venedey verfiel wider Willen in ein tranceartiges Dösen. Sosehr er auch dagegen ankämpfte – er hasste diese Art von Kontrollverlust –, es gelang ihm nicht. Klack-Klack, Klack-Klack. Der Zoll riss ihn aus der Rollrausch-Betäubung.

Die Strecke, die durch das Königreich Hannover bis in dessen Hauptstadt führte, war für seinen Rücken nicht zuträglicher. Auch das Herzogtum Braunschweig hatte keine gepolsterten Schienen.

Venedey versuchte, die Stationen bis nach Berlin zu rekapitulieren: Wolfenbüttel, Jerxheim, Oschersleben … Da erscholl plötzlich ein infernalischer Donner, gefolgt von kanonengleichen Einschlägen. Abrupt stoppte die Vorwärtsbewegung. Es krachte, Holz splitterte. Schreie ertönten. Venedey löste mit Mühe den Griff seiner Hände, mit denen er die Holzbank umklammert hielt. Er griff mechanisch nach seiner Reisetasche, erhob sich und strebte zur Tür, die von dem Herrn ihm gegenüber bereits geöffnet worden war. Er zog seine bewusstlose Gattin mehr aus dem Waggon, denn er sie trug.

»Kann ich helfen?«, fragte Venedey, der ein Gedrängel hinter sich spürte.

»Wenn Sie die Füße meiner Frau anheben könnten ...«

Hinter ihm erbot sich ein junger Mann, Hilfe zu leisten. Noch ehe Venedey reagieren konnte, wurde er zur Seite gedrängt. Um ihn herum herrschte mit einem Mal Stille, obwohl er Münder sah, die sich bewegten. Ihm wurde kalt. Er verharrte in der Position, bis alle anderen Passagiere an ihm vorbei zur Tür hinausgeeilt waren.

»Herr Doktor, wo sind Sie?«

Aus der Stille schälte sich eine Stimme heraus, die er kannte. Blunske lief am Waggon entlang. Er hatte ein blutüberströmtes Gesicht.

»Können Sie mich hören?«

Venedey vermochte zu sprechen, ohne sich jedoch aus seiner Starre lösen zu können.

»Herr Blunske, ich muss zum König«, war alles, was er zu sagen imstande war. Dann wurde er kurzatmig und schnappte nach Luft.

»Ick helf Sie da raus.«

Schon kletterte der verwundete Beamte in den Wagen. Venedey wurde schwarz vor Augen.

Kapitel 26

Wieder gingen Schäng und sein Kollege Hermann Abdank von der Wache am Alten Markt zur Leystapelwerft, wo sie vor wenigen Monaten den jungen Räuber aufgescheucht hatten.

Das Urteil hatte Schäng aus der Bahn geworfen. Er hatte Mühe, in seinen Alltag zurückzufinden. Trotzdem ging das Leben weiter. Aber wie lange noch? Zog das Unrecht der Welt nicht die Apokalypse und das Jüngste Gericht nach sich? Wenn er richtig mitgezählt hatte, war der dritte der apokalyptischen Reiter vor zwei Jahren schon in der Stadt angekommen. Knappheit, Teuerung und Hunger hatten sie schwer getroffen. Zwar ging es allmählich wieder aufwärts. Aber was, wenn das nur eine kurze Verschnaufpause war? Der zweite Reiter, der Krieg brachte, war schon lange da. Der hatte sein Lager mitten in der Stadt und drumherum aufgeschlagen. Das ganze Militär, die immer weiter ausgebauten Festungsanlagen, dieser Drill – all das diente einem Zweck. Man bildete doch keinen Kampfhund aus, um ihn an der Kette zu lassen.

Was, wenn nun der vierte Reiter auch schon unterwegs war? Der auf dem fahlen Pferd, der Furcht, Krankheit, Niedergang und Tod mit sich brachte. Das Unrecht gegen Ida musste ihn doch anlocken, so himmelschreiend war es.

»Schäng?« Hermann stieß ihn an. »Was ist mit dir?«

»Ach, ich weiß nicht.«

»Weltschmerz?«

»Was soll das sein?«

»Die Unzulänglichkeit der Welt macht dich traurig.«

»Wenn du weißt, wie das heißt, wie ich mich fühle, weißt du dann auch, wie das weggeht?«

»Indem man an etwas anderes denkt.«

»Schriev dir ene Jrosche an.«

»Was heißt das?«

»Du kannst dir für den Ratschlag einen Groschen anschreiben.«

»Doch so viel?«

Schäng huschte ein Lächeln über das Gesicht. Der Blaukopp war ganz schön schlagfertig.

»Mal im Ernst. Macht dir unser Auftrag zu schaffen, diesen Zirkel auszuheben und den Betreiber dingfest zu machen?«

»Club des macabres. Schauerliches zur Weltflucht«, äffte Schäng Kommissar Schmitz nach und sah Hermann unverwandt an. »Drop jedrisse. Was soll das überhaupt für ein Etablissmong sein, das dieser Drickes betreibt?«

»Wärs du nicht zu spät zum Dienst gekommen ...«

»Ja, tute du nur ins gleiche Horn wie der *Ärr Commissaire.*«

»Schon gut. Der Schmitz hat nur gesagt, dass da Menschen ausgestellt werden, die Sittenwidriges aufführen.«

»Schweinkram also. Mach ich mich nicht bang vor. Sind nicht die ersten Rammler, die ich von den käuflichen Häschen hab absitzen lassen.« Schäng lachte kehlig. »Aus Stellungen, da kommst du nicht drauf. Do kann mer sich d'r Pinn avbreche.«

Sie liefen weiter Richtung Werthchen über die Straße Holzmarkt. Bald hatten sie die Nächelsgasse erreicht. Der Katherinengraben, ein Pfuhl, der unweit des Nächelskaulturms lag, stank bis um die Ecke. Trotz des Verbots der Prostitution waren dort Trottoirschwalben unterwegs. Als die beiden Sergeanten auftauchten, gingen die Damen stritzen.

Hermann blieb vor einer Haustür stehen.

»Hier muss das sein.«

Schäng klopfte. Ein Kleinwüchsiger öffnete, der ein weißes Unterhemdchen und ein Tutu aus rosafarbenem Tüll trug. Darunter hatte er nichts an. Sein Penis hing – einem Glockenklöppel gleich – herunter. Der Zwerg war geschminkt wie eine aufgedonnerte Frau. Schäng stutzte.

»Meine Herren, womit kann ich dienen?«, fragte er überhöflich.

»Wir möchten den Hausherrn sprechen. Wir haben Fragen zu den öffentlichen Weibspersonen in dieser Straße, die der verbotenen Prostitution nachgehen. Sind solche hier aufhältig?« Schäng ließ sich nicht anmerken, wie sehr ihn das Erscheinungsbild des kleinen Menschen entsetzte.

»Bitte warten Sie hier, ich hole ihn.«

Der Zwerg hatte den watschelnden Gang eines Zweijährigen. Er stieg die Treppe empor.

Während Hermann wie angewurzelt im Flur stehenblieb, zog es Schäng tiefer in das Haus hinein. Am Ende des Flurs war eine verschlossene Tür, die seine Neugier weckte. Dahinter herrschte ein Stimmengewirr, unterlegt von Musik. Jemand spielte Flöte. Eine Frau sang mit schrill-hoher Stimme: *»Es klappert die Mühle am rauschenden Bach«*, und eine Männerstimme antwortete: *»klipp, klapp«*.

Schäng öffnete die Tür und schreckte zurück. Die schrillhohe Stimme gehörte einem jungen, verwachsenen Mann mit Buckel, dessen Gesicht von makelloser Schönheit war. Er trug eine Art Samtkorsett. Der Stoff war weiß-rot längsgestreift. Auf die Brust war das Wappen von Köln gestickt. Seine Beine steckten in einer weißen Strumpfhose. Die Männerstimme kam von einem Zwitterwesen mit prallen Brüsten, die aus einem Bustier herausdrängten, und einem Gemächt, das aus einer Hose herauslugte, die nur die Beine und den Unterbauch verhüllte. Die anderen Geschöpfe, die in dem Raum versammelt waren, nahm Schäng erst auf den zweiten Blick wahr: Kleinwüchsige mit Lederhalsbändern in

Nachthemdchen, die alle so geschnitten waren, dass Auslassungen einen Blick auf die Geschlechtsteile zuließen; ein Krüppel mit schrecklich entstelltem Gesicht und kurzen Kinderärmchen; ein anderer ohne Unterschenkel, der in einer halben Ritterrüstung steckte und in einem Rollstuhl saß.

Schäng war schockiert, umso mehr, da ihn alle diese Menschen – bis auf den jungen Mann mit dem Buckel – aus angsteinflößend rot-schwarz geschminkten Fratzen anstarrten. Es war, als schaute der Teufel aus ihnen heraus.

Was war das? Wo war er hier gelandet? Wer stellte diese missgebildeten, versehrten Menschen so aus? Wer tat ihnen das an?

Schäng fiel nichts anderes ein, als die Tür wieder zu schließen. Er wollte sich diesen Drickes vorknöpfen. Für das, was der hier tat, verdiente er eine ordentliche Abreibung. Wo war eigentlich der halb nackte Zwerg im Tüllrock?

Oben hörte man es rumpeln. War das der Kleinwüchsige, der plötzlich aufschrie?

Schäng stürmte die Treppe hoch. Der Kleine lag auf dem Boden, er umklammerte das Treppengeländer. Ein Mann in einem purpurroten Cape mit weißen Paspeln war gerade im Begriff, im gegenüberliegenden Raum zu verschwinden. Schäng sah ihn von der Seite und erschrak. Die blonden Haare, die Statur passten zu Idas Beschreibung von Heinrich Meisner. Und irgendwas fehlte an dessen linker Hand. Der kleine Finger? Das konnte doch nicht sein. Wie passte Idas Verlobter hierhin? Schäng riss die Tür zu dem Zimmer auf, in das der Mann geflüchtet war. Dort stand das Fenster offen.

Er wandte sich hastig zu dem Zwerg.

»Jeht et widder?«

Der nickte.

»War das euer Anführer, heißt der Heinrich?«, fragte Schäng aufs Geratewohl.

»Ja, der Drickes«, antwortete der Kleine.

»Hermann, der ist durchs Fenster«, brüllte Schäng. »Schnell, hinter dem roten Cape her! Das könnte der gesuchte Heinrich Meisner sein!«

Als Schäng die Treppe heruntergelaufen war, war Hermann schon ein ganzes Stück Richtung Holzwerft gerannt.

Er hastete hinterher.

Der – offenbar in jeder Beziehung – liederliche Schuft rannte immer weiter stadteinwärts. Mal sah man das Cape, mal nicht. Als Schäng und Herrmann St. Maria in Lyskirchen erreichten, war der Flüchtende plötzlich verschwunden.

»Der verarscht uns. Der ist nicht weg.«

»Kirche?«, fragte Hermann und deutete auf die romanische Basilika.

Schäng nickte.

»Bleib du hier vor dem Portal stehen. Ich kontrolliere erst den Seiteneingang.«

Schäng drückte die Klinke der Tür herunter.

»Ist zu.«

Das schwere Hauptportal dagegen ließ sich öffnen.

»Der sitzt in der Falle. Der kann nur durch in die Sakristei. Aber die hat keinen Ausgang«, flüsterte Schäng. »Ich geh rein und scheuch den auf. Warte du hier, dann läuft er dir direkt in die Arme.«

Er suchte nach Meisner im Langhaus hinter den Säulen und dem Taufstein; öffnete die kleine Holztür daneben unter dem Treppenaufgang; schaute im barocken Hochaltar und im Chor nach; ruckelte an der Tür zur Sakristei. Abgeschlossen. Versteckte er sich auf der Empore? Fehlanzeige. Schäng stieg den Glockenturm hinauf und blickte sich um. Nichts. Es war zum Haare Ausraufen. Jetzt hätten sie womöglich zwei Fliegen mit einer Klappe schlagen können. Und dann das. Wie konnten sie ihn nur verloren haben? Schäng wollte gerade kehrtmachen, da knirschte der Holzboden. Hinter dem Trägereisen des Glockenstuhls der großen Glocke lugten unter dem Schlagring schwarze Schuhspitzen hervor, kaum vom schwarzen Eisen zu unterscheiden.

Hab ich dich, dachte Schäng und trat näher an den Mann heran. Da sprang ihn die Gestalt aus dem Dunkel an. Er erschrak, als er der Fratze ansichtig wurde. Die rechte Gesichtshälfte war entstellt von einem Feuermal. Nein, Heinrich Meisner war das nicht. Schäng blickte in ein fast schwarzes Augenpaar. Unvermittelt traf ihn ein Schlag. Er schrie auf und schlug mit dem Kopf gegen den eisernen Rahmen des Glockenstuhls. Beinahe zeitgleich spürte er einen Schmerz im linken Unterbauch. Schäng sackte in sich zusammen. Er hörte noch Schritte hinter sich, ein Handgemenge, dann tat es einen dumpfen Glockenschlag, Holz barst. Ein gellender Schrei, der in der Tiefe verschwand. Dann wurde alles um ihn herum schwarz.

Als er das Bewusstsein wiedererlangte, lag er auf einem gekachelten Tisch in einem weißen Zimmer. Ein Mann im weißen, hochgeschlossenen Kittel stand links neben ihm und legte eine Baumwollkompresse auf die schmerzende Stelle seines Bauchs.

»Ach, da sind Sie ja wieder, Herr Baudewin.«

Schäng blickte den Mann in Weiß fragend an.

»Ich bin Doktor Smeets, Wundarzt. Ich versorge Ihre Stichwunde.«

»Schäng?«, drang eine Stimme von rechts an sein Ohr.

»Hermann? Bist du das?«

»Ja.«

Tatsächlich trat sein Kollege an den Tisch. »Mann, du hast mir einen mächtigen Schrecken eingejagt.«

»Wo bin ich hier?«

»Sie sind im Bürgerhospital. Herr Abdank hat Sie eingeliefert«, antwortete der Arzt.

»Du hast mich bis hierher getragen?«

»Ich habe eine Kutsche requiriert.«

»Und dieses miese Schwein?«

»Ist in meine Rechte gelaufen und dann gegen die Glocke geprallt.«

»Hast du ihn festgenommen?«

»War nicht möglich. Der ist durch den Schacht nach unten gerauscht. Da war er hin.«

Schäng rappelte sich hoch. Ihm war schwummrig.

»Gehen wir?«, fragte er Herrmann.

»Sie gehen nirgendwohin. Sie haben neben der Stichwunde eine Kopfprellung«, sagte der Wundarzt.

Kapitel 27

Als er wieder erwachte, fand er sich eingewickelt in eine Decke vor. Er saß in einem dunklen Raum, blickte um sich und bemerkte, dass es eine Kutsche war. Eine Kutsche, die sich zügig fortbewegte. Wo brachte sie ihn hin?

Erst jetzt erkannte er, dass ihm die Eheleute aus dem Zug gegenübersaßen.

»Was ist passiert? Wo fahren wir hin?«, fragte Venedey.

»Ach, Herr Doktor. Ich hoffe, Sie haben sich wieder erholt. Sie haben einen Ohnmachtsanfall erlitten. Herr Blunske hat über den nächsten Streckenposten eine Kutsche organisiert, damit Sie Ihre Reise nach Berlin fortsetzen können. Wir konnten uns anschließen.«

»Der gute Mann. Ich bin ihm zu großem Dank verpflichtet. Wo ist er? Er war doch verletzt.«

»Nur eine Platzwunde an der Stirn. Er sitzt beim Kutscher vorn.«

»Wie spät ist es?«

Sein Gegenüber zog eine Taschenuhr aus der Westentasche.

»Es ist halb drei. Mit Glück schaffen wir noch die Fähre über die Elbe, um den letzten Zug nach Berlin zu erreichen.«

»Ach herrje.«

Bei ihrem Eintreffen am Elbbahnhof Schleinufer war die Fähre im Begriff abzulegen. Blunske – mit spektakulärem Kopfverband – intervenierte erfolgreich. Venedey, dessen Lebensgeister wieder erwacht waren, er aber nun in Sorge, den Termin zu verpassen, hatte diesen kleinen Preußen und sein Organisationstalent deutlich unterschätzt. Er würde ihm das vergelten. Irgendwie.

Am Anschlussbahnhof Magdeburg-Friedrichsstadt gelang Blunske sein Meisterstück. Er eilte nach Anlegen der Fähre voraus und brachte den ausfahrenden Zug zum Anhalten. Und zwar, indem er mit einem Stück Papier wedelte und den Kondukteur am Bahnsteig auf sich aufmerksam machte, der gerade gepfiffen und Signal an den Lokführer gegeben hatte. Der Zug stampfte gerade los, als der Kondukteur das Papier überflog. Dann nahm er das Signal zur Ausfahrt zurück. Was für ein Papier hatte Blunske da aus seiner Tasche gezaubert?

Der Zug stoppte und wartete, bis Venedey, das mitreisende Paar und Blunske durch das Gleisbett gestapft und zugestiegen waren.

»Wie haben Sie das geschafft, Herr Blunske?«, wollte Venedey wissen. Der blickte ihn verlegen an.

»Ick muss Sie wat zurückjeben.«

»Sie mir? Es ist doch eher an mir, mich zu revanchieren.«

»Nee, nee. Ick hab eben nach dem Unjlück in Ihrer Reisetasche die persönliche Einladung des Königs jefunden, auf die Sie mir hinjewiesen hatten. Damit jeht so ziemlich allet.«

»Ach so.« Venedey lachte kehlig. »Trotzdem, Herr Blunske, reife Leistung. Sagen Sie, wo müssen Sie eigentlich hin?«

»Nach Zehlendorf. Meine Mutter jeht's schlecht.«

»O, das tut mir leid. Kann ich etwas für Sie oder Ihre Mutter tun?«

»Vielen Dank, Herr Doktor. Aba det is nur der Lauf von de Dinge, det kann man nich uffhalten.«

»Ach, mein lieber Blunske, da haben Sie etwas sehr Wahres gelassen ausgesprochen.«

Der Zug rollte nach Potsdam. Nichts warf ihn aus dem Gleis. Er gelangte schließlich auch nach Berlin. Nichts brachte ihn dazu, aus den Schienen zu springen.

Sein neuer Lieblingspreuße – es gab doch ein paar, die er

hoch schätzte – verabschiedete sich von Venedey, nicht ohne ihm noch eine Mietkutsche organisiert zu haben. Dann entschwand Blunske ins Berliner Abendgetümmel, ohne dass Venedey auch nur den Hauch einer Chance gehabt hätte, sich angemessen zu bedanken. Er würde das diskret auf seine Weise tun. Caspari würde er eine Beförderung für Blunske aus den Rippen leiern, ohne dass dieser gewahr würde, dass Venedey dahintersteckte. Beschlossen und verkündet, dachte er, während er noch in die Richtung sah, in die der kleine Preuße verschwunden war. So klein war der gar nicht, befand Venedey.

Zur Unzeit traf er bei den von Savignys ein, berichtete von dem Malheur, nahm noch ein spätes Abendbrot zu sich und folgte der Empfehlung des Hausherrn, dessen zum Hinterkopf fliehender Mittelscheitel ihm immer noch nicht stand, sich Ruhe nach dem Schrecken anzutun.

Am frühen Morgen weckte der Hausherr seinen Gast und bot ihm eine Disputation über das Urteil an, bei der Friedrich Carl die Rolle des Proponenten und Venedey die des Opponenten einnehmen sollte. Hatte sein Freund nächtens die Akte studiert? Venedey fühlte sich elend. Ihn schmerzte jeder einzelne Knochen im Leib, ganz zu schweigen von dem ausgewachsenen Muskelkater, der ihm das Gefühl gab, er hinge an den Strippen der Stockpüppchen aus dem Hänneschen-Theater. Mit dem Unterschied, dass für seine Gliedmaßen alle Strippen zu kurz bemessen waren. Er schlug das Angebot aus. Venedey war nicht in der Verfassung, sich mit dem brillanten Freund zu messen. Der zeigte Verständnis und empfahl den guten Bohnenkaffee seiner Gattin Gundel. Der wäre von der Art und Güte, Tote aufzuwecken. Venedey nahm aus Gründen äußerster Vorsicht nur ein Glas Wasser. Er misstraute seinem Gedärm, das mit Pech ausgerechnet dann in Schwung geriete, wenn er dem König gegenüberstünde. Nicht auszudenken.

Von Savigny begleitete Venedey zum Berliner Schloss, wünschte ihm gutes Gelingen und bestand auf einer kleinen Stadttour nach der Prozedur, wie er es nannte. Diese Einladung konnte und wollte Venedey nicht ausschlagen, obwohl ihm nicht danach war. Idas Schicksal lag in seinen Händen. Und er war jenseits seiner Bestform, die er benötigen würde, um dem König gewachsen zu sein. Sein Freund hatte ihn gewarnt. Friedrich Wilhelm IV. ließ sich die Akten komplett vortragen.

Venedey hatte keinen Blick für die Pracht des Schlosses. Er lavierte sich mit der Einladung hinein, hindurch und an allem und jedem vorbei, bis er schließlich im Vorraum des königlichen Arbeitszimmers Platz nahm, das sich der König schon als Kronprinz im Chor und ehemaligen Gemeinderaum der spätgotischen Erasmuskapelle hatte einrichten lassen.

Jeder nach der Breite seines Hinterns, dachte Venedey erfreut, meldete sich doch wenigstens sein Spott zurück an Deck.

Man geleitete ihn hinein.

Und dann stand der König vor ihm. Ganz leise war er eingetreten. Und er war allein. Er trug einen schwarzen Anzug mit langem Sakko, an dem das Auffälligste die breiten, roten Revers waren. Auf sämtliche Orden hatte er verzichtet. Auch spannte keine Schärpe über Brust und Bauch, was Venedey für den Monarchen einnahm. Er war wohlgenährt und hatte einen zehn Zentimeter breiten Scheitel. Man hätte auch weniger galant von einer Halbglatze sprechen können. Den König und ihn unterschieden die langen Koteletten, die Venedey für eine lächerliche Zurschaustellung von Maskulinität hielt.

»Willkommen, Herr Doktor.«

Venedey verbeugte sich tief.

»Eure Majestät, es ist mir eine außerordentliche Ehre, von Ihnen empfangen zu werden.«

Der Regent setzte sich an seinen Schreibtisch.

»Na, nun verheben Sie sich mal nicht, Herr Advokat. Ihre Haltung zur Verfassungsfrage ist hier bekannt. Auf welcher Seite ich Sie im Falle des Übergreifens der Unruhen von Paris auf preußisches Hoheitsgebiet erwarten darf, ist kein Mirakel.«

»Eure Majestät, ich habe mich nie gegen die Monarchie oder gar gegen Sie gestellt, sondern wende mich an Sie als meinen König. Es waren stets Appelle in Gestalt einer Bitte. Dass Sie diese bisher incidenter abschlägig beschieden haben, befördert mich nicht ins Lager Ihrer Gegnerschaft. Eure Hoheit, bei allem, was mir teuer ist, Sie werden mich niemals auf Barrikaden im Kampf gegen meinen Souverän vorfinden, der Sie ohne jedes Wenn und Aber sind.«

»Von Savigny hat Ihre Gewandtheit gepriesen. Nehmen Sie Platz und lassen Sie Ihr Anliegen hören.«

Friedrich Wilhelm IV. wies auf den einfachen Holzstuhl mit gepolsterter Sitzfläche vor seinem Schreibtisch. Venedey nahm dankend an. Ihm fiel auf, dass der ganze Raum eher schlicht gehalten war. Gemälde an der Wand. Figürliche Kunst auf dem Kaminsims und den halbhohen, vertäfelten Schränken, in denen er Akten vermutete. Aber nichts dominierte, nichts wirkte ausgestellt. Das Arbeitszimmer machte seinem Namen Ehre. Auf dem Schreibtisch war alles praktisch-funktional angeordnet. Der Kneifer auf den Aktenstücken zeugte von der prominenten Leserschaft. In Preußen schien der König tatsächlich der erste Beamte seines Staates zu sein.

Venedey entschied sich gegen die vorbereitete Rede und den erarbeiteten Argumentationsstrang. Der König stand ihm kritisch gegenüber. Wenn er das zu kurz geratene Resümee des Präsidenten des Asissenhofs schalt, die Voreingenommenheit des Procurators, die Eitelkeit des Stadtphysikus' – gekleidet in halbwissenschaftlich verbrämte Spekulation –, von der sich die Geschworenen hatten affizieren lassen, so wäre dies Wasser auf die Mühlen des Königs. Er würde Venedey all die Anfälligkeiten des Geschworenenprozesses entgegenhalten, die er immer schon gerügt hatte, gipfelnd in dem Vorwurf der Wahrheitsklitterung durch rhetorisches Suggestivgeschick. Also setzte Venedey alles auf eine Karte und fasste sich kurz.

»Das Urteil ist rechtmäßig zustande gekommen, aber es spricht nur Recht, nicht die Wahrheit.«

»Was ist das denn für ein Unfug? Sind Sie nicht auch einer dieser eifrigen Streiter für das französische Recht, in Sonderheit für den Geschworenenprozess? Und nun befördert eben jener in der Rheinprovinz nicht die Wahrheit ans Licht?«

»Eure Majestät, bitte sehen Sie nicht mich in meiner versammelten Fehlbarkeit, sondern ich ersuche Sie untertänigst, erweisen Sie bitte meiner Mandantin die Gnade eines Moments Ihrer kostbaren Aufmerksamkeit.«

»Sie wissen um die charmierende Wirkung von gezeigter Demut. Ist sie denn echt?«

»Eure Hoheit, es geht um Leben und Tod. Seien Sie gewiss, mir ist todernst zumute.«

»Nun denn, Herr Anwalt, sprechen Sie.«

»Der Sachverhalt des Urteils ist ein schlüssiges Narrativ. Allein, niemand hat die Angeklagte auf frischer Tat ertappt, sie bei der Ausführung auch nur einer unterstellten Tathandlung beobachtet. Gleiches gilt für den angenommenen Mittäter, von dem niemand weiß, ob er lediglich verschwunden oder tatsächlich geflohen ist. Selbst wenn Letzteres zuträfe, stellte sich die Frage seiner Alleintäterschaft. Denn niemand hat ihn und die Angeklagte kollusiv zusammenwirken sehen. Niemand hat eine Absprache erlauscht, geschweige denn, dass bei der Angeklagten auch nur ein Stück der Beute aufgefunden worden wäre. Sie ist bis zu ihrer Verhaftung ihrer Anstellung als Dienstmagd nachgekommen.«

»Gehe ich recht in der Annahme, dass Sie darauf abheben, es mit einem bloßen Indizienprozess zu tun gehabt zu haben?«

»Ja, Eure Majestät. Ich möchte ergänzen, dass die angenommene Motivlage nicht von bestrickender Eindeutigkeit ist. Das Urteil ist ein Gesellenstück. Meisterlich wäre es gewesen, hätte der Grundsatz *in dubio pro reo* Eingang gefunden. Es ist ein zusammengesetztes Mosaik. Es ergibt ein Bild, aber die Steine lassen sich auch anders legen. Dann zeigen sie ein anderes Bild. Vor diesem Hintergrund bitte ich untertänigst darum, das Urteil nicht zu bestätigen.«

»Venedey, ich will das alles in Betracht ziehen. Auch dass Sie keinen Weg modernster Technik ausgelassen haben, sich für Ihre Mandantin einzusetzen. Wie geht es Ihnen eigentlich? Man hat mir von dem Zugunglück schon Meldung gemacht.«

»Eure Hoheit, Ihre fürsorgliche Nachfrage bringt mich in Verlegenheit. Im Gegensatz zu anderen Passagieren bin ich gänzlich unverletzt geblieben. Mir hat es allein ob meines Glücks gutzugehen.«

»Das Glück, das Ihnen der Herrgott zuteilwerden ließ, nicht wahr? Sie dürfen sich zurückziehen.«

Venedey blickte erschrocken auf, verstand und nickte. Wie konnte er nur so dumm gewesen sein, das profane Glück für seine Unversehrtheit verantwortlich zu machen? Vor ihm stand ein Monarch, der seine Legitimation von Gottesgnaden ableitete, ein Christ, ein Protestant durch und durch. Das für sich bestehende, selbstständige Glück gab es für den König nicht, ebenso wenig den blinden, willkürlichen Zufall.

»Der Herr möge zuvörderst Ihr Schicksal mit Güte verwalten, Eure Majestät, denn in Ihren bewährten Händen ruht auch das meinige. Ich danke für das gewährte Gehör und verbleibe Ihr treu ergebener Cornelius Venedey.«

Er verbeugte sich, machte kehrt und schritt zur Tür. In seinem Gedärm herrschte Aufruhr.

In einem Vorraum wartete Friedrich Carl auf ihn.

»Komm, ich zeige dir ein bisschen von der Stadt, bevor wir Gundel im Café Josty treffen. Es hat sich viel getan.«

»Wenn du mir als erste Attraktion ein Klosett präsentieren könntest, wäre ich dir sehr verbunden.«

Sein Freund lachte.

»Das war auch deine erste Frage nach erfolgreicher Verteidigung deiner Dissertation.«

Mit dem Unterschied, dachte Venedey, dass er heute nicht wusste, ob sein Vortrag erfolgreich gewesen war.

Kapitel 28

Ich habe mir den Irmischen Kriminalfall ausführlich vortragen lassen und daraus entnommen:
dass der Tatbestand der Ermordung der Familie Selm samt ihrer beiden Knechte sowie des Mordversuchs an dem Sohn Johann Selm in der Nacht vom 24. auf den 25. August 1847 durch die Hand des Heinrich Meisners unbestritten feststeht. Ob er dafür die Unterstützung der verurteilten Magd Ida Maria Irmisch entweder durch das Öffnen der Haustür oder durch Beibringung des Betäubungsmittels Laudanum erhielt, kann dahinstehen. Entscheidend ist, dass er alleine die Tat ohne die im Haus befindliche Irmisch nicht hätte begehen können. Unverrückbar steht durch Einlassung der Irmisch fest, dass der Meisner zum Schöttelshof kommen wollte und dort auch war, was der Zeuge Selm beeidete;
dass die Ida Irmisch sich erschlichen hat, in jener Nacht im Hause bleiben zu können, ohne dass der Hausherr Jacobus Selm davon erfuhr. Und dass sie dies tat, um den Heinrich Meisner wenigstens ins Haus lassen zu können oder das Laudanum unter das Essen der später Ermordeten mischen zu können;
dass im Anschluss an die schändliche Mordtat und um alle Beweise für ihre Täterschaft zu vernichten, die Verurteilte Ida Maria Irmisch zumindest daran beteiligt war, den Schöttelshof niederzubrennen;
dass die alleinige Flucht des Heinrich Meisners, ihres Ver-

lobten, kein Beweis dafür ist, dass er die Tat alleine und ohne Kenntnis der Verurteilten durchführte;
und Ich kann daher keine Argumente gegen den Ausspruch des Assisenhofes finden. So gibt es also keinen Grund, die ausgesprochene Todesstrafe gegen die Verurteilte aufzuheben. Hieraus folgt, dass die Ida Maria Irmisch als Mörderin und Brandstifterin öffentlich durch die Guillotine hinzurichten ist.
Berlin, den 15. Februar 1848
Friedrich Wilhelm
König von Preußen

Sie saßen alle in Wohnzimmer seiner Tante. Als Bas fertig vorgelesen hatte, trat ein langes Schweigen ein. Mathilde, die leichenblass geworden war, faltete und entfaltete unablässig ihre Hände. Schäng, sonst so zurückhaltend und schweigsam, zischte: »Do krisste en Aap!«

»Aber das kann doch nicht sein, das muss ein Irrtum sein«, flehte Mathilde Bas fast an.

Doch er konnte sie nicht trösten, nicht einmal sich selbst. Er war so sicher gewesen, dass Dr. Venedey es richten würde. Dass er, der so schlagkräftig argumentieren konnte und so gute Gründe zur Entlastung Idas auf seiner Seite hatte, den König überzeugen konnte, das Urteil nicht zu bestätigen. Hatte doch der König als Einziger die Macht, außerhalb des Gesetzes einen solchen Akt anzuordnen. Aber er hatte abgelehnt. Mit Gründen, die Bas nicht nachvollziehen konnte.

»Das stinkt doch zum Himmel. Wo ist denn dieser verfluchte Heinrich Meisner? Der ist jetzt ein halbes Jahr nirgendwo aufgetaucht! Verdammt noch mal! Den hätten sie doch schnappen müssen. Der soll doch alle umgebracht haben. Stattdessen verurteilen sie das arme Ding. Und dann auch noch als Mittäterin. Das ist doch nicht gerecht. Die hat nicht einen Einzigen von denen kaltgemacht.« Schäng schlug vor Wut mit der bekloppten Hand auf den Tisch. Die Gläser und die Karaffe mit Wasser wackelten bedrohlich, fielen aber nicht um.

»Das kann ich nicht zulassen!« Zwischen Mathildes Augenbrauen hatte sich eine tiefe Zornesfalte gebildet. »Das muss gestoppt werden, und wenn wir dafür auf die Barrikaden gehen müssen.«

»Wir?«, fragte Schäng mit strengem Blick.

»Ja, natürlich. Wir!«

»Ich hol Sie da höchstens von Amts wegen wieder runter«, konterte er.

Mathilde schüttelte den Kopf. »Natürlich, es ist immer dasselbe mit euch Mannsbildern. Große Worte, aber wenn es darauf ankommt, nichts dahinter. Ich brauche euch nicht. Ich lasse es nicht zu, dass diesem armen Mädchen, das im Leben noch niemandem etwas zuleide getan hat, zu Unrecht der Kopf abgeschnitten wird.«

Dann sprang sie auf und eilte in Richtung der Tür des Salons von Bas' Tante, die ein paar Tage zu ihrer Schwester verreist war.

»Gemach, gemach. Kommen Sie doch bitte zurück«, bat Bas mit so ruhiger Stimme, wie ihm möglich war. Ihm selbst kochte das Blut hoch, wenn er nur an dieses Fehlurteil dachte. Doch war es nicht seine Art, das zu zeigen. Auch nicht, wie tief es ihn getroffen hatte, von Mathilde seit der Urteilsverkündung durch den Assisenhof nichts mehr gehört zu haben. Monatelang nicht. Er war sogar bei ihr zu Hause vorstellig geworden, doch angeblich war sie nicht da gewesen. Erst auf seine dringende gestrige Nachricht hin, überbracht von Schäng, hatte sie sich bei ihm eingefunden. Nein, Bas würde es nicht widerstandslos hinnehmen, dass sie nun Hals über Kopf verschwand. Er hatte ihr schließlich nicht die Gefolgschaft versagt. Und wie schön sie war. Besonders mit den zornesroten Wangen.

»Allein unternimmt hier niemand etwas. Wir müssen uns

effizient organisieren. Wir haben wenig Zeit.« Er sah Mathilde scharf an. »Also bitte!«

Nach einem Moment des Zögerns drehte sich Mathilde zu Bas' Erstaunen tatsächlich um und kehrte zu der Chaiselongue zurück, auf der sie gesessen hatte. Nicht ohne Schäng einen giftigen Blick zuzuwerfen. Die beiden würden niemals Freunde werden, schoss Bas durch den Kopf. Hoffentlich scheiterte sein Plan nicht an ihrer gegenseitigen Abneigung.

»Wie meinen Sie das? Was heißt, wir haben wenig Zeit?«, fragte Mathilde.

»Sie kennen die zweite schlechte Nachricht noch nicht. Deswegen habe ich so auf das kurzfristige Treffen heute gedrängt: Die Hinrichtung soll am 3. März stattfinden. Das sind keine zwei Wochen mehr.«

Ein kurzer entsetzter Aufschrei von Mathilde, ein verzagtes »Maria, hilf!« von Schäng waren die Antworten. Zwischen beidem hatte Bas selbst geschwankt, als er die Hiobsbotschaft von seinem Ausbilder gehört hatte.

»Was können wir tun?«, fragte Mathilde. »Wir können doch nicht einfach dasitzen und abwarten. Das geht doch nicht.«

»Das werden wir auch nicht, Ihr und dein«, er blickte zu seinem Freund, »Einverständnis vorausgesetzt, suchen wir nach Gründen, weshalb die Verurteilung wieder aufgehoben werden muss. Was meint ihr?«

Mathilde nickte eifrig, Schäng brummte zwar, aber in seinen Augen sah Bas ein Funkeln. Eine Mischung aus angestacheltem Ehrgeiz und Wut. Der Polizist würde alles geben, um das arme Mädchen zu retten, das wusste Bas.

»Also gut, liebe Freunde. Was wir erreichen müssen, ist die Revision des Straferkenntnisses mit dem Ziel, den Gegenstand des verurteilenden Spruchs außerordentlich einer neuen richterlichen Prüfung unterziehen zu lassen.«

»Ich verstonn kei Wood«, sagte Schäng.

»Bitte?«

»Eben.«

»Ach so, ja. Das bedeutet, dass wir eine Wiederaufnahme des Gerichtsverfahrens mit einer neuen Verhandlung erreichen müssen. Wenn wir die durchsetzen können, wird das Todesurteil so lange aufgeschoben, bis das neue Urteil gefällt ist. So weit, so gut. Allerdings liegt der Haken im Detail. Es gibt nur drei gesetzliche Gründe für eine Wiederaufnahme: Es muss mindestens zwei wegen der gleichen Tat verurteilte Angeklagte geben. Oder nach der Verurteilung wegen der Tötung eines Menschen stellt sich heraus, dass dieser nach dem angeblichen Tatzeitpunkt noch lebte. Und als letzte Möglichkeit, wenn wegen eines der Verurteilung zugrunde liegenden falschen Zeugnisses ein Verhaftungsbefehl erlassen oder eine Anklage erkannt worden ist.«

»Für den ersten Fall ist nicht genug Zeit. Und die neun Toten sind längst im Gottesacker begraben. Es kommt bei uns also nur der letzte Grund infrage, oder?«, fragte Mathilde.

»Genau.«

»Gut! Dann müssen wir nur noch herausfinden, welcher der Zeugen worüber gelogen hat. Da bieten sich sofort Johann Selm und die Köchin an, stimmt's? Oder wir können die neue Methode des Gerichtsmediziners, über die er als Zeuge berichtete, als den Unfug beweisen, der sie ist. Und das Urteil muss auf der dann nachgewiesenen Falschaussage beruhen. Ebenfalls richtig?«

»Nein, Letzteres würde uns nicht helfen, denn auf der Aussage von Quincus soll ja das Urteil nicht beruhen, weil seine Untersuchungsmethode nicht wissenschaftlich anerkannt ist.«

»Reicht es nicht, den wahren Täter zu überführen?«, brummte Schäng.

»Ich fürchte, sollten wir den wahren Mörder präsentieren, würde es zu lange dauern, ein Urteil gegen ihn zu erwirken, was aber ausdrücklich Conditio wäre. Auch wenn ich überzeugt bin, dass der Assisenhof die Vollstreckung der Hinrichtung der Ida unter diesen Umständen aussetzen würde, bis der andere mögliche Täter freigesprochen oder verurteilt würde, so können wir uns darauf nicht verlassen! Aber es wäre ein hervorragender Ansatzpunkt, wenn wir wüssten, wer der wahre Täter ist. Denn niemand anderes als er hätte mehr Grund für eine Lüge zu seinem Vorteil.«

»Na also. Wie fangen wir an?«, mischte sich Mathilde wieder ein. Sie war aufgesprungen und trippelte vor Aufregung auf der Stelle wie ein Rennpferd, das den Start nicht abwarten kann.

Kapitel 29

Diesem Sergeanten Schäng, den Mathilde nicht ausstehen konnte, war tatsächlich noch etwas Brauchbares eingefallen: Als er am Bette des ohnmächtigen Johann Selm hatte ausharren müssen, war ihm aufgefallen, wie sehr der geschwitzt hatte. Und nach seinem Erwachen war er laufend unruhig hin und her gerutscht. Das kannte er gut, wie er sagte. Hatte er doch genug arme Schlucker erlebt, denen das Geld nicht mehr für den Kauf eines Rauschmittels gereicht und die er wegen Bettelei aufgegriffen hatte.

»Du meinst, er könnte süchtig sein?«, hatte Bas nachgefragt.

Schäng hatte die Schultern gezuckt. »Ist nur so eine Vermutung. Könnte aber doch ein Ansatz sein, nicht? Eines ist klar. Der treibt sich bestimmt nicht in diesen Opiumhöhlen herum oder besorgt sich die Sachen auf dem Schwarzmarkt. Ich hab mich nämlich schon umgehört.«

»Also glaubst du, dass er sich regulär etwas, was auch immer, besorgt?«, hatte Bas nachgehakt.

»So ist es.«

Das hatte Mathilde genügt. »Laudanum!«, rief sie aus. »Wie blind bin ich denn? Das ist ein beliebtes Rauschmittel.«

»Und jetzt?«, fragte Schäng.

»Wir finden heraus, ob Johann Selm regelmäßig Laudanum gekauft hat. Ich nehme mir die Apotheken vor.« Schon war sie aufgesprungen und in Richtung Tür geeilt, da rief Bas sie zum zweiten Male zurück. Mathilde stutzte. Wie in drei Teufels Namen kam er dazu, sie immer wieder zu bremsen? Aber die erste Rückkehr hatte sich gelohnt, vielleicht war das auch dieses Mal so. Trotzdem ließ sie sich Zeit, nicht dass er dachte, er könne sie herumkommandieren.

»Wir müssen unbedingt versuchen, den Heinrich Meisner zu finden. Wenn der nicht vor Ort gewesen sein kann, dann hat Johann Selm gelogen, und auf seiner Falschaussage, den Meisner in der Tatnacht gesehen und erkannt zu haben, fußt das Urteil. Irgendwo muss er doch sein. Es wird doch angenommen, der sei verunglückt oder auf der Walz. Der hat vielleicht sogar ein Alibi, weil er nicht allein losgezogen ist.« Bas schaute zu Schäng rüber. »Wenn der gefunden würde, könnte das alles ändern.«

Mathilde hatte sich inzwischen wieder gesetzt.

Der Sergeant nickte. »Das übernehme ich. Wenn ich den Drecksack in die Finger kriege, prügle ich die Wahrheit schon aus dem raus. Der hat die Ida ganz fies hängenlassen. So oder so.«

»Das tust du bitte nicht, Schäng. Ihr müsst immer vor Augen haben, dass wir entweder den Täter finden müssen und damit automatisch die Lügen entlarven können. Oder wir müssen den direkten Nachweis einer Lüge eines der Zeugen führen können.

»Und was machen Sie?«, fragte Mathilde, der es so gar nicht lag, Befehle anzunehmen.

»Ich tue das, was ich am besten kann: Sämtliche Akten nochmals komplett durchgehen und auf diesem Wege versuchen, fündig zu werden.«

Mathilde beschloss, mit den Apotheken zu beginnen, die sie kannte. Wobei sie die Adler-Apotheke bei ihrer Suche außen vor lassen konnte. Schließlich hätte der Apotheker doch wohl in seiner Aussage erwähnt, dass er auch dem Johann

Laudanum verkauft hätte, wenn das der Fall gewesen wäre. Oder?

Nein, entschied sie, sie würde nichts ausschließen. Außerdem kam sie auf ihrem Weg ohnehin an der Adler-Apotheke vorbei. Also konnte sie auch schnell reingehen und den Besitzer – wie hieß er doch gleich – befragen. Louis Voigtel, fiel ihr ein.

Die Türglocke bimmelte, als Mathilde kurze Zeit später eintrat. Im Verkaufsraum reihten sich an der hinteren und rechten Wand halbhohe Schränke mit Regalen bis fast zur Decke darauf, die mit kleinen braunen Fläschchen vollgestellt waren. In den kompakten Schränken unten befanden sich unzählige kleine Schubladen, alle feinsäuberlich beschriftet. Vor der rückwärtigen Schrankwand stand noch ein Schubladenschrank, auf dem zum Verkaufsraum hin Intarsienpaneele als Sichtschutz angebracht waren. Dahinter wog der Apotheker üblicherweise die geforderten Pülverchen und Tinkturen ab. Auf allen freien Flächen stapelten sich Schalen, Mörser und Töpfe.

Dieser Arbeitsbereich wurde vom Raum für die Kundschaft von einem in der Mitte durchbrochenen Tresen abgegrenzt, hinter dem eine ältere Frau stand. Von Statur füllig mit kleiner weißer Schürze vor dem dicken Bauch starrte sie ihr erwartungsvoll entgegen, zu krampfhaft um ein freundliches Lächeln bemüht. Heraus kam dabei das Gesicht einer Magenkranken.

»Könnte ich wohl den Inhaber, Herrn Voigtel, kurz sprechen?«

Sofort verwandelte sich das Gesicht in das einer beleidigten Leberwurst.

»Ich schau nach«, verkündete sie mit hochgereckter Nase.

Tatsächlich betrat das kleine bucklige Männchen mit seinem Zwirbelbart, das Mathilde aus der Gerichtsverhandlung kannte, nur einen Moment später durch eine Tür auf der rechten Seite den Verkaufsraum. Sogar sein Monokel trug er.

Auch er hatte ein Lächeln aufgesetzt, das die Augen nicht erreichte und sofort wieder verschwand, als Mathilde ihre Frage – wie üblich sehr direkt – vortrug.

»Nein, *bei mir* hat der Herr Johann Selm niemals Laudanum erworben. Das hätte ich selbstverständlich vor Gericht in meiner Aussage erwähnt«, empörte er sich.

Doch Mathilde war die Betonung aufgefallen, so fasste sie nach. »Bei Ihnen nicht? Bei Kollegen von Ihnen schon?«

»Nun ja, es ist nicht an mir, Behauptungen aufzustellen, die ich nicht sicher belegen kann.«

»Behauptungen?«

»Nun, man munkelt unter den Kollegen, dass er andernorts eventuell selbiges erworben haben könnte.«

»So? Wo denn?«, hakte Mathilde nach.

»Ich habe nicht gesagt, dass es so ist. Und ich verbitte mir auf's Schärfste, so etwas zu behaupten.«

»Das würde ich niemals tun.« Mathilde schaute ihn mit weit aufgerissenen Augen an. Sie wusste, dass sie so wie ein naives, unschuldiges Mädchen wirkte. Bei ihren Eltern funktionierte das immer.

Und tatsächlich, auch der Apotheker sah sie zunächst verwundert an, dann löste sich der verkrampfte Gesichtsausdruck und er kam näher durch die Öffnung im Tresen. »Meine Kollegen von der Jan-von-Werth-Apotheke auf dem Alten Markt und der Dom-Apotheke in der Komödienstraße berichteten bei unserem letzten Treffen zur Gründung eines Apothekervereins in Köln, dass sie den Johann Selm gut kennen. Wir sprachen über das große Unglück, das seine Familie getroffen hat. Und da erwähnten sie, dass er des Öfteren bei ihnen, nun ja, Laudanum erworben habe.«

Mathilde nickte mit bewusst aufgesetztem schockiertem Gesichtsausdruck.

»Ist das die Möglichkeit.«

Voigtel nickt enthusiastisch.

»Nun, dann bedanke ich mich für das Gespräch und halte Sie nun nicht mehr länger ab von Ihren wichtigen Arbeiten.«

»Das Gespräch bleibt unter uns?«

»Selbstverständlich halte ich Sie außen vor.«

Der Apotheker dienerte sie zur Tür.

In den folgenden Tagen klapperte sie sämtliche restlichen Apotheken, sechzehn an der Zahl, ab. Neben den von Voigtel erwähnten war sie bei fünf weiteren fündig geworden. Alle mehr oder minder im Umkreis des Schöttelshofs. Immer hatte Johann eine Ausrede vorgebracht. Mal hatte der Knecht sich den Fuß verstaucht, mal die Mutter Bauchkrämpfe, mal der Vater Arthritisschmerzen. Was ihm nur bei den ersten von vielen Käufen geglaubt wurde. Doch da Laudanum frei erhältlich war, hatte keiner der Apotheker weiter nachgefragt. Auch wenn ihnen die Menge verdächtig vorkam.

Mathilde fand noch mehr heraus: In der Jan-von-Werth-Apotheke berichtete ihr der Apotheker Maximilian Hamecher, dass der Johann Selm bei ihm am Tag vor der Brandnacht auf dem Schöttelshof eine größere Menge als üblich erworben habe.

Wenn das kein Beweis dafür war, dass Johann der Schuldige sein musste. Das musste sie gleich Bas berichten.

Kapitel 30

Die Häuser im Himmelreich standen so eng, als wollten sie zusammenrücken.

Schäng war gerade aus einem herausgekullert und musste sich an einer Hauswand abstützen. Er beobachtete ein paar Schneeflocken, die sich in die Kölner Bucht verirrt hatten. Die, die auf seiner Stirn landeten, piekten. Oder war das eher ein Brennen, das er spürte? Egal, was es war, er mochte das Gefühl nicht. Also senkte er seinen Kopf. Trotzdem schrammten die weißen kleinen Biester weiter an seiner Stirn vorbei. Er schlug nach ihnen wie nach lästigen Fliegen. Da wurden es nur noch mehr. Und sie wurden immer dicker. Hummelflocken, die in seinen Haaren summten. Enä, schmolzen. Und wieso starrte der alte Grinkopf von der gegenüberliegen Hauswand ihn so komisch an? Im Schein der Öllampe sah er aus wie die Frau mit den Schlangenhaaren. Schäng zeigte mit dem Finger auf sie. »Do Munstrum kanns vun da bovve nit fott. Versök et jar nit eets!«

Dann streckte er der Frau die Zunge raus. Wieso hatte die jetzt einen Löwenkopf? So allmählich sickerte mit dem Hummel-Schmelzwasser über seine Haarwurzeln etwas Klarheit in sein Hirn. Die Kälte tat ihr Übriges.

Schäng war heftig mit dem Vater von Heinrich Meisner versackt. Dessen selbstgebrannter Schabau hatte es in sich. Mit viel Zucker angesetzt, kam der erst wie harmloses Schlabberwasser daher. Aber dann kam der Schwinghammer nach.

Schäng fuhr sich mit beiden Händen durch die Haare und

übers Gesicht. Er wollte nur noch nach Hause. So stapfte er mit leichter Schlagseite durch die engen Gässchen Richtung Buttermarkt. Mit jedem Schritt rüttelte ihn die Erinnerung an das Gespräch mit Leo Meisner ein bisschen mehr nüchtern.

Sein Junge sei so verschossen in das bildschöne Ding gewesen, der hätte sie niemals versetzt. Die hätte zwar so gesprochen, wie man geht, wenn man Klumpfüße hat. Aber höflich sei die Ida gewesen, sauber und hilfsbereit. Erst fand er es nicht gut, dass der Hein keine von hier gefreit habe, sondern eine Sächsin. Aber das sei seine Sache, hätte sein Sohn dann geschimpft. Zum ersten Mal mit der Faust auf den Tisch geschlagen hatte er.

Ab da hätten seine Frau, die Züff, und er sich rausgehalten. Niemals wäre der Junge auf die Walz gegangen. Schon gar nicht, ohne was zu sagen. Das wär alles dummer Verzäll. Und bei Gott, dem Allmächtigen, hatte Leo Meisner geschworen, dass sein Sohn kein Mörder sei. Die Züff sei vor Gram verrückt geworden. Vor einem Monat habe sie Hand an sich gelegt. Nun habe er sie auch verloren. Der Hein sei verunglückt, vielleicht beim Abkühlungsbad im Rhein. Irgend so etwas müsse passiert sein. Das stünde für ihn fest. Es sei gut, dass Schäng nach ihm suche. Wenigstens Gewissheit wolle er haben.

Und dann war Schnaps auf Schnäpschen gefolgt. Als er ging, war auch Leo voll wie eine Strandhaubitze. Schäng arbeitete sich durch das Schneetreiben. Der Boden unter seinen Füßen wurde weiß und die Stadt merkwürdig hell, so als könnten die Eiskristalle all das Licht für die Augen sichtbar machen, das nicht mit dem Tag gegangen war, sondern durch die Nacht schwärmte.

Auf der Höhe der Friedrich-Wilhelm-Straße vernahm Schäng Stimmengewirr, das sich in Gesang verwandelte. Junge Männer schmetterten trotz Nachtruhe ein Lied, dessen Melodie er kannte.

»Sah ein Fürst ein Büchlein stehn
in des Ladens Ecken
Ging er rasch, es durchzusehen,
las es noch vorm Schlafengehn
Doch mit tausend Schrecken,
Büchlein, Büchlein, Büchlein keck
Aus des Ladens Ecken.

König sprach: »Ich unterdrück's
Büchlein aus dem Laden«
Büchlein lachte: »O des Glücks!
Dann liest man mich hinterrücks
Und das kann nicht schaden«,
Büchlein, Büchlein, Büchlein keck
Büchlein aus dem Laden«

In Schängs Kopf legte sich der Text von Goethes Heideröslein über die neuen Verse.

Angelockt vom Gesang näherte sich ein Nachtwächter. Schäng zupfte einen jungen Kerl am Ärmel und bedeutete ihm mit seinem Blick, dass Ärger im Anmarsch sei. Sie verstummten. Auf eine Einladung ins Tippo als Nachtasyl war wohl keiner aus. Leise stimmte Schäng an und die jungen Männer ein:

»Sah ein Knab' ein Röslein stehn,
Röslein auf der Heiden,
War so jung und morgenschön,
Lief er schnell es nah zu sehn,
Sah's mit vielen Freuden.
Röslein, Röslein, Röslein rot,
Röslein auf der Heiden.«

Schäng legte den rechten Zeigefinger auf den Mund und winkte die sangesfreudigen jungen Männer weiter, vorbei am streng dreinschauenden Nachtwächter – nicht ohne jedes Gesicht genau zu mustern, ob nicht doch Heinrich darunter wäre. Gegen jede Wahrscheinlichkeit. Morgen nach seinem Dienst würde er weitersuchen.

Tags drauf, auf dem Weg zum Brauhaus *Zur Täsch*, zählte Schäng seine Silbergroschen. Abstürzen konnte er damit nicht, aber den beiden Dachdeckergesellen, mit denen er sich hier verabredet hatte, ein Kölsch spendieren. Zur Not könnte er bei Tünn Hintzen, dem Wirt, auch einen Deckel machen. Aber das wollte er nicht. Der Haussegen würde bald schiefhängen, wenn er jeden Abend nach der Sperrstunde betrunken heimkehrte. Und das auch noch auf Pump.

Als er das Brauhaus betrat, war die Bierschwemme knubbelvoll, die Stimmung großspurig und die Luft tabakgeschwängert. Das Wort Revolution stand über den roten Köpfen.

Tünn beobachtete aus dem Thekenschaaf einen Köbes, der neben einem großen Kölschfass stand und ungeduldig darauf wartete, dass der Zappes seinen Kranz mit frisch gezapften Stangen vollstellte. Tünns besonderes Interesse weckte die Anzahl der Biermarken, mit denen der Köbes die Stangen bezahlte. Ob er seinen Kellner in Verdacht hatte, auf ein Lappöhrchen aus zu sein? Neun Marken auf das Holzkästchen beim Zappes zu legen und mit zehn Stangen loszuziehen, konnte sich für den Köbes rechnen, wenn ihm der Beschiss bei Hochbetrieb mehrmals unentdeckt gelang.

Schäng blickte sich um. Die beiden Arbeitskollegen von Heinrich Meisner entdeckte er nicht sogleich. Ob sie aus der Schwemme am Thekenschaaf vorbei in die Gaststube gegangen waren? So einen Teller *Himmel un Äd* mit knuspriger Flönz könnte Schäng jetzt auch glatt verputzen. Er musste unwillkürlich grinsen, als er Bas' Gesicht wieder vor Augen hatte, nachdem ihm der Köbes die schwarzgebratene Blutwurst mit Kartoffelpüree und Apfelmus vor die Nase gestellt hatte. Das war sicher nicht das, was der Herr Referendar sich unter dem Gericht vorgestellt hatte, als er sich Schängs Bestellung bei einem ihrer ersten gemeinsamen Abende angeschlossen hatte.

Er schob sich durch die Menge, begrüßte Tünn und ging in die Gaststube, die nicht so überlaufen war.

Gilles Kranitz und Nöll Backes – der eine groß und stämmig, der andere ein kleiner, drahtiger Hungerhaken – saßen hinten am Katzentisch und mampften jeder 'ne *Halve Hahn.* Wieder grinste Schäng. Schlecht vorbereitete Touristen fielen immer noch darauf rein, dass es sich hierbei nicht um ein halbes Hähnchen handelte, sondern ein Röggelchen mit einer dicken Scheibe Käse, selber anzurichten mit Senf und Zwiebeln. Und einige dieser enttäuschten Gäste beschwerten sich tatsächlich auf der Polizeiwache, sie seien übers Ohr gehauen worden.

Nöll Backes hatte ihn entdeckt und winkte Schäng zu.

Er bedeutete dem aufmerksamen Köbes, drei Kölsch auf den Tisch zu stellen.

»Tach zesamme!«

»'n Ovend, Här Schanditz!«

»Ich bin privat hier, also nur der Schäng für euch.«

»Es jot.«

Schäng fiel mit der Tür ins Haus.

»Könnt ihr mir genau erzählen, was nach Feierabend an dem Tag passiert ist, als ihr den Heinrich zuletzt gesehen habt?«

»Das haben wir schon mal einem von euch erzählt, aber da kam nix bei rum«, murrte Gilles.

»Kann ja so nicht bleiben. Ich will den Heinrich endlich finden.«

»Ja, jot«, meldete sich wieder Nöll zu Wort. »Der hat an dem Tag den Meister gefragt, ob er eine Stunde eher gehen darf. Das hat der erst erlaubt. Aber als der Heinrich loswollte, so gegen halb sieben abends, da hat der Meister gesagt, der muss erst noch den Giebel mit Schiefer verkleiden. Der Heinrich war wütend, hat dem Meister gesagt, dass seine Braut auf ihn wartet. Doch der Meister ist hart geblieben. Hätte der Heinrich sich auch denken können, dass der keinen von uns früher gehen lässt, der alte Ausbeuter.«

»Wie ging es weiter?«

»Na, der Heinrich hat die Arbeit erledigt. Was auch sonst? Fertig war er damit erst um Viertel nach acht. Dann ist er auch gleich losgerannt. Wäre ich auch bei dem steilen Zahn.« Gilles pfiff durch die Zähne und malte mit den Zeigefingern die Umrisslinien einer fraulichen Figur in die Luft.

»Krieg dich ein«, mahnte Nöll.

»Hat er sonst noch was gesagt? Wollte er vorher noch anderswo hin?« Schäng drängelte.

»Nä«, antwortete Gilles. »Zu mir hat er nix gesagt. Zu dir?« Er schaute zu Nöll.

»Morgens hatte er gesagt, dass er nach der Arbeit schwimmen gehen wollte. Es war ja so heiß, dass Dicke schlank geschmolzen sind.«

Es rumpelte unter dem Tisch. »Aua«, rief Nöll aus. »Du musst mich nicht treten, Gilles, bloß weil du mit einem Tag Schmelze nicht hinkommst.«

Alle lachten.

»Wie war er denn drauf, als er ging?«, fragte Schäng weiter.

»Ein bisschen im Brass. Der hatte sich über diese Selms geärgert.«

»Warum?«

»Hat er nicht genau gesagt. Muss was mit seiner Braut zu tun gehabt haben und wie der Alte die behandelt hat. Mehr weiß ich nicht. Du, Gilles?«

»Auch nicht.«

»Könnt ihr euch denn vorstellen, dass der die Familie aus Wut oder Rache abgemurkst hat?«

»Quatschverzäll«, zischte Nöll.

»Der Hein doch nicht«, unterstützte ihn Gilles.

»Und wann habt ihr Feierband gemacht?«

»Um halb neun.«

»Seid ihr dann nach Hause gegangen?«

»Nä, wir haben uns im Rhein abgekühlt.«

»Habt ihr da jemanden getroffen, der vielleicht den Heinrich vorher da hat baden sehen?«

»Nä. Wir haben tags drauf, als er weg war, alle gefragt, die den Heinrich kennen, ob die was wissen. Aber keiner hat den gesehen.«

»Wir haben sogar den Theo Klein gefragt, ob er sich da vielleicht an dem Abend beworben hat. Er wollte ja heiraten gehen. Und beim Theo ist mehr in der Lohntüte. Aber da war er auch nicht.«

»Und dass Heinrich auf die Walz gegangen ist, glaubt ihr auch nicht?«

»Ohne was zu sagen?« Beide schüttelten den Kopf.

»Im Leben hätte der sein Leckerchen nicht sitzenlassen.«

Nöll stimmte Gilles zu. »Nä, niemols.«

»Ich danke üch.«

Schäng schaute zum Köbes, der wie jeder gute Köbes die Gabe hatte, auch Blicke zu bemerken, die seinen Rücken trafen. Er hob zwei Finger und zeigte auf den Tisch.

Einen Augenblick später standen die Stangen schon vor den jungen Gesellen. Als Schäng sich sogleich anschickte zu zahlen, ging Nöll dazwischen.

»Nä, ding Bier jeiht op uns. M'r sin fruh, dat do wigger noh d'r Hein söks.«

Natürlich würde Schäng weiter nach Heinrich suchen, dafür hätten sie ihm das Bier nicht ausgeben müssen.

Er klopfte auf den Tisch und ging. Als Nächstes würde er die Strecke ablaufen, die Heinrich gegangen sein musste, wenn er den kürzesten Weg zu Ida genommen hätte. Und jeden und jede anquatschen, die ihm unter die Augen kamen. Niemand verschwand spurlos.

Kapitel 31

Venedey saß in seinem neuen Lieblingscafé Royal in der Schildergasse, das erst im Dezember eröffnet hatte. Gerade hatte er die beiden letzten der neuen Pariser Macronen von Franz Stollwerck in sich hineingestopft. Seine Stimmung mit dem Adjektiv niedergeschlagen zu beschreiben, wäre eine Untertreibung gewesen. Er fühlte sich verheerend, so als habe er sein persönliches Waterloo erlebt. Am nächsten Tag stand die Guillotinierung seiner Mandantin Ida Irmisch an, und er konnte nichts mehr dagegen tun. Sein rühriger Referendar hatte zwar berichtet, dass er, die Journalistin und sein Nachbar und Freund, dieser Sergeant, noch allerlei an Ermittlungen angestellt hatten. Der Enthusiasmus war aller Ehren wert, hatte aber bisher nicht zu einem brauchbaren Ergebnis geführt. Venedey hörte auch nur noch mit einem halben Ohr hin, wenn Sello Bericht erstattete. Er dachte ernsthaft darüber nach, seine Robe an den Nagel zu hängen und doch von Savignys Lockruf zu folgen. Da öffnete sich die Tür, und sein Referendar betrat das Cafè. Er schaute sich suchend um, entdeckte ihn und eilte an seinen Tisch.

Venedey war entsetzt über sein Aussehen. Dunkle Ringe hatten sich unter seinen sonst so freundlich und aufgeweckt dreinblickenden braunen Augen gebildet, sein Blick wirkte gehetzt. Falten hatten sich auf seiner Stirn gebildet, die ihm zuvor noch nie aufgefallen waren. Sogar sein sonst so gepflegtes Äußeres hatte gelitten. Die Krawatte hing schief und auf dem normalerweise blütenweißen Hemdkragen war ein roter Fleck zu sehen.

»Was ist los, junger Mann?« Er winkte die Bedienung heran und bestellte Bas einen Cognac. Der half immer, wie Venedey aus Erfahrung wusste. Deshalb orderte er auch gleich einen für sich mit. So durcheinander wie sein Referendar aussah, erwartete auch ihn sicherlich gleich der nächste Schock, wenn er den Grund für dessen Verfassung erführe.

Die Bedienung, Trienchen, erkannte die Situation und beeilte sich. Nur wenige Augenblicke später stellte sie die beiden Schwenker vor sie hin, und Venedey drückte einen in Sellos Hand. Zuerst winkte der ab, dann aber schluckte er doch brav den Branntwein runter. Natürlich verzog er das Gesicht. Dabei war es ein edler Tropfen. Wenigstens kehrte die Farbe in sein ungewöhnlich fahles Gesicht zurück.

»So, nun sagen Sie mir, was los ist. Ist mein Haus abgebrannt? Castaneder mit der Portokasse durchgebrannt?«

Sello schüttelte den Kopf. »Ich bitte um Verzeihung, dass ich Ihnen einen solchen Schrecken eingejagt habe. Aber ich bin verzweifelt. Seit Tagen gehe ich alle Akten in der Sache Irmisch durch. Habe alle Zeugenaussagen nach Ungereimtheiten durchforstet, alle Protokolle gelesen, die Asservatenlisten durchforstet. Nichts! Ich finde einfach keinen Beleg für eine falsche Aussage des Johann Selm, der Hauser oder des Sergeanten Dopfler, die wir aber doch unbedingt benötigen, um die Verschiebung der Hinrichtung morgen zu erreichen. Was soll ich nur machen?«

Atemlos setzte er das leere Glas an. Schaute dann verblüfft hinein, als habe er völlig vergessen, dass er es bereits ausgetrunken hatte. Venedey winkte Trienchen zu – mit zwei erhobenen Fingern. Sie verstand sofort. Noch bevor Sello weiterreden konnte, standen frisch gefüllte Schwenker auf dem Tisch. Sello trank wieder in einem Schluck aus.

»Nun mal ganz langsam«, forderte Venedey seinen Referendar auf. »Wie sind Sie vorgegangen?«

»Sämtliche Zeugenprotokolle habe ich auf der Suche nach einer Lüge durchforstet. Aber da war nichts. Ich finde einfach nichts. Spüre aber, dass da was sein muss. Nur was ist es? Und wo? Zwar fällt auch einem Blinden auf, wie geschickt Johann Selm seine Aussagen immer wieder angepasst hat. Aber er versteckt sich sofort hinter seiner Ohnmacht, begründet damit jede Unklarheit in seiner Aussage. Und dagegen komme ich nicht an. Ich ahne auch nicht, was er verbirgt. Verbirgt er überhaupt etwas? Oder muss man ihm tatsächlich zugutehalten, dass er verwirrt war? Und fokussiere ich mich zu sehr auf ihn? Übersehe ich etwas? Ich weiß nicht weiter, und die Uhr tickt, bringt die arme Ida mit jeder Minute näher zur Guillotine. Was soll ich nur machen?«

Noch bevor Venedey antworten konnte, wurde erneut die Eingangstür zum Café aufgerissen und ein Wirbelwind rauschte herein: Mathilde von Tabouillot.

Sie ließ ihren Blick ebenfalls über alle besetzten Tische schweifen, entdeckte sie beide und stürmte auf sie zu. Ihr Blick war wild und entschlossen, ihre Stimme viel zu laut, als sie ihn anherrschte: »Hier sind Sie also, während Ida auf ihren Tod wartet.«

Prompt richteten sich aller Augen auf Sello und ihn. Venedey holte tief Luft, um sich zu beruhigen. Ihm lag so einiges auf der Zunge, doch beherrschte er sich. Stattdessen stand er auf, zog den letzten freien Stuhl an seinem Tisch ein Stück heraus und wies mit der Hand darauf. »Nehmen Sie doch bitte zunächst einmal Platz.«

Wären Blicke tödlich, so wäre er auf der Stelle tot umgefallen. Doch das waren sie nicht. Und einen Moment später, nachdem Mathilde zu Sello geschaut hatte, der ihr zunickte, setzte sie sich tatsächlich. Venedey schaute suchend nach Trienchen, doch das kluge Kind kam schon mit drei Gläsern Cognac zu ihrem Tisch geeilt.

»Nun beruhigen wir uns erst einmal«, sagte Venedey und leerte sein Glas. Zögerlich folgten ihm Sello und diese Mathilde.

»Woher wissen Sie eigentlich, dass ich hier bin?«, wandte er sich an sie. Sein Lieblingscafé war sein Rückzugsort, an dem er nicht gestört werden wollte.

»Ihr Bürovorsteher Castaneder hat es mir verraten.«

»Seit wann ist der Gute denn so ein Plaudertäschchen?« Venedey war verärgert.

»Er hatte keine andere Wahl«, antwortete die von Tabouillot barsch.

Das glaubte Venedey ihr unbesehen. Wahrscheinlich würde jeder Mann vor einer solchen Furie in die Knie gehen. Was sein Referendar nur an ihr fand? Dessen liebevoller Blick auf diesen Irrwisch sprach Bände.

»Nun gut. Sie haben uns in einer dienstlichen Unterredung unterbrochen. Darf ich den Grund dafür erfahren?«

»Während Sie es sich hier gut gehen lassen, habe ich den Beweis für eine Lüge des Johann Selm in seiner Zeugenaussage gefunden«, triumphierte sie.

Venedey zog die Augenbrauen hoch. »Donnerwetter! Lassen Sie uns unbedingt und auf der Stelle an Ihrer Entdeckung teilhaben.«

»Johann Selm ist süchtig nach Laudanum! Ich habe Zeugen in sieben Apotheken gefunden, die bestätigen, dass er bei ihnen regelmäßig Laudanum erwarb. Und nicht nur das: In der Jan-von-Werth-Apotheke wurde sogar bezeugt, dass er am Tag vor dem Brand eine ungewöhnlich große Menge von dem Zeug kaufte. Das ist doch der klare Beweis, dass er seine Familie betäubte. Und er hat gelogen. Er hat niemals zugegeben, dass er selbst Konsument davon ist.«

Sello strahlte sie an. Venedey nickte anerkennend.

»Ganz famos! Sie haben ganz außerordentliche Recherchearbeit geleistet. Hätten doch der Instructionsrichter und die Staatsanwaltschaft die gleiche Akribie an den Tag gelegt. Das sind völlig neue Aspekte, die, hätten wir während der Verhandlung Kenntnis davon gehabt, sicherlich zu einem anderen Urteil hätten führen können. Diese Fakten hätten die Geschworenen in ihrer sicheren Annahme, dass nur Ida das Laudanum besaß, erschüttern können. Doch nun frage ich Sie: Welche Lüge von Johann Selm führte zu dem falschen Urteil? Hat er im Gerichtsverfahren bestritten, selbst abhängig zu sein? Hat er bestritten, Laudanum erworben zu haben? Korrigieren Sie mich, mein Freund«, wandte er sich an Sello. »Ich habe nichts dergleichen in der Verhandlung gehört. Oder trügt mich meine Erinnerung? Steht dazu etwas in den Akten, die Sie so aufmerksam durchforstet haben?«

Sello schüttelte nur mit betrübtem Blick zu Mathilde den Kopf. »Nein. Er wurde gar nicht erst danach gefragt.«

»Also hatte er noch nicht einmal die Gelegenheit zur Lüge. Sosehr ich Ihrer beider Einschätzung teile, Johann Selm ins Visier zu nehmen, strafprozessual helfen Ihre neuen Erkenntnisse nicht weiter, Frau von Tabouillot. Ich bedauere zutiefst.«

»Aber ...«, setzte sie zur Antwort an.

»Er hat leider recht«, kam Sello ihr zuvor. »Mathilde, das haben Sie wirklich hervorragend ermittelt. Auf seinem Verschweigen dieser Fakten, die Sie ans Licht brachten, basiert auch mutmaßlich das Urteil. So weit, so richtig. Aber das Verschweigen erheblicher Tatsachen ist keine Lüge.«

»Er hat doch Ida den Kauf des Laudanums unterstellt, mit dem die Familie betäubt worden sein soll. Tatsächlich hat jedoch er vor der Tat die ausrechend große Menge gekauft.«

»Ja, auch das ist zutreffend«, beantwortete Sello ihren Einwurf. »Dennoch war es keine Lüge, denn Ida hat ja tatsächlich Laudanum für ihre Herrin gekauft. Das hat sie eingeräumt. Also stimmt Johanns Aussage.«

»Das ist perfide, mit ausgesuchten Einzelwahrheiten ein falsches Gesamtbild von der Wirklichkeit zu erzeugen.«

Sein Referendar nickte, aus seinem Blick sprachen Niedergeschlagenheit und Ratlosigkeit gleichermaßen.

»Junger Mann, geschätzte Dame, was Sie beide geleistet

haben, ist à la bonne heure, aber – mit Verlaub – nicht effizient. Sie müssen sich fokussieren. Dass Ihre gefundenen Ansätze nicht zielführend sind, heißt nicht, dass sie uns nicht weiterbringen. Denn nun haben wir eine Reihe von Indizien für unseren Verdacht, dass Johann Selm hinter den Morden steckt. Er hätte somit das stärkste Motiv für eine Lüge. Es gibt zwei maßgebliche Aussagen von Johann Selm, die sich im Falle seiner Täterschaft als falsch herausstellen könnten. Und, was entscheidend ist: Auf ihnen fußt das Urteil. Das ist zum einen seine Behauptung, er habe Heinrich Meisner in der Tatnacht am Tatort gesehen, der habe sogar auf ihn geschossen. Finden Sie Heinrich Meisner, der ein handfestes Alibi für den Tatzeitraum hat, und Johanns Lüge ist bewiesen.«

»Originell, Herr Dr. Venedey. Er ist seit Monaten spurlos verschwunden. Da liegt es ja nahe, dass wir ihn binnen Stunden finden werden«, kläffte die von Tabouillot. Aus ihren Worten triefte Ironie.

»Daran arbeitet Sergeant Baudewin. Doch bisher ist er ebenfalls nicht fündig geworden.« Sello starrte bei seinen Worten in den leeren Cognacschwenker.

»Nun, es gibt ja noch eine weitere Aussage von Selm. Nämlich die, Ida habe seiner Familie Silberzeug gestohlen. Führen Sie den Beweis, dass das nicht der Fall war!«

»Sie meinen ...«, setzte Mathilde an.

»Ja, ich meine! Wir wissen nun, dass Johann süchtig ist. Und aus der Verhandlung wissen wir, dass sein Vater sehr geizig mit seinen Kindern war und seine Kinder kurzhielt. Johann hat sich doch geradezu darüber beschwert. Erinnern Sie sich, Sello?«

»Ja, das fand ich schon während seiner Aussage befremdlich.«

»Wie also hat er seine Sucht finanziert?«, fragte Venedey.

»Das Silberzeug, das immer wieder verschwand«, antwortete die von Tabouillot wie aus der Pistole geschossen.

Venedey nickte.

Noch bevor er ein weiteres Wort sagen konnte, sprang diese Mathilde auf und eilte aus dem Café.

Sello schaute ihr nach.

»Rennen Sie lieber hinter ihr her, bevor sie einen Fehler macht und sich selbst in Gefahr bringt. Sie ist zwar außerordentlich klug, Ihre Mathilde, aber auch ein Heißsporn.«

»Das ist nicht meine Mathilde.«

»Jetzt kümmern Sie sich!«

Sello nickte fahrig, erhob sich und eilte zur Tür.

Venedey holte tief Luft. Das kam doch alles zu spät. Und warum war er nicht schon längst darauf gekommen? Er winkte Trienchen für ein weiteres Glas zu.

Kapitel 32

Mathilde eilte zum Kartäuserwall. Bas' Rufe, als sie das Café Royal verlassen hatte, hatte sie geflissentlich überhört und ihr Tempo erhöht, bis sie ihn abgehängt hatte. Es fehlte ihr gerade noch, dass sie sich ausbremsen ließ. Eigentlich müsste Bas das inzwischen wissen. Aber Männer waren einfach perfekt darin, Dinge, die ihnen nicht behagten, zu ignorieren. Auch wenn Bas anders war. Sogar liebenswert anders. Er hatte etwas an sich, dass dafür sorgte, dass sie sich in seiner Gesellschaft wohlfühlte. Aber irgendwie fehlte auch etwas zwischen ihnen. Der Funke, der nicht überspringen wollte. Ihre Großmutter hatte es derber formuliert. Es gebe Männer, die nicht aus dem Quark kommen. Es sei besser, an ihnen zu verzweifeln, bevor es ernst werde. Doch jetzt war keine Zeit für solch alberne Gedanken. Jetzt musste sie Ida vor der Guillotine retten.

Als sie in die Straße einbog, entdeckte sie schon von Weitem die Pfandkreditanstalt und Sparkasse der Stadt Köln, das Alte Pfandhaus. Die Stadtverwaltung betrieb dort seit 1820 ihre Geschäfte, die Friedrich Wilhelm III. erst 1826 in einem Gesetz geregelt hatte, um dem Wucher der privaten Pfandleiher etwas entgegenzusetzen.

Mathilde hoffte auf den ererbten Geiz des Johann Selm, sich nicht von Wucherern oder Hehlern ausnehmen zu lassen. Hätte er das Silber an diese halbseidenen Kreise verhökert, wäre alles verloren. Denn diese Kriminellen hätten ihr niemals etwas verraten. So hoffte sie, dass er einfach so geizig und dumm gewesen war, das Silber im Pfandhaus zu versetzen, sonst wäre ihr letzte Chance, Ida zu retten, dahin.

Den schlichten klassizistischen dreistöckigen Bau mit seiner Hofdurchfahrt und dem Schaufenster im Erdgeschoss hatte Mathilde noch nie betreten. Nicht, dass sie es nicht in ihrer Verzweiflung, nach dem Verlassen ihres Ehemannes Alfred völlig mittellos dazustehen, erwogen hätte. Doch zu ihrem großen Verdruss besaß sie nichts, was als Pfand taugte. Außer ihrem goldenen Ehering. Doch den wollte sie ihrem dann geschiedenen Mann vor die Füße werfen. Und darauf herumtrampeln. Vor seinen Augen. Damit er ganz genau verstand, was sie von ihm und ihrer Ehe hielt.

Obwohl sie sich das eigentlich nicht leisten konnte. Doch war es ihr wichtig, dieses Schmuckstück, das sie an ihren widerwärtigen Ehemann irgendwie fesselte und das sie immer in ihrer Tasche bei sich trug, auf diesem Wege und für Alfred beleidigend loszuwerden. Jeden Tag hoffte sie auf Nachricht, dass sie endlich frei war. Doch bisher war diese frohe Botschaft nicht eingetroffen.

Nun stand sie vor dem Schaufenster und begutachtete die ausgestellten Pfänder, die wohl zur Versteigerung anstanden. Neben Schmuck, Ölgemälden, hübsch auf Samtdecken ausgebreitet, und jeder Menge Taschen- und Zylinderuhren, die sicherlich einiges an Wert besaßen, entdeckte Mathilde das, was sie suchte: silbernes Besteck, Kerzenleuchter in großer Zahl, Kelche und Becher, hochglanzpoliert. All diese Sachen, die ihre Besitzer gewiss schweren Herzens verpfändet hatten, waren nicht mehr abgeholt worden. Doch ob sich ein Stück der Familie Selm darunter befand, konnte sie nicht wissen. Da gab es nur eins, um das herauszufinden.

Sie betrat die Leihanstalt durch die Eingangstür, was ein kleines Glöckchen zum Bimmeln brachte. Vor sich sah sie einen Tresen, unter dessen Glasabdeckung weitere Schmuckstücke glitzerten. Dahinter standen Kisten, aus denen Kleidungsstücke herausquollen: bunte, gestreifte, mit

Borden versehene Röcke und Mieder und Hüte aller Formen und Farben. Hätte sie gewusst, dass man auch solchen Tand versetzen konnte, wäre es ihr in der Zeit nach der Trennung von ihrem Mann, diesem Trunkenbold und Weiberhelden, besser ergangen. Ihre Eltern hatten sie erst gemahnt zu ihm zurückzukehren und sie daher nicht unterstützt. Erst nachdem ihr Widerling von Ehemann sie vor aller Augen aus dem Haus geprügelt hatte und sie mit blauen Flecken bei ihren Eltern aufgetaucht war, hatte sie wieder Obdach gefunden.

Hinter dem Tresen erblickte sie den Pfandleiher, einen Mann mit Brille auf der Stirn, Schürze vor dem Bauch und freundlichen Augen. Er wirkte ganz anders, als sie sich einen solchen vorgestellt hatte. Zwei weitere Rendanten oder Taxatoren waren mit einer Dame beschäftigt, die ihre glänzenden Schmuckstücke vor ihnen auf dem Tresen ausgebreitet hatte. Immer wieder schluchzte sie auf und tupfte mit ihrem blütenweißen Taschentuch ihre Wangen ab.

Mathilde trat an den Tresen vor den freien Verleiher.

»Wie kann ich Ihnen helfen?«

Es gab feste Regeln bei der Verleihung in staatlichen Pfandleihhäusern wie dem Alten Pfandhaus. Anders als bei den freien wurde der Wert sorgsam taxiert und ein Darlehen in der Regel zwanzig Prozent unter dem Taxwert ausgezahlt. Dafür erhielt man einen Pfandschein, auf dem die Bedingungen festgeschrieben waren. Entscheidend für ihre Suche war aber, dass die Leihanstalt im Gegenzug ein Pfandbuch führen musste, welches neben der Nummer des Pfandes, seiner Beschreibung sowie aller sonstigen vereinbarten Wertangaben auch den Namen des Einreichers enthielt. So hatte es Friedrich Wilhelm III. in einer allerhöchsten Kabinettsorder bestimmt. Was sie nicht wusste, war, ob ihr darüber Auskunft erteilt werden durfte.

»Nun, Sie können mir helfen, ein Leben zu retten!«, eröffnete sie in der Hoffnung, sein Interesse und Mitleid geweckt zu haben.

»Oha, wie das, junge Frau?«

»Wie soll ich sagen. Also am besten ganz direkt: Es könnte sein, dass ein Mörder hier Silbersachen versetzt hat, deren Diebstahl er einer Unschuldigen anlastete, die daraufhin zum Tode verurteilt wurde.«

»So, so. Und wie, glauben Sie, könnte ich Sie bei der Rettung des Lebens der Unschuldigen unterstützen?«

Mathilde wurde durch den verständnisvollen Blick des Verleihers mutiger.

»Sie führen doch ein Pfandbuch. Und da müsste sein Name zu finden sein, wenn er die angeblich von Ida, äh, also der Unschuldigen, gestohlenen Gegenstände bei Ihnen beliehen hätte. Sie müssten es nur durchsehen, und wenn meine Vermutung stimmt, mir das Buch mitgeben, dann kann der Anwalt Dr. Venedey die Aufschiebung der Hinrichtung durchsetzen.«

Der Mann vor ihr zog die Stirn kraus. War da ein Bedauern in seinem Blick? »Nun, aus Ihrem Munde klingt das so einfach. Doch leider muss ich Sie enttäuschen. Auch wenn ich den Namen darin finden würde, so dürfte ich Ihnen den unter keinen Umständen mitteilen und schon gar nicht das Pfandbuch herausgeben. Ich bedaure sehr, Ihnen da nicht weiterhelfen zu können.«

Mathildes Schultern sackten vor Enttäuschung runter. Alles umsonst. Doch nein, erst wenn es schwierig wurde, war es auch eine echte Herausforderung, der zu stellen sie sich in ihrem ganzen bisherigen Leben niemals entzogen hatte. Es brauchte nur einen Moment und den Blick in das bedauernde Gesicht des Mannes vor ihr, um klarer denken zu können.

»Nun, vielleicht erinnern Sie sich aber an diesen Mann. Er war lange Zeit in aller Munde. Und ich muss Sie auf die Bibel bitten, das für sich zu behalten.«

Der Verleiher nickte.

»Kennen Sie Johann Selm?«

Er zuckte zusammen, fing sich aber gleich wieder, schaute zu den anderen Verleihern, bevor er sich ein wenig vorbeugte. »Ihnen ist schon klar, dass ich diese Auskunft nicht erteilen darf, oder?«

Nun war es an Mathilde zu nicken. »Morgen soll auf dem Gereonsdriesch Ida Irmisch wegen des Mordes an seiner Familie hingerichtet werden. Er hat behauptet, sie und ihr Verlobter hätten Rache genommen, weil sie bei dem Diebstahl von Tafelsilber erwischt, ihr deshalb gekündigt und mit Strafanzeige gedroht worden war. Doch das alles hat sie nicht getan. Bei meiner Ehre und meinem Glauben an Gott, den Allmächtigen, das Mädchen ist unschuldig. Doch das Silber wurde tatsächlich entwendet. Das steht fest. Es fehlt nur noch der Beweis, von wem. Und deshalb bin ich hier. Können Sie mir nicht doch irgendwie helfen?«

Wieder sah sich der freundliche Mann zu seinen Kollegen um, die vollauf damit beschäftigt waren, den Schmuck der weinenden Dame zu begutachten und die Kundin zu beruhigen.

»Nun, wie soll ich sagen. Der Name Johann Selm ist mir gut bekannt. Und das nicht erst seit der Tragödie auf dem Schöttelshof.«

Als er nicht weitersprach, streckte Mathilde ihren Kopf über den Tresen näher zu ihm.

»Hat er, wie ich vermute, hier silberne Haushaltsgegenstände versetzt?«

Wieder schaute sich der Mann vorsichtig zu seinen Kollegen um. Dann nickte er leicht. »Mehr als einmal. Im letzten Jahr war er regelmäßig einmal im Monat hier«, raunte er.

Mathilde schlug mit der Faust auf den Tresen. »Wusste ich es doch!«

»Scht«, zischte der Mann vor ihr. »Seien Sie vorsichtig, das kann mich meine Stelle kosten.«

»Entschuldigung«, antwortete Mathilde mit verzeihendem Blick in Richtung der anderen. »Das ist aber wirklich zu wenig für meinen Ehering. Er ist aus purem Gold!« Demonstrativ hielt sie dem Verleiher ihre Hand hin, als stecke der verflixte Ring noch an ihrem Finger.

Der Verleiher ergriff sie und zog sie vor seine Augen.

Seine Kollegen wandten sie wieder ihrem Geschäft zu.

»Können Sie mir einen der Gegenstände mitgeben? Der Verteidiger von Ida benötigt etwas Handfestes als Beweis«, raunte Mathilde.

Der nette Mann sah sie schockiert an, ließ ihre Hand los und wich etwas zurück. »Das ist unmöglich! Ich würde auf der Stelle entlassen.«

»Denken Sie an das arme Mädchen. Sie kostet es das Leben, wenn wir zögern.«

»Und ich stehe mit meiner Familie auf der Straße.«

»Aber als Zeuge können Sie doch aussagen! Das würde reichen, wenn Sie diese Aussage augenblicklich vor dem Gericht bezeugen.«

Das Gesicht ihr gegenüber versteinerte, alle Freundlichkeit war aus ihm gewichen. »Dafür würde ich die Genehmigung des Kurators der Leihanstalt benötigen. Und der ist zurzeit dienstlich verreist. Es würde also Tage, wenn nicht Wochen dauern, bis ich die bekäme oder Ihr Ansinnen abgelehnt würde«, flüsterte er ihr zu, immer wieder ängstliche Blicke zu seinen Kollegen werfend. Dann trat er einen Schritt zurück. »Nein, meine Dame, aber den Ring können wir nicht als Pfand akzeptieren, der ist aus Blech.«

Er würde nichts mehr für sie tun, um Ida zu retten. Das erkannte Mathilde.

»Kommen Sie wieder, wenn Sie etwas von echtem Wert anzubieten haben.«

Mathilde blieb nichts anderes übrig, als sich zu verabschieden. Immerhin hatte sie nun die Bestätigung, dass Johann Selm seine eigene Familie bestohlen hatte.

Vor der Tür starrte sie in den dunklen Himmel. Die Luft roch nach Schnee und Kälte. Sie zog ihren Mantel enger um sich. Doch das Frösteln war nicht allein der Temperatur geschuldet. Würde es reichen, wenn sie Bas von dem Bericht des Verleihers erzählte? Würde das reichen, um die Hinrichtung aufzuschieben? Mathilde hatte große Zweifel. Wenn nicht einmal ausreichte, den Beweis zu haben, dass Johann Selm ein Süchtiger war, dann würde dieses knappe Nicken und die kurze Bestätigung, von der sie nicht glaubte, dass der Verleiher sie irgendwann ohne Erlaubnis seines Chefs vor dem Richter wiederholen würde, schon gar nichts nützen. Nicht in der Kürze der verbleibenden Zeit bis zur Hinrichtung. Nein, sie musste andere Wege gehen.

Morgen war der Tag. Bas hatte gesagt, dass der Assisenhof die Vollstreckung der Enthauptung aufschieben würde, wenn der echte Mörder benannt werden konnte.

Er war mit seiner Suche nicht weitergekommen und von diesem Baudewin hatte sie seit Tagen nichts gehört. Wenn sie auf deren Beitrag zur Rettung wartete, war Ida verloren. Ihr blieb nur eine einzige Chance: Sie würde Johann Selm aufsuchen und dazu bringen, seine schändliche Tat zu gestehen.

Kapitel 33

Etwas zog an ihm. Immer heftiger. Riss es ihn mit sich in die Tiefe oder empor? Flog er mit der Geschwindigkeit einer Kanonenkugel gegen eine Befestigungsmauer? Plötzlich stoppte der rasante Flug. Das Knarzen eines um seine Beine vertäuten Seils, das sein Gewicht auffing und sich dabei straffte, bohrte sich in seine Ohren. Erst jetzt begriff er, dass er auf die Dombauhütte blickte. Hing er etwa kopfüber an dem alten Drehkran auf dem Südturm des Doms? Es knirschte und knackte. Immer höher und höher wurde er von unsichtbaren Kräften hinaufgezogen, bis er unter sich tatsächlich das Arbeitsplateau des unvollendeten Turms erkennen konnte. Plötzlich schwenkte der Kran und gab ihm den Blick auf den Nordwesten seiner Heimatstadt frei. Es war, als wenn jemand ihm eine Lupe vor Augen hielt, unter der die Gereonsmühlengasse immer größer wurde. Der abgebrannte Schöttelshof kam ins Bild, aber nicht etwa die Trümmer, sondern eine kleine Anhöhe, eingerahmt von Bäumen. Dort stand ein Mann, ein junger Mann mit zarten, kleinen Händen, die plötzlich wuchsen, sich in raue Pranken verwandelten. Da riss das Seil. Schäng stürzte in die Tiefe. Vier Wasserspeier des Doms schossen wie Pfeile an ihm vorbei nach unten und spannten aus dem Nichts, bevor er aufschlug, ein Sprungtuch. Er wurde von der Wucht des Aufpralls wieder hochgeschleudert und flog über die Dächer der Stadt Richtung Schöttelshof.

In der nächsten Sekunde wachte Schäng auf. Er hielt den Traum fest, seine Gedanken landeten auf der Anhöhe. Warum kreisten sie im Traum und jetzt um diese Anhöhe? Und warum stand da dieser Johann mit wachsenden Händen?

Groß St. Martin schlug fünf. In seinem Kopf hämmerte es, die Wunde am Bauch klopfte. In drei Stunden würde Ida hingerichtet. Dabei hatte ein anderer die Tat begangen. Und dieser andere war Johann. Für Bas, diese Mathilde und ihn bestanden daran – nach allem, was sie herausgefunden hatten, keine Zweifel. Aber Justitia hatte nicht hingesehen, hatte einfach die Binde vor den Augen gelassen. Schäng war stocksauer auf diese Trulla. Nein, das würde er nicht hinnehmen. Drei Stunden waren drei Stunden. Aufgeben musste er, wenn Idas Kopf ab war. Dann erst war es zu spät. Himmel, was hatte er nur übersehen oder überhört? Was war das für eine Anhöhe, vor der Johann in Schängs Traum stand? Verdammt noch mal, die kannte er doch. Sein Erinnerungsvermögen war um diese Uhrzeit wohl noch mit Brettern vernagelt.

Er sprang aus dem Bett. Eiskeller schoss es ihm durch den Kopf. Koste es, was es wolle, den würde er sich jetzt sofort ansehen. Zu Fuß wäre er zu langsam. Er brauchte ein Pferd. Mariele wachte auf.

»Ich bruche e Pääd.«

»Wäje däm Mädche? Frooch Papp!«

Seine Frau kannte ihn gut. Manchmal zu gut. Immer dann, wenn er nicht wollte, dass sie seine Gedanken las. Doch jetzt war er froh, dass sie ihn nicht für verrückt erklärte, sondern so nahm, wie er war.

»Wells do ming Wiev wäde?« Er wiederholte seinen Heiratsantrag und grinste.

Mariele lächelte.

»Emme widder, do Jeck. Un no loss!«

Seine Frau rief ihm noch nach, dass sie für ein Wunder bete, da war Schäng schon in seine alte Lederhose und die Stiefel geschlüpft, die er noch aus seiner Hufschmiedzeit besaß, hatte den dicken Rollkragenpulli über das Nachthemd gestreift und nach Strickhandschuhen, Winterjacke und Türklinke gegriffen.

Er rannte die Hafengasse ein Stück hinunter und bog nach rechts in die Salzgasse ein. Die Frage nach der Anhöhe schlug gegen seinen Kopf wie ein Hammer auf den Amboss. Wieder und wieder. Schäng rannte weiter. Er kam ins Straucheln, fing sich aber. Es war an einigen Stellen glatt. Die Temperaturen schwankten um den Gefrierpunkt. *Überfrorene Nässe. Eis. Der Eiskeller!* bildeten seine Gedanken eine Kette. Hatte der Nachbar der Selms ihm nicht vor ein paar Tagen gesagt, dass sich am Tag des Brandes ein junger Mann beim Eiskeller herumgetrieben habe? Beschreiben konnte er den Mann nicht. Dafür sei er zu weit weg gewesen. Er habe nur gesehen, dass Johann dazu gekommen sei. Der habe den jungen Mann angeschnauzt und wohl verscheucht. Denn als er wieder hingesehen habe, seien beide weg gewesen. Und der Nachbar hatte gedacht, dass dann wohl alles seine Ordnung habe. Ausgesagt hatte er das bei der Polizei nicht. Schließlich war es nichts Ungewöhnliches, dass junge Männer im Spätsommer nach Arbeit als Erntehelfer fragten.

Was, wenn das tatsächlich Heinrich war? Schäng hatte Bas brühwarm davon erzählt. Aber der glaubte, dass die Beobachtung Ida nichts nütze. Sie würde sogar eher die Annahme der Staatsanwaltschaft unterstützen, dass Heinrich der Täter war. Denn das wäre eine Bestätigung der Aussage von Johann Selm, dass Heinrich am Tatort gewesen und sodann mit der Beute verschwunden sei. Ohne Ida. Bas hatte spekuliert, dass Johann und Heinrich gemeinsame Sache gemacht haben könnten. Mit der naiven Ida, die vielleicht geholfen hatte, ohne zu wissen, was die beiden vorhatten. Irgendetwas sagte Schäng allerdings, dass Ida sich nicht in ihrem Verlobten getäuscht hatte. Und das trieb ihn an, dieses Irgendetwas. Zwar hatte er nicht mal eine Ahnung, wonach er suchen sollte, geschweige denn, was er zu finden hoffte. Dennoch lief er weiter und weiter. Mit seinen Stiefeln absichtlich durch den Unrat Morast, der den Boden bedeckte. Die Anwohner mussten ihre Straße erst bis acht Uhr gefegt haben. Heute war ihm der Dreck willkommen. Er lagerte uneben und bildete keine Schlitterfläche. Schäng legte einen Zahn zu. Endlich war er bei der Wohnung seiner Schwiegereltern angekommen. Seinen Schwiegervater Karl traf er vor der Remise im Innenhof an. Er wollte gerade den Klepper füttern, den er beinahe jeden Morgen vor die Wagonnette spannte, um kleinere Transporte oder Mietfahrten zu unternehmen. Auch Karl litt unter der wirtschaftlichen Misere. Der ruhige, gebürtige Westfale und sein Gaul waren hager geworden.

»Papp, ich brauch dein Pferd. Es ist eilig.«

»Hat das mit dem Mädchen zu tun, das heute hingerichtet werden soll?«

»Ja, ich ... ich glaub, ich hab was übersehen.«

»Glaubst du, das hilft ihr noch, wenn du das jetzt herausfindest?«

»Wenn die Wahrheit nicht hilft, gibt es kein Recht.«

»Du sprichst schon wie dein Advokatenfreund. Fehlt nur, dass ich mit dir auf die Barrikaden muss, weil du unter die Revoluzzer gegangen bist.«

»Welche Barrikaden?« Schäng war verdutzt.

»Wenn es in Frankreich rumpelt, knarzt es auch hier im Gebälk.«

»Ach, Papp. Die haben ihren König verjagt, nicht unseren. Außerdem hat der Karneval begonnen. Für Revolution haben wir keine Zeit.«

»Wir werden sehen.«

Wortlos drückte sein Schwiegervater Schäng den Futtersack in die Hand und nahm einen polierten Sattel von einem Holzbock. Er legte ihn auf den Rücken des Pferdes, schnappte unter dem Bauch des Tieres nach dem losen Ende des Ledergurts, führte ihn durch die Schnalle, um den Sattel festzuzurren.

»Der gehört mir nicht. Den hab ich bloß repariert.«

»Ich pass auf.«

Sein Schwiegervater ging wortlos zu dem alten Holzschrank, der im Stall stand, und holte Ledergamaschen hervor, die er schweigend mit den Schnallen nach außen um die Vorderbeine des Tiers legte und verschloss.

Schäng ließ den Gaul noch ein Maul voll Hafer nehmen, dann gab er den Futtersack zurück, nahm die Trense, die ihm sein Schwiegervater reichte und legte sie dem Pferd an. »Mach, dass du fortkommst.«

Schäng nickte nur kurz, steckte seinen linken Fuß in den Steigbügel und schwang sich in den Sattel.

Erst in Schrittgeschwindigkeit, dann im Trab ritt er die Salzgasse hinunter. Das Pferd musste sich erst warmlaufen und er sehen, wie es bei dem Wetter mit der Straße zurechtkam.

Aus Schängs Nase und den Nüstern des Pferdes stiegen Atemwölkchen auf. Er blickte auf den Rhein, der so still und schwarz wie ein endloser Trauerzug wirkte. Am Kirchen-Bräues funzelte noch die Öllampe an der Fassade und ließ die angeschlagenen Lettern über dem Eingang erkennen: *Brauhaus Heinrich zur Krae.*

Er bog nach links Richtung Fischmarkt ab. Obwohl Schäng glaubte, Fischgeruch in der Nase zu haben, lagen die Verkaufsstände der Feschmenger leer. Groß St. Martin schlug halb sechs. Durch die Mauthgasse und die Straße Am Bollwerk, die am Stapel- und am Zollhaus vorbeiführte, hörte er nur noch das Schlagen der Hufeisen gegen das Kopfsteinpflaster.

Seine Gedanken kreisten um Ida und den Eiskeller. War der nicht längst untersucht worden? Bas hatte davon aber nie gesprochen. Schäng passierte den Frankenturm, ein Doppeltorturm, der im fahlen Mondlicht wie ein »L« mit zwei

Zeltdächern als Hütchen aus der Stadtmauer ragte. Bald lenkte er den Zossen nach links in die Trankgasse. Dort erleuchteten die neuen Gaslaternen die Straße. Hier wohnten schließlich alles vürnähme Lück mit vor Moneten klingelnden Namen: Mertens, Deichmann, Oppenheim, von Wittgenstein. Die hatten ihr eigenes Geldhaus oder wenigstens eine Bank für ihren breiten Hintern in der Führungsetage von schwerreichen Unternehmen. Nachdem der kleine Franzmann keinen Herrn neben sich dulden wollte und die kirchlichen Besitztümer eingezogen hatte, konnten sich diese hohen Herren in der alten Domkurie, dem ehemaligen Pfarrhaus und auf dem Grundstück der abgerissenen Kirche St. Lupus breitmachen und ihre eigenen Tempel errichten. Und wenn so ein Geldgott sagte: »Es werde Licht!«, ließ der Stadtrat vor dessen Prachtbau eine von den neuen Gaslaternen aufstellen.

Schäng passierte das Wallrafianum, in dem die von Ferdinand Franz Wallraf zusammengesammelten Kunstschätze aus Klöstern und Kirchen ausgestellt waren. Was sie nicht mit nach Hause genommen hatten, war von den Franzosen verkloppt oder verheizt worden. »Kläue es nit Rääch, och wann et ene Kaiser däät«, hatte Schängs Vater geschimpft, den das Einschmelzen der Glocken zu Kanonen noch Jahre nach Napoleons Russlandfeldzug vor Wut hatte kochen lassen.

Und nun brodelte es in Schäng. Das Urteil war Unrecht. Auch der König, der es hätte aufheben können, war mit Blindheit geschlagen. Unwillkürlich trieb Schäng das Pferd an. Es fiel in einen leichten Galopp. Wie er es gelernt hatte, parierte er es, indem er seine Arschbacken zusammenpresste und sich tiefer in den Sattel drückte. Der Gaul gehorchte und verlangsamte in leichten Trab. Alles durfte geschehen, aber Schwiegervaters Kollege, wie der selbst seinen Wallach nannte, durfte nicht unglücklich ausrutschen und zu Schaden kommen. Zwar drängte die Zeit, doch wenn sich das Tier die Knochen brach, nutzte es Ida auch nichts.

Den halben Dom hatte er links liegen lassen. Die Trankgasse war längst in die Komödienstraße gemündet. Da stand das Theater. Als es 1829 eingeweiht worden war, war Schäng so alt wie Ida heute. Er hatte die erlesenen Gäste damals nur von Weitem gesehen, die in Frack und Fummel mit eigenen Kutschen zur Premiere vorgefahren waren.

Die Zuschauer, die Ida gleich am Gereonsdriesch erwarteten, waren von einem anderen Schlag. Sie würden krakeelen und johlen wie auf einem Volksfest. Erst wenn der Kopf im Korb gelandet war, würde die Menge aufhören, »Kopf ab!« zu grölen.

Schäng trieb den Kollegen unabsichtlich wieder an, nahm sich aber sofort zurück.

Links neben ihm lag der Appellhofplatz. St. Andreas schlug Viertel nach fünf. Das Gerichtsgebäude lag noch im Dunkeln. Er spürte wieder die Magenschmerzen, die ihn nach der Urteilsverkündung angeflogen und eine Woche wie eine lästige Fliege verfolgt hatten.

Er bog nach rechts ab. Im Kattenbug brannte keine Straßenbeleuchtung. Die Öllampen, die an Seilen über die Straße gespannt waren, konnte er nur als schwarze Schattenrisse vor dunkelgrauem Hintergrund erkennen. Der Mond war schon so weit nach Westen gewandert, dass er nicht mehr über die Dächer der dreigeschossigen, dicht an dicht gebauten Häuser schien.

Schäng führte das Pferd im versammelten Schritt durch die Straße. Plötzlich rutschte dessen linkes Vorderbein zur Seite weg. Schäng nahm die Zügel an und blieb tief im Sattel sitzen. Der Kollege balancierte aus. Da Schäng nicht erkennen konnte, wie groß die vereiste Fläche war, saß er vom Pferd ab, ließ es am losen Zügel seinen Weg selber finden und ging nebenher.

Je langsamer er wurde, umso schneller wuchsen seine

Zweifel. War das nicht sinnlos, was er tat? Wenn Johann der Täter war, würde er doch nichts auf dem Hof versteckt haben. Doch jetzt nicht mehr, wo er längst durch die Fragen von Dr. Venedey ahnen musste, dass der Verteidiger ihn verdächtigte, etwas mit den Morden zu tun gehabt zu haben.

Egal, Schäng schob die Zweifel beiseite. Er würde sich diesen Eiskeller ansehen. Und wenn er da nichts fände, könnte er immer noch versuchen, die Wahrheit aus Johann herauszuprügeln. Er hatte Bas zwar hoch und heilig versprochen, es nicht zu tun. Der hatte ihm eingebläut, dass ein erzwungenes Geständnis nichts wert wäre und ihm selbst nur großen Ärger bereiten würde. All das war ihm klar. Trotzdem hätte die Bestie es nicht besser verdient. Als er am Ende vom Kattenbug angelangt war, saß er wieder auf und ritt durch die Würfelpforte in die Gereonstraße. Das Brechen der dünnen Eisglasur über dem Unrat, der auch hier noch die Straße bedeckte, ließ ihn zuversichtlich lostraben.

Bald hatte er den von Bäumen gesäumten Grünstreifen in der Mitte der Straße erreicht. Es war nicht mehr weit bis zum Klingelpütz. St. Gereon schlug halb sechs. Ganz in der Nähe lag das Elternhaus der von Tabouillot, die ihm trotz allem nicht geheuer war. Was Bas bloß an ihr fand? Vielleicht verliebten sich schlaue Leute anders. Vielleicht knallte es bei denen nicht im Kopf beim Anblick wippender Brüste. Vielleicht wurden die raderdoll bei langen Sätzen. Zu viele Vielleichts. Schäng hatte keine Ahnung, was es war. Wenigstens war er inzwischen nach rechts in die Straße Klingelpütz eingebogen. Nur wenige Meter trennten ihn von der Einmündung in die Gereonsmühlengasse. Er hatte das Ziel vor Augen. Wenn er nur mehr hätte sehen können. Der Mond als Lichtquelle würde nicht reichen. Schäng stoppte den Gaul vor dem Haus der Nachbarn. Er würde um Hilfe bitten. Hinter den Vorhängen war es hell. Vermutlich versorgten die Ziethens schon die Tiere.

Schäng klopfte. Die Bäuerin öffnete eine kleine Luke in der Haustür.

»Guten Morgen, ich bin Sergeant Hans Baudewin. Ich brauche Ihre Hilfe.«

»Ija, ich weiß. Se wohren allt ens do. Ming Mann es en d'r Schör. Momang.«

Wenig später öffnete sich das Tor zum Hof. Ein Mann mit einer Öllampe in der Hand winkte ihn zu sich.

»Kommen Sie rein. Machen Sie das Pferd da fest.« Er zeigte auf einen Holzpfeiler des Unterstandes rechts neben ihm. »Was brauchen Sie?«, mühte er sich vor der Amtsperson Deutsch zu sprechen.

»Die Lampe, einen Hammer oder ein Stemmeisen und vielleicht ein zweites Paar Hände.«

»Was suchen Sie denn?«

»Beweise. Ich muss Beweise für das Wiederaufnahmeverfahren sichern.« Schäng zimmerte aus der Erinnerung die Worte von Bas zusammen, um mehr Eindruck zu schinden.

»Ja, dann. Ich muss aber erst die Tiere füttern.«

»Ich rufe, wenn ich Hilfe brauche.«

»Es joot.«

Mit einem Zimmermannshammer und der Öllampe eilte Schäng davon. St. Gereon schlug Viertel vor sechs. Der Mond zog die Dunkelheit langsam mit sich fort. Schäng hatte die Anhöhe erreicht. Was war das? Vor dem Eiskeller bewegte sich etwas. Plötzlich blickten ihn zwei leuchtend gelbe Augen an. Ein Fuchs? Ging in den Beständen nicht gerade die Tollwut um? Hatte sein Kollege Hermann Abdank ihm nicht erzählt, dass er abkommandiert war, beim nächtlichen Bejagen auszuhelfen? Hätte er doch besser zugehört! Die Augen kamen näher. Schäng hörte ein Kläffen, dann ein Knurren. Tatsächlich war es ein Fuchs, der nun in den Lichtkegel der Lampe gelaufen kam. Das Tier hatte die Zähne gefletscht. Die Zunge war weit aus dem Maul gestreckt. *Herr, sei bei mir!* Schäng schickte ein Stoßgebet zum Himmel.

Er stellte die Lampe ab und zog sich langsam zurück. Mit dem Viech dürfte er nicht in Berührung kommen, schon gar nicht eine Bisswunde abbekommen. Schäng steckte die bekloppte Hand in die Tasche und hielt den Hammer fest in der anderen. Der Fuchs blieb einen Augenblick bei der Lampe stehen. Er senkte den Kopf und fixierte Schäng. Wieder zog das Tier die Lefzen hoch. In Trippelschritten ging Schäng weiter rückwärts. Doch unvermittelt griff der Fuchs an. Schäng holte mit dem Hammer aus, verfehlte den gefährlichen Angreifer aber knapp. Das Tier verbiss sich in seinen linken Stiefel. Schäng schrie den Fuchs an, versuchte ihn abzuschütteln. Er schlug nach ihm, traf wieder nicht, verlor den Halt, fiel nach vorne und rollte zur Seite ab.

Das Tier, das kurz von ihm abgelassen hatte, sprang an den Hals von Schäng, der beide Arme zur Abwehr hochriss.

Kapitel 34

Mathilde fuhr hoch. Wo war sie? Was war mit ihrem Kopf geschehen? Er dröhnte, als würde eine der neuen Dampflokomotiven mittendurch fahren. Ein Kichern entschlüpfte ihr unversehens. Was für ein verrückter Gedanke. Schon war der stechende Schmerz, der ihr beim Aufwachen durch den Schädel geschossen war, wieder da. Sie schaffte es kaum, die Augen zu öffnen. Aber das war gar nicht wichtig. Oder doch? Einmal würde sie es noch versuchen. Sie schaffte es tatsächlich im dritten Anlauf, bereute ihre Mühen jedoch sofort und musste die Lider wieder schließen: Helles Licht blendete sie und brannte in den Augen wie Feuer. Sie wollte mit der Hand die Helligkeit abschirmen, doch auch das gelang ihr nicht. Dann eben nicht. Sie schloss die Augen wieder und ließ den Kopf auf den Boden sinken, zu groß war die Anstrengung, ihn angehoben zu halten. Überhaupt war er so schwer, als würden sich Backsteine in ihm befinden. Erneut musste sie kichern. Die Vorstellung war aber auch zu komisch.

Als sie sich endlich beruhigt hatte, wollte sie sich auf die Seite drehen. Der Boden unter ihr war zu hart zum Liegen. Auch das klappte nicht, irgendwie bekam sie die Hände nicht zum Abstützen auseinander. Sie fühlte unter sich. Holz. War sie auf einem Schiff? Schwankte deshalb die Welt um sie herum dermaßen, dass ihr nun auch noch übel wurde? War sie seekrank? Vielleicht fuhr sie gerade über das Meer, wie sie es sich immer schon erträumt hatte. Einfach weg aus diesem Leben, rein in die Freiheit. Sie sah sich in fremde heiße Länder segeln …

Kapitel 35

Jetzt hatte sich der Fuchs in den linken Ärmel der Winterjacke verbissen. Mit dem Mut der Verzweiflung stemmte Schäng sich mit der freien Hand hoch auf die Knie, stand in der nächsten Sekunde wieder auf den Füßen und schleuderte den tollwütigen Angreifer mit ausgestrecktem Arm herum. Der Rumpf des Tieres schmetterte gegen einen Baumstamm. Der Fuchs fiel benommen zu Boden. Ohne zu zögern schlug Schäng auf dessen Kopf ein. Wieder und wieder. *Du oder ich*, war das Einzige, was Schäng denken konnte. Als er aufsah, war der Nachbar mit einer Schrotflinte herbeigeeilt. Der legte an und ging auf Nummer sicher.

»Hät hä dich erwischt, Jung?«, war er vor Schreck in seinen Dialekt verfallen.

»Ich jläuv nit.«

»Kumm marschtich met. M'r luure dat noh. Un brenne dat us.«

Schängs Herz schlug bis zum Hals. Falls der Biss durch den Ärmel gegangen war, musste die Wunde sofort ausgebrannt werden, wenn Schäng nur den Hauch einer Chance haben wollte zu überleben. Ihm wurde übel. In seinem Kopf herrschte Nebel. Er rannte einfach hinter dem Bauern her. Lief, stolperte, hastete seinem Urteil entgegen.

»Nieß, maach op!«, brüllte der alte Ziethen.

Schon öffnete sich die Tür.

Schäng schlüpfte eilig aus den Klamotten und dem Stiefel, in den der Fuchs gebissen hatte. Nun stand er nur noch in Lederhose da. Der Verband am Bauch war verrutscht.

»Dat wor allt«, beeilte er sich zu sagen.

Der Bauer und seine Frau beäugten daraufhin den Arm und seinen Unterschenkel. Schäng wollte gar nicht hinsehen.

»Do häs e selde Jlöck, Jung.«

Nun sah Schäng es selbst, sein Glück. Die Zähne des Tieres hatten sich nicht durch den Stoff gebohrt. Auch die Lederstiefel hatten gehalten. Sein Unterschenkel war verschont geblieben.

Schäng zog sich eilig wieder an. Der Herr hatte ihn verschont. Wieder mal. So viele Kerzen, wie er zum Dank anzünden wollte, konnte er sich gar nicht leisten.

St. Gereon schlug sechs.

Mit einem eiligen Danke rannte Schäng zur Tür hinaus und hetzte zurück zur Anhöhe. Die Lampe stand noch da und brannte. Auch der Hammer lag noch da, wo er ihn hatte fallen lassen. Er hob ihn auf.

Irgendwo knarzte etwas. Schäng schaute sich um. Nichts. Er rüttelte am Schloss zum Eiskeller, der in die Anhöhe gebaut war. Vielleicht war sie auch extra aufgeschüttet worden, um dort den Eiskeller anlegen zu können. Die Erde war kühl, die Bäume spendeten Schutz vor der Sonne. So einen Eiskeller hatte auch die Bauernfamilie, bei der er öfters aushalf, um etwas dazuzuverdienen – und wenn es nur ein paar Eier, eine Blutwurst oder ein Laib Brot waren.

Schäng hebelte mit dem Klauenzahn des Hammers das Schloss aus. Das Holz splitterte, als er den Beschlag abstemmte. Er öffnete die Tür, bewegte sich geduckt durch eine kleine Schleuse und leuchtete in den halbkugelförmigen Eisraum dahinter. Der war leer.

Rechts und links von ihm waren in der gleichen Form Lagerräume angeordnet. Er betrat den rechten Raum und leuchtete ihn aus. Dort lagerte nichts. Er bewegte sich geduckt zum zweiten Raum. Auch der war leer – bis auf zwei große Salzfässer, die dicht an die Mauer geschoben waren.

Aus einem der Fässer war etwas Flüssigkeit herausgetrielt. Das weckte Schängs Aufmerksamkeit. Warum war das Fass zugenagelt? War da etwas Wertvolles drin? Die Beute oder Teile davon?

Er stellte die Lampe auf den Boden und sprengte den Deckel ab, so, wie er die Tür geöffnet hatte. In dem Fass schien Salzlake zu sein. In der Mitte schwamm etwas Dunkles. Genaueres konnte er nicht erkennen. Was war das? Lange Würmer? Schäng griff nach der Lampe und leuchtete in das Fass. Waren das ...? Das waren doch nicht ...?

Doch. Haarsträhnen. Bis ins Mark durchzuckte Schäng der Schrecken. Obwohl es ihn grauste, streifte er seine Handschuhe ab und zog an den Haaren. Die schwammen nicht lose in der Lake. Da hing ein toter Mensch dran. Vom Kopf konnte er die Schädeldecke, dann die Stirn erkennen. War das Heinrich?

Schäng kippte hektisch das Fass um, damit er die Leiche herausziehen konnte. Bis auf ein Loch im Hinterkopf war der Tote gut erhalten, seine Gesichtszüge erkennbar, wenn auch geschrumpelt. Sie ähnelten denen auf der Zeichnung, mit der sie nach Heinrich gesucht hatten. Hastig griff Schäng nach der linken Hand des Toten. Ja, ja, ja. Ihm fehlte der kleine Finger. Das war Heinrich. Ohne jeden Zweifel. Und der lag nicht erst seit gestern in dem Fass. Wer hatte den angeblichen Mörder der Familie Selm getötet und in das Fass gesteckt? Und wo war die Beute, mit der er sich davongemacht haben sollte?

Schäng hob den Deckel vom zweiten Fass. Nichts. Keine Beute. Das war doch der Beweis, schoss es Schäng durch den Kopf. Ida hatte nicht die Kraft, einen Mann von der Größe und dem Gewicht auf diese Art zu beseitigen. Warum hätte sie ihn überhaupt umbringen sollen? Und wieso hier?

Nein, das sprach alles für einen anderen Täter. Und da gab es nur einen, der in der Tatnacht vor Ort war und ein Motiv hatte: Johann. Der Sauhund war süchtig nach diesem

Dreckszeug Laudanum; der hat seine Familie beklaut und alles Ida untergeschoben.

Außerdem war Heinrich, davon ging Schäng nach dem Fund der Leiche aus, zuletzt hier beim Eiskeller am Abend vor dem Brand lebend gesehen worden. Der Nachbar hatte davon berichtet, hier einen Mann gesehen zu haben. Vielleicht hatte der von den Taten zufällig etwas mitbekommen, als er Ida abholen wollte, und war deswegen von Johann an Ort und Stelle beseitigt worden.

Mein Gott, was stand er hier noch rum?! Egal, wie eklig sich das anfühlen würde, er würde jetzt den Toten schultern und zu Bas bringen. Sollte der doch mit Venedey die klugen Schlussfolgerungen ziehen und bei Gericht Sturm laufen. Er musste nur noch Heinrich liefern.

Schäng schaute knapp drei Zentimeter über jeden Handgriff hinweg, den er jetzt tat. Mit dem Toten über der Schulter rannte er zum Hof der Ziethens. Der Bauer musste ihn kommen gesehen haben, denn das Scheunentor öffnete sich.

»Das hier ist der angebliche Mörder der Familie Selm. Der muss sofort am Stück zum Gericht«, brüllte Schäng.

Der Bauer blickte ihn erschrocken an.

»Schnell, ein Bettlaken und ein Seil«, bat Schäng. St. Gereon schlug Viertel nach sechs.

Ziethen tat, wie ihm aufgetragen. Schäng wickelte den Leichnam in das Tuch, legte ihn wie ein Kummet um den Hals des Kollegen, band Füße und Hals des Toten mit dem Strick zusammen und schwang sich in den Sattel.

»Liehn mer ding Flint!«

»Woför?«

»Mer kann nie wesse.«

Bei der wertvollen Fracht wollte er nichts riskieren.

Wenig später kam der Bauer mit frisch geladener Schrotflinte aus dem Haus. Einen Gewehrriemen hatte er eingehakt. Schäng nickte nur kurz, schulterte die Waffe und ritt los.

Er musste sich sputen, um mit dem nächsten Glockenschlag am Buttermarkt einzutreffen. Kaum zu schaffen bei den Bodenverhältnissen.

Warum war er nicht schon um vier Uhr wach geworden?

Kapitel 36

Mathilde erwachte von einem Knall. War das etwa ein Schuss gewesen? Hektisch riss sie die Augen auf. Und schloss sie sofort wieder, weil grelles Licht sie blendete. Nun dröhnte ihr Kopf. Warum nur? Sie wollte mit der Hand ihren Schädel abtasten, um zu prüfen, ob er verletzt war, doch auch das gelang ihr nicht. Verdammt, was war hier los? Wenn sie doch nur einen klaren Gedanken fassen könnte. Sie schüttelte den Kopf, um ihn freizubekommen, doch das verstärkte die dumpfen Schmerzen.

Und wieso in drei Teufels Namen konnte sie die Hände nicht bewegen? Irgendetwas fesselte sie hinter ihrem Rücken. Mathilde wand sich, zerrte und riss, doch sie bekam sie nicht auseinander. Ebenso wenig wie ihre Beine, als sie es versuchte. Sie lag zusammengeschnürt wie ein Paket und konnte sich nicht rühren. Nur den Kopf konnte sie leicht anheben.

Zu den Kopfschmerzen gesellte sich ein Kribbeln in den Händen, und ihr Magen revoltierte. Mit Mühe schluckte sie die Galle wieder hinunter, die ihre Speiseröhre hochgeschossen kam. Ihr blieb auch gar nichts anderes übrig, denn irgendetwas verschloss ihren Mund. Sie stieß mit der Zunge dagegen, fühlte, dass es Stoff sein musste. Am liebsten hätte sie laut geschrien. Vor Wut. Doch nicht einmal diese Erleichterung konnte sie sich verschaffen.

Schluss, rief sie sich zur Räson. Reiß dich zusammen. Es wurde Zeit, die Augen richtig zu öffnen und nachzuschauen, was hier los war. Und wo sie überhaupt war. Wenigstens das konnte sie. Erneut lupfte sie die Lider ein kleines Stück, wartete, bis der erste Schmerz vorüber war, dann ein weiteres Stückchen. Endlich wurde ihr Blick klar. Sie erkannte eine grob behauene Decke aus Holz über sich. Wo war sie hier? Sie stöhnte auf, als ihr das einfach nicht einfallen wollte.

Mathilde hob den Kopf leicht an, mehr ging nicht. Drehte ihn zur Seite und ließ den Blick durch den Raum wandern. Sie lag in einem schlicht eingerichteten Zimmer mit grob zusammengebautem Tisch und zwei Stühlen und Schränken. Die Wände waren nicht tapeziert, sondern einfach geweißelt. Doch das musste schon lange zurückliegen. Große Putzbrocken waren von der Wand abgeplatzt und die Reste von Schimmel schwarz angelaufen. In was für ein Loch war sie bloß geraten? Zudem war es eisig, trotz des kleinen offenen Kamins, in dem Reste von Glut zu sehen waren.

Erst jetzt merkte Mathilde, dass sie erbärmlich fror. Sie wollte näher zu dem Feuer rücken, doch selbst das gelang ihr nicht. Erschöpft ließ sie den Kopf wieder sinken und schloss die Augen. Zu groß war die Anstrengung gewesen. Kaum zu fassen, dass solch eine kleine Bewegung wie das Anheben des Kopfes sie dermaßen entkräftete.

Neben sich hörte sie eine Tür, die geöffnet wurde. Der eisige Windhauch, der hereinfegte, ließ sie noch mehr frösteln als ohnehin schon. Wieder riss sie die Augen auf und versuchte, den Blick in die Richtung zu fokussieren, aus der sie das Geräusch gehört hatte. Tatsächlich, da stand ein Mann im Wintermantel mit dem Rücken zu ihr.

Wer ist das, fragte sich Mathilde verwundert.

Da drehte er sich um. »Ah, endlich wieder erwacht, die große Journalistin. Wurde auch Zeit. Schon drei Mal habe ich nachgeschaut, du hast die ganze Zeit geschnarcht. Aber gut, du hast es verdient, ich kann dir nicht dankbar genug für dein Erscheinen sein. Damit hast du mein größtes Problem gelöst. Nun werde erst mal richtig wach. Gleich bin ich zurück, dann erfährst du, wie du mich vor der Guillotine retten wirst.«

Johann Selm! Alles fiel ihr wieder ein. Fast wünschte sie, sie hätte sich nicht erinnert: Sie war zum Schöttelshof geeilt. Hatte diesen Mörder zur Rede stellen wollen, nachdem sie den Beweis gefunden hatte, dass er es gewesen war, der das Tafelsilber seiner Eltern gestohlen und im Pfandleihhaus in der Schildergasse versetzt hatte. Doch das allein hätte nichts genützt, weil sie weder das Pfandbuch noch den Zeugen für Selms Diebstahl rechtzeitig zu Bas oder Dr. Venedey hatte schaffen können. Also hatte sie ihn damit konfrontieren wollen, um auf diese Weise Ida vor der Guillotine zu retten.

Wie sie in sein Haus gestürmt war, um ihn zu einem Geständnis zu zwingen. Wie er sie nur überrascht angeschaut und bei ihren Beweisen laut aufgelacht hatte. Vor ihren Augen erschien ein Glas Wein, das er vor sie gestellt und aus dem sie getrunken hatte. Und dann nichts mehr. Ach doch, er hatte sie gefragt, warum sie allein gekommen sei. Und da war ihr der Riesenfehler klar geworden, den sie in ihrer Ungeduld begangen hatte. Wie eine Furie war sie losmarschiert, um Johann zu konfrontieren. Hatte sogar dafür gesorgt, dass Bas nicht mitbekam, was sie vorhatte. Hatte niemandem ihr Ziel verraten, damit niemand sie stoppen konnte. Was mit Sicherheit geschehen wäre, hätte sie erzählt, was sie vorhatte.

Und nun bezahlte sie den Preis dafür. Hilfe war nicht zu erwarten. Gottlob war sie wenigstens so schlau gewesen, das diesem Mörder nicht zu erzählen. Im Gegenteil hatte sie stur behauptet, dass Verstärkung unterwegs sei. Dass der Sergeant Baudewin inzwischen ihre Mitteilung und Bas Sello die Nachricht, wo sie sei, erhalten haben müssten. Dass sie jeden Moment das Haus stürmen würden, um ihn festzunehmen. Sie erinnerte sich an seinen überraschten Blick zur Tür, dann hatte er laut losgelacht.

»Die Kavallerie wäre längstens hier, wenn das stimmen

würde. Es ist kurz vor elf Uhr nachts. Jeder vermutet dich sicher zu Hause im Bett, sonst wären sie schon da. Mir machst du nichts vor.«

Dann hatte er sie gefesselt und geknebelt. Und sie hatte sich nicht wehren können. Warum eigentlich nicht? Er musste etwas ins Glas geschüttet haben, anders wäre das nicht möglich gewesen. Sie hätte sich zu wehren gewusst.

»Versuch ja nicht, dich zu befreien, während ich unterwegs bin. Die Seile sind stabil und der Knebel fest verknüpft hinter deinem Kopf. Spar dir also die Puste, die wirst du noch brauchen«, sagte er, während er am Tisch ein Glas mit Rotwein füllte und austrank. Dann verschwand er wieder durch die Eingangstür, die er hinter sich zuzog. Mathilde hörte das Drehen des Schlüssels im Schloss. Sie blinzelte, um ihren trockenen Augen ein wenig Linderung zu verschaffen. Was hatte Johann damit gemeint? Was hatte er mit ihr vor? Nichts Gutes, das war ihr klar. In was für eine Bredouille hatte sie sich da wieder gebracht? Irgendwann würde sie die Ungeduld, die sie stets antrieb, noch den Kopf kosten. Aber nicht jetzt, schwor sie sich, jetzt galt es Idas Kopf zu retten. Dazu musste sie allerdings erst einmal sich selbst befreien. Nur wie?

Konzentrier dich, befahl sie sich. Irgendetwas muss es geben, was dir weiterhilft. In einer Ecke stand ein schmales Bettgestell, darauf lagen Decken und Kissen. Auf dem Tisch stand eine Petroleumlampe, die das Chaos darauf beleuchtete. Ein angeschnittenes Brot lag dort, eine Wurst, die angeknabbert aussah. Und ein Messer!

Hektisch begann sie, erneut an dem Seil in ihrem Rücken zu zerren, das ihre Hände aneinanderfesselte. Das half so wenig wie bei ihrem ersten Versuch. Dann eben robben. Sie zog die zusammengebundenen Beine an und versuchte, sich durch das Strecken vorwärts in Richtung Tisch mit Messer zu schieben. Das funktionierte. Einen halben Meter. Dann hielt sie etwas fest, sie konnte sich noch so bemühen, sie kam nicht weg vom Fleck. Sie legte den Kopf so weit wie möglich in den Nacken, um hinter sich zu schauen. Da entdeckte sie das Seil, das straff zwischen ihr und einem Ständer, der das Dach abstützte, gespannt war. Dieser Drecksack hatte sie angeleint wie einen wilden Hund. Sie schob sich zum Ständer. Als sie neben ihm lag und das Seil, das um ihn gewunden war, genau betrachten konnte, wurde ihr klar, dass sie sich niemals würde befreien können: Johann hatte ihre Fessel mehrfach um den Ständer gelegt und sie ein paar Mal verknotet. Selbst wenn ihre Hände nicht auf ihrem Rücken gebunden wären, hätte sie diese Knoten niemals lösen können. Selbst wenn kein Knebel ihren Mund verschließen würde, könnte sie das Seil nicht durchbeißen.

Sie saß fest!

Kapitel 37

Über Erde, Grasnarben und Kehricht bahnte er sich den Weg. Unter ihm knirschte es. Mit den beschlagenen Hufen zermalmte der Kollege die dünne Eisschicht. Schäng trieb ihn zum schnellen Trab an. Er konzentrierte sich auf die Schrittfolge und zählte dazu im Takt immer wieder schnell von eins bis zehn. Das hatte er als Kind schon getan, wenn er Angst hatte. Vor dem Stüpp; Knecht Ruprecht; Falltüren in Holzdielen, die sich öffneten wie im Weckschnapp, wenn er als Kind zu ungestüm durch die Küche hüpfte, weil er Hunger hatte; dem Lederriemen des Vaters, wenn der betrunken aus dem Brauhaus kam – Schäng zählte dagegen an. Und wenn die Angst am größten war, schickte Schäng ein Stoßgebet zum Himmel. Nicht, dass er besonders fromm war oder wirklich auf ein Leben nach dem Tod hoffte. Trotzdem ging er jeden Sonntag mit Mariele und den Kindern in die Kirche. Mit dem Herrgott sollte man es sich nicht verscherzen. Dass es ihn nicht gab, stand ja nun auch nicht fest.

Schäng ritt die Gereonstraße hinunter. Er entschied, Kattenbug zu meiden und stattdessen die Straße Unter Sachsenhausen zu nehmen. Da sah er, dass drei Gestalten den Weg durch die Würfelpforte versperrten. Vor zweien von ihnen leuchtete immer wieder ein orangefarbener Punkt auf. Rauchten die, während sie auf Opfer für ihre Wegelagerei warteten?

Schäng verspannte sich. Er musste durch das Tor. Ausweichen konnte er nicht. Weiter darauf zureiten, bis sich herausstellte, dass tatsächlich von den Dreien eine Gefahr ausging, verbot sich. Einmal im Torbogen, steckten er und der Kollege in einer Falle.

Kurzentschlossen wechselte er in den Schritt, legte den Zügel kurz vor dem Aufsteigriemen ab und nahm das Gewehr von der Schulter. Er setzte auf das Überraschungsmoment. Mit der linken Hand nahm er den Zügel hoch. Die rechte umfasste den Abzug der Flinte gespannt, deren Kolben er zwischen Brustkorb und Oberarm eingeklemmt hielt. Er steuerte das Pferd auf die drei Figuren zu, beschleunigte in den Trab.

»Aus dem Weg!«, brüllte er. Alles auf eine Karte setzend, wechselte er in den Galopp. Glätte hin oder her. Die Gestalten sprangen zur Seite. Einer nach links, zwei nach rechts.

»Bes do bekloppt?«, schrie einer.

Aus dem Augenwinkel erkannte Schäng, dass er eine Lederschürze trug. Waren das Arbeiter der Brauerei & Brennerei Auf Rome von Wilhelm Scheben? Hatten die vor der Schicht angeheizt und dann eine Zigarettenpause gemacht?

»Däät mer leid. Ich han et ielich«, brüllte Schäng.

»Do Fottgeseech«, kam prompt zurück.

Schäng ließ das Pferd am langen Zügel die Straße hinuntertraben, schulterte wieder die Flinte, da knickte das Tier ein. Verdammt! Alles, nur das nicht. Vorne links lahmte der Kollege. Schäng brachte ihn zum Stehen, saß ab und prüfte den Boden. Es war nicht glatt. Ausgerutscht war er nicht. Er prüfte die Gamasche am lahmenden Bein. Als er die zweite Schnalle gelöst hatte, kullerte ein Stein heraus, der offenbar unterwegs unter den Hufen hochgespritzt und in der Gamasche gelandet war. Schäng schnallte sie wieder fest, sprang auf und ließ das Pferd ein paar Meter im Schritttempo gehen. Das Lahmen war weg.

St. Andreas schlug halb sieben. Schäng trat trotz der Kälte der Schweiß auf die Stirn. Ihm lief die Zeit davon. Und das kostete am Ende Ida das Leben. Wo er konnte, riskierte er nun zu galoppieren. Über die Dreckshuckel auf den Straßen;

da, wo Anwohner Asche gestreut hatten und auch da, wo hinter den Fassaden Geld wohnte. Denn deren Dienerschaft hatte bestimmt schon Salz oder Sand gestreut. »Moneten fürs Eigenwohl. Sand fürs Allgemeinwohl«, hatte sein Schwiegervater neulich gespottet, als er mit Schäng eine größere Fuhre erledigt hatte.

Schäng entwickelte einen Tunnelblick. Er hatte nur noch Augen für den freien Weg, der sich ihm bot. Frühe Passanten, Menschen auf dem Weg zur Arbeit, Anwohner mit Abfallkörben, der Unternehmer mit dem Kotkarren – für alle hatte er nur ein »Vorsicht!« übrig und ritt im Galopp an ihnen vorbei. Er zählte die Straßennamen runter, wann immer er sie erreicht hatte: An den Dominikanern, Marzellenstraße, Trankgasse, Am Bollwerk, Mauthgasse. »Buttermarkt«, schrie er. Schäng stoppte vor dem Giebelhaus, das Bas' Tante gehörte. Er sprang vom Pferd, zog es hinter sich her bis zur Haustür. Er hämmerte dagegen und brüllte so laut er konnte:

»Bas, komm raus. Beeil dich!«

Es dauerte nur wenige Sekunden, da wurde die Tür aufgerissen. Bas Sello stand angekleidet im Türrahmen, als warte er darauf, abgeholt zu werden.

»Schäng, was ist?«

»Ich habe den Heinrich gefunden.«

»Du hast was?« Bas riss die Augen weit auf.

»Der ist tot.« Schäng deutete auf den toten Körper unter dem Bettlaken.

»Unter dem Tuch ist Heinrichs Leichnam?«

Schäng nickte. »Wir müssen sofort zu Venedey.«

»Was ist passiert?«

»Erzähl ich unterwegs. Nun komm schon! Wir können beweisen, dass Johann gelogen hat. Das müssen wir doch, damit das Urteil noch mal geprüft wird, stimmt's?«

»Ja, aber dann müssen wir es noch schaffen, dass gegen Johann ein Verhaftbefehl erlassen wird.«

»Das müsst ihr machen, der Venedey und du.«

Bas warf die Tür ins Schloss. »Das ist gar nicht so einfach.«

»Ist mir egal. Dann muss es eben kompliziert gehen. Aber es muss gehen. Kannst du reiten?«, fragte Schäng.

»Nein.«

»Dann musst du laufen.«

Schäng saß auf und ritt wieder den Weg, den er gekommen war. Bas rannte nebenher. Groß St. Martin schlug viertel vor sieben.

»Du hast ihn aber nicht ... äh ...?« Bas stockte.

»Abgemurkst? Nä, der war schon tot. Schon lange. Den hat jemand totgeschlagen und in ein Salzfass gestopft. Und das dann zugenagelt.«

»Salzfass? Wo?«

»Im Eiskeller vom Schöttelshof bei der Anhöhe.«

»Wo der Nachbar den jungen Mann mit Johann gesehen hatte?«, stieß Bas hechelnd hervor.

»Ja, am Abend der Brandnacht.«

»Und wie kamst du da drauf?«

»Dom.«

»Dom? Meinst du *den* Dom?« Bas fuchtelte mit einem Arm in der Luft und deutete in Richtung des Kirchentorsos.

»Ja. Kann ich jetzt nicht erklären.«

»Und das ist wirklich Heinrich?«, keuchte Bas.

»Kein Zweifel. Finger ab.«

Mauthgasse, Am Bollwerk, Trankgasse. Schäng trabte. Bas rannte, schlidderte, stolperte, fing sich wieder, lief weiter. St. Andreas schlug sieben. Die Trankgasse mündete in die Komödienstraße. Haus und Kanzlei von Venedey waren in Sicht.

»Halt den Gaul!«, befahl Schäng. »Du klopfst zu leise.«

Er sprang ab und hastete auf die Haustür zu, um heftig mit der Faust dagegenzuschlagen.

»Aufmachen! Es geht um Leben und Tod«, brüllte Schäng.

Wenige Sekunden später öffnete sich die Tür. Der Bürovorsteher Castaneder schaute Schäng verschreckt an.

»Wo ist Dr. Venedey? Wir müssen sofort zu ihm. Schnell.«

»Der Herr Anwalt schläft noch.«

»Wo ist sein Schlafzimmer?«, raunzte Schäng ihn an.

Da hörte man es oben rumpeln.

»Was ist das für ein Lärm?«, krächzte eine belegte Stimme.

»Herr Doktor, zwei Herren ...«

Schäng schob ihn beiseite.

»Sello und Baudewin hier. Wir haben Heinrich dabei«, schrie er die Treppe hoch.

»Was? Ich ... ich bin noch ... noch nicht parat.«

Dann würde er jetzt nachhelfen. Schäng stob die Treppe hoch und hörte noch, wie Bas den Castaneder aufforderte, das Pferd zu halten. Dann vernahm Schäng Schritte hinter sich.

Oben in der ersten Etage angelangt, fand er Venedey mit zerzaustem Haar im Nachthemd vor. Seine Augen waren verquollen. Er roch wie ein Fass Branntwein. Offenbar hatte der Advokat sich abends zuvor ordentlich einen hinter die Binde gegossen. So war er nicht zu gebrauchen.

Inzwischen hatte Bas zu Schäng aufgeschlossen.

»Meine Herren, ich muss doch sehr bitten«, meuterte Venedey.

»Hol das Wasser für die Waschschüssel!«

Bas nickte und lief in das Zimmer, dessen Tür als einzige aufstand. Wenige Sekunden später kam er mit einer großen Porzellankanne in der einen Hand und der Schüssel in der anderen zurück. Schäng griff nach der Kanne.

»Du willst doch nicht ...« Die Frage konnte Bas nicht mehr bis zu Ende formulieren, da hatte Schäng bereits den Inhalt der Kanne über Venedeys Kopf geschüttet. Der schrie auf.

»Sind Sie verrückt?«

»Nein, vollkommen klar. Aber Sie nicht«, stellte Schäng fest. Bas verschwand in einem anderen Raum, um Sekunden später mit einem Handtuch zurückzukehren. Er reichte es Venedey.

»Entschuldigen Sie, Herr Doktor«, ergriff Bas das Wort, »Sie müssen umgehend einen Verhaftbefehl wegen falschen Zeugnisses gegen Johann Selm erwirken, damit die Vollziehung der Verurteilung ausgesetzt wird, bis eine Anklage gegen ihn erhoben und er wegen falschen Belastungszeugnisses verurteilt ist. Dann ...«

»Ich weiß, Sello, was dann passiert«, knurrte Venedey. »Das Urteil wird kassiert und der Fall wird vor einem anderen Assisenhof neuverhandelt. Erklären Sie mir nicht das Recht, sondern die Fakten.«

»Johann hat gelogen.«

»Wieso? Was sagt Heinrich? Wo ist der denn? Haben Sie nicht eben gesagt, Sie hätten ihn mitgebracht?«

Jetzt wurde es Schäng zu bunt.

»Den hab ich tot aus einem Salzfass im Eiskeller der Selms gezogen. Da lag der schon lange drin, so geschrumpelt wie der ist. Der hat sich wohl kaum selbst erschlagen und in Lake eingelegt, nachdem er mit der Beute abgehauen ist. Und nach den Morden auf den Hof zurückgekehrt sein, wird er auch nicht.«

Venedey starrte Schäng wie vom Donner gerührt an.

»Wie spät ist es denn?«

»Sieben.«

Plötzlich wirkte Venedey, als hätte jemand in seinem Oberstübchen ein Licht angezündet.

»Sello, rennen Sie sofort zur Bleche Botz und richten aus, dass gewartet werden muss, weil die Aussetzung der Vollziehung in den nächsten Minuten erwirkt wird. Begleiten Sie notfalls die Ida bis zum Richtplatz und machen dort Rabatz, bis wir mit dem Beschluss eintreffen.«

Bas bewegte sich nicht.

»Nun lauf los! Himmel, Arsch und Zwirn!« Schängs Geduldsfaden hatte sich an der Schwerfälligkeit der beiden Juristen durchgescheuert.

»Nur so viel noch. Die neuen Beweise, die Mathilde gefunden hat, habe ich alle dokumentiert und zur Akte genommen. Die Zusammenschau ergibt ein ganzes Lügengebäude«, musste Bas offenbar noch quitt werden.

»Ja, ich weiß. Ich habe das gestern Abend wieder und wieder gelesen«, antwortete Venedey.

Bas schaute überrascht auf.

»Aber nichts war zwingend genug, sonst hätte ich doch längst …«

»Es reicht. Sie können jetzt nur noch wählen, wem ich zuerst eine klatsche, damit Sie endlich Ihre Arbeit machen«, polterte Schäng.

»Los, los, los, Sello. Ich komme schon allein mit Ihrem rabiaten Freund zurecht.«

Schäng sah Bas nach, wie er zwei Stufen gleichzeitig nahm und zur Tür hinausrannte.

»Baudewin, wo ist die Leiche?«

»Draußen auf dem Pferd.«

»Gut, erzählen Sie mir jetzt nur das Wichtigste. Woran haben Sie Heinrich erkannt? Wie ist der Zustand der Leiche? Und was hat der Nachbar Ihnen genau von dem jungen Mann erzählt, den er mit Johann hat streiten sehen? Dann halten Sie den Gaul und warten, bis mein Bürovorsteher und ich alles fertiggemacht haben. Ich brauche Sie noch. Sie müssen mit dem Beweisstück zum Appellationsgerichtshof.«

Schäng berichtete. Knapp und ungeduldig, während Venedey sich hastig anzog.

Kapitel 38

Bas rannte sich die Seele aus dem Leib. Aber er rannte nicht zur Bleche Botz, sondern die Komödienstraße entlang Richtung Gereonsdriesch. Denn nach seiner Berechnung war das nicht zu schaffen, erst bis zur Schildergasse zu laufen. Am Ende war der Tross mit Ida schon zum Richtplatz losgezogen und er könnte nur noch hinterherhetzen.

In seinem tiefsten Innern musste er sich auch eingestehen, dass ihm unterwegs die Puste ausgehen könnte. Er verspürte jetzt schon Seitenstiche. Also setzte er alles auf eine Karte. Bas lief weiter. Rechts in die Straße Kattenbug. Hier war es glatt. Er strauchelte, schlug längs hin, verlor seine Brille, tastete danach und fand das verbogene Gestell. Keine Zeit, es zu richten. Bas steckte die Brille in seine Jackentasche und rannte weiter. Selbst wenn er sich noch dreimal auf die Nase legen würde, es war ihm egal. Er durfte sich nur nicht die Knochen brechen. Schon sah er die Kreuzung und raste links in die Gereonstraße. Das musste die Strecke sein, die Schäng auch genommen hatte. Vor sich sah er die Würfelpforte. Da stand ein Pulk von Männern, da musste er durch. Er lief darauf zu und stieß kurzatmig aus: »Lassen Sie mich durch.«

»Do kütt noch su ene Jeck. Ävver ohne Pääd«, palaverte einer und stellte sich grinsend in den Weg.

Bas nahm seinen ganzen Mut zusammen. Wenn er schon als Jeck bezeichnet wurde, dann auch mit Grund. Als er den Mann in Lederschürze erreicht hatte, ruderte Bas mit den Armen und schrie ihn unvermittelt an. Er brüllte wie am Spieß.

Das lebende Hindernis sprang zur Seite. Hinter sich hörte er Gelächter. Einer der Männer spottete:

»Liss do allt widder em Dreck?«

Oh, war der Mann seinetwegen im Dreck gelandet? Was stand der Typ auch im Weg?

Bas legte noch einen Zahn zu. St. Gereon schlug halb acht.

Ob Venedey und Schäng schon bei Gericht waren? War überhaupt schon ein Instructionsrichter da? Und würde der sich so schnell überzeugen lassen? Zweifel begannen ihn zu zwicken wie seine Waden. Und wie sollte er allein überhaupt eine Hinrichtung aufhalten?

Er hatte noch nicht mal eine Idee.

Kapitel 39

St. Andreas hatte halb acht geschlagen. Dr. Cornelius Venedey hatte auf alles verzichtet, was das äußere Erscheinungsbild aus seiner Warte angemessen abgerundet hätte. Kragen, Binder, Weste – all das war verzichtbar. Schal und Mantel kaschierten notdürftig diese Standards. Aber die fehlende Rasur war Ausweis eines nicht akzeptablen Grades von Verwahrlosung. Auch für das Überziehen der Galoschen fand sich keine Zeit mehr. Nur auf das Gurgeln mit Mundwasser hatte er nicht verzichtet. Abzustürzen war das eine, aber danach zu riechen, das andere, unbedingt zu Vermeidende. So eilte er zur Haustür hinaus.

Er hatte Castaneder und Baudewin vorausgeschickt, um die hastig diktierte Anzeige wegen falschen Zeugnisses und Mordes – verbunden mit der Anregung, Verhaftbefehl zu erlassen und Vollstreckungsaufschub zu gewähren – dem Instructionsrichter vorzulegen, von dem Venedey wusste, dass er morgens pünktlich um halb acht seinen Dienst antrat. Dr. Peter Schwarz zählte zwar nicht zu Venedeys Busenfreunden. Allerdings schätzte man sich gegenseitig. Das musste reichen, um ihn zu einer zügigen Entscheidung zu bewegen.

Doch zuvor musste Venedey sich zum Gericht begeben. Er hasste sich für jedes Pfund zu viel, das er sich in den letzten Jahren angefressen hatte. Ein freundlicherer Ausdruck ließ sich nicht finden. Er hatte sich gehen lassen, war aufgegangen wie ein Hefeteig. Alles an ihm wippte und schwabbelte. Umso heftiger, je schneller er lief. Der Hosenbund hielt nur mühsam den Bauch davon ab, herauszuquellen und wie eine

Schürze vor dem Gemächt zu hängen. Es war blamabel, das Bild, das er abgab.

Doch das durfte keine Rolle spielen. Es ging um Leben und Tod. Wenn er nur geschwinder wäre. Unverdrossen setzte er in der schnellsten Abfolge, die er zu leisten imstande war, einen Fuß vor den anderen. Es fehlte nur noch, dass er wegen der Glätte, die er stellenweise unter seinen Ledersohlen verspürte, ausrutschte und stürzte. Er käme am Ende von allein nicht wieder auf die Füße.

Früher war er kräftig. Da stemmte und verräumte er schwerste Gewichte wie ein Möbelpacker. Doch heute vermochte er nur mit äußerster Mühe, sich selbst aus dem Stuhl zu wuchten, vom Bett erst gar nicht zu reden. Venedey schwor sich, künftig strengste Diät zu halten.

Endlich sah er das Halbrund des Gerichtsgebäudes. Er atmete schwer, kämpfte um jeden Meter. Stutzte. Was war da los? Wieso standen sein Bürovorsteher und der Sergeant in Zivil unverrichteter Dinge vor dem Gebäude?

»Was stehen Sie hier herum?«, blaffte er sie schnaufend an.

»Dr. Schwarz ist noch nicht da.«

»Das darf nicht sein. Er kommt immer pünktlich um halb acht.«

Venedey tupfte sich den Schweiß von der Stirn und verfiel in ein ratloses Schweigen, nur unterbrochen von einem japsenden Ringen nach Luft.

Da näherte sich eine Kutsche und hielt vor dem Gericht. Der Kutscher sprang vom Bock, öffnete den Kutschenschlag und der Instructionsrichter stieg aus.

»Was ist so eilig, Herr Dr. Venedey?«

»Ida Irmisch ist unschuldig. Ihre Verurteilung geht auf eine Falschaussage des Zeugen Johann Selm zurück, der nach den von uns zusammengetragenen Beweisen nicht nur falsches Zeugnis abgelegt, sondern dringend tatverdächtig ist, die Morde an seinen Familienangehörigen selbst begangen zu haben. Bitte erlassen Sie sofort Verhaftbefehl.« Venedey sog Luft ein, um die nächsten Sätze auszuatmen. »Und bitte setzen Sie auch sofort die Vollstreckung aus. Die Verurteilte ist schon auf dem Weg zum Richtplatz, mutmaßlich schon eingetroffen.« St. Andreas schlug viertel vor acht.

»Welche Beweise haben Sie, Herr Anwalt?«

Venedey streckte seine Hand nach Castaneder aus, der ihm die schriftliche Ausfertigung des Gesuchs anreichte. Er übergab das Papier Dr. Schwarz, der es entfaltete und las.

Baudewin konnte offenbar Venedeys Gedanken lesen. Denn der löste das Seil um Hals und Füße, hob den Leichnam vom Pferd, legte ihn auf den Boden und schlug das Laken zur Seite.

Der Instructionsrichter sah auf, blickte auf die Leiche und zuckte zusammen.

»Das ist Heinrich Meisner?«, fragte er.

Venedey zog aus seiner Manteltasche den Steckbrief, den er eben noch der Akte entnommen und vorsorglich eingesteckt hatte. Wieder dachte Baudewin mit, hob den linken Arm des Toten hoch und zeigte auf den fehlenden kleinen Finger.

»Herr Dr. Venedey, ich kenne Sie und Ihre Arbeit lange genug. Ich vertraue Ihnen, dass die von Ihnen angeführten Beweise stichhaltig sind. Wehe, Sie enttäuschen mich. Steigen Sie ein!« Mit schweren Beinen und einiger Anstrengung wuchtete sich Venedey in die Kutsche, während der Instructionsrichter ins Gerichtsgebäude rannte, um alsbald mit einem Blankobogen Papier, auf dem schon das Dienstsiegel prangte, und einem Bleistift in Händen wieder herauszulaufen. Er stieg zu. Die Kutsche fuhr los. Venedey hörte hinter sich Hufe in schnellerer Gangart als die der Kutschpferde auf das Kopfsteinpflaster schlagen.

Der Sergeant hatte, wie nicht anders zu erwarten war, nicht auf eine Weisung gewartet. Noch vor dem Abzweig Kattenbug hatte Baudewin die Kutsche überholt und ritt voraus.

Kapitel 40

St. Gereon hatte viertel vor acht geschlagen. Bas quetschte sich durch die Menge der Schaulustigen, die sich vor dem Podest drängte, auf dem die Guillotine aufgebaut worden war. Die Bretterbühne war umstanden von Soldaten, die einen festen Riegel bildeten und die Zuschauer auf Abstand hielten. Noch hatte nur ein Gebrabbel angehoben, gespeist aus Faszination und Neugier. Es würde gleich anschwellen zu einem Gejohle der kleinen Männer, die sich billige Größe herbeischrien, indem sie das Urteil des Gerichts zu ihrem Urteil machten und die Vollstreckung als Folge ihres lautstarken Skandierens »Kopf ab! Kopf ab!« verstanden. Im Namen des Volkes, dieser geifernden Vertreter des Volkes, sollte das Beil fallen.

Und wenn Ida schließlich auf dem Podest stünde, würde auch das durchdringende Gekeife der Weiber einsetzen, die in ihr das von der Natur begünstigte Flittchen sahen, das mit seinen Reizen einen jungen Mann für ein leichtes Leben um den Verstand gebracht hatte, und nun im wahrsten Sinne des Wortes zurechtgestutzt werden würde.

Während Bas sich vorarbeitete, erspähte er ein bekanntes Gesicht. Tatsächlich! Venedey hatte recht behalten. Das Frettchen, wie sein Ausbilder den Generalprocurator boshaft betitelte, war schon da. Grandjean stand oben am Treppenaufgang der Bretterbühne. Er wollte Idas Kopf rollen sehen. Vielleicht konnte Bas sich Grandjeans Anwesenheit zunutze machen, um so die Absperrung zu überwinden. Er winkte und rief dessen Namen.

Tatsächlich bemerkte der Generalprocurator ihn und gab einem neben ihm stehenden Soldaten eine Weisung. Der bewegte sich auf Bas zu und hieß seine Kollegen, ihm Durchlass zu gewähren. Der Soldat führte ihn zu Grandjean.

»Der Herr Kollege in spe. Seien Sie gegrüßt. Sind Sie allein? Möchte Ihr Lehrherr sich seine Niederlage nicht vor Augen führen?«, fragte Grandjean mit diesem süßlich-biestigen Unterton, den Bas in der Verhandlung schon so gehasst hatte. Er nahm, die Aussichtslosigkeit seines Unterfangens vorausahnend, seine Courage zusammen, um Grandjean um eine Intervention zu bitten. Irgendetwas musste er ja schließlich unternehmen, um Zeit zu schinden.

»Ida ist unschuldig. Die Leiche von Heinrich Meisner, dem angeblichen Mittäter, wurde gefunden. Er war nicht verschwunden, sondern tot. Und das seit dem Abend des Brandes. Johann Selm hat ein falsches Zeugnis abgelegt. Ich bitte Sie, für einen Vollstreckungsaufschub zu sorgen, bis Dr. Venedey mit dem gerichtlichen Beschluss eintrifft.«

Grandjeans Laune war erkennbar im Sturzflug. Er musterte Bas mit stechendem Blick. Man konnte die sich in ihm anstauende Wut beinahe mit den Händen greifen.

»Machen Sie sich nicht lächerlich, Sello. Selbst wenn Sie die Leiche dem Gericht präsentierten, würde das nichts ändern. Gar nichts. Hat die Irmisch eben die ganze Beute haben wollen und ihren Mittäter nach den Morden und der Brandstiftung erledigt. Den verliebten Tor in eine Falle zu locken, wird ihr mit ihren Reizen unschwer gelungen sein.«

»Und warum ist sie dann mit der Beute nicht aus Preußen geflohen, sondern hat bis zu ihrer Verhaftung bei Familie Giesler Dienst getan?«

»Die Beute hat ihr vielleicht ein Dritter abgejagt.«

»Vielleicht, vielleicht. Das ist alles pure Spekulation. Sie haben nichts in der Hand, *gar nichts.*«

»Contenance, mein Lieber.«

Rabatz schoss es Bas durch den Kopf. Dann eben Rabatz.

»Sie sollten Ihre Arbeit machen!«, hörte er sich mit Stimmwackler wie in seiner Pubertät sagen. »Und zwar genau jetzt. Gibt es auch nur ein schlüssiges Indiz dafür, dass Ida ihren Verlobten getötet hat? Nein. Gibt es einen einzigen Anhalt dafür, dass Ida die Beute jemals in Besitz genommen hat? Nein. Aber es gibt den Beweis, dass Johann Selm falsches Zeugnis abgelegt hat. Weisen Sie den Henker an zu warten, bis Dr. Venedey den Verhaftbefehl erwirkt hat und die Vollstreckungsaussetzung angeordnet ist!«

»Ich denke gar nicht daran. Es gibt ein rechtskräftiges Urteil.«

»Ihr Verhältnis zur Gerechtigkeit ist blamabel.«

»Was nehmen Sie sich heraus? Wollen Sie hier nach Ihrem dritten Examen keine Karriere machen? Dann nur weiter so. Frisch heraus!«

Bas schnauzte noch »Sicher nicht von Ihren Gnaden«, da kam eine Kutsche an. Doch es entstieg nicht Dr. Venedey, sondern ein Pfarrer, Wachpersonal und Ida. Sie trug ein schwarzes Kleid, Hand- und Fußfesseln, die ihr nur Schrittchen erlaubten. Ihre Haare waren raspelkurz geschoren. Doch selbst das entstellte sie nicht.

Bas wurde flau im Magen. Was sollte er nur tun? Die Menge wogte. Die Rufe »Kopf ab!« hoben an, arrondiert von gellenden Ausrufen einiger Frauenzimmer. Idas Schmähung als Hure war noch das Harmloseste, was Bas an Schimpfworten vernahm. Der Tross stieg die Treppe hinauf. Ida kam näher und erkannte ihn. Sie nickte kurz, sagte aber kein Wort. Bas sah, dass sie schlotterte und trotzdem in dem Versuch, Haltung zu wahren, den Kopf reckte. Auch als sie zu dem Herrn im schwarzen Anzug mit Zylinder geführt wurde. Das musste der Henker sein. Ihr wurden die Fesseln abgenommen.

»Na, das muss man ihr lassen. Sie nimmt das wie ein Mann und erspart uns offenbar einen hysterischen Anfall«, ätzte Grandjean.

Bas hätte ihm am liebsten den Hals umgedreht. *Rabatz*! Wenn Venedey ihm wenigstens ein Beispiel für Rabatz genannt hätte. Er fühlte sich klein und hilflos, während Ida an die Köpfmaschine herangeführt wurde. Ein simples, aber effizientes Gerät: zwei Holzpfosten mit einem Querbalken verbunden, an ihm ein in einer Flaschenzugkonstruktion hängendes, scharfes und schweres Fallbeil aus Eisen mit abgeschrägter Schneide, das in Schienen herabrauschte, wenn der Henker das Seil löste.

Ida sah zu Boden, als sie vor die Holzbank an der Guillotine geleitet wurde. Dort umfasste der Seelsorger ihre Hände und sprach mit ihr das Vaterunser. St. Gereon schlug acht.

Als das Amen gesprochen war, wies der Henker Ida an, sich auf die Holzbank zu legen. Bevor sie der Weisung folgte, musste Bas etwas unternehmen. Gleich läge ihr Kopf in einem senkrecht stehenden Brett mit rundem Ausschnitt, und dann würden die Helfer das weitere Brett, ebenfalls mit Halsausschnitt, nach unten schieben, sodass ihr Nacken zwischen den Brettern feststeckte. Dann war es zu spät. Rabatz, verdammt! Er stürmte los, bestätigte den Auslösemechanismus, das Messer sauste herunter und krachte auf die Holzbank.

Das Grölen verstummte, ein Raunen ging durch die Menge. Dutzende Augenpaare verfolgten gebannt Bas' Sabotageakt. Er riss an dem Seil, an dem das Messer hing, um es aus der Öse am Querbalken zu ziehen. Es gelang ihm nicht. Zwei Soldaten stürzten sich auf ihn und zogen ihn weg. Einer fesselte seine Hände auf dem Rücken, der andere legte vorsichtshalber seine Hand auf Bas Schulter, sodass er sich nicht mehr rühren konnte.

Die Menge tobte wieder. Nun skandierte sie: »Zugabe! Noch ein Kopf!«

Unbeeindruckt von Bas' Aktion zog der Henker die Schneide wieder hoch und befestigte das Seil. Dann führte er

Ida, die wegen Bas' Aktion erschreckt einen Schritt zurück gemacht hatte, zurück zur Holzbank.

Aus den Augenwinkeln sah Bas, dass Idas Schlottern sich in ein heftiges Zittern verwandelt hatte. Doch sie kämpfte wacker um ihre Fassung, brach nicht in einen Weinkrampf aus. Dann wurde sie von zwei Henkershelfern auf die Holzbank gehoben, ihr Kopf in die Aussparung des unteren vertikalen Brettchens gelegt.

Bevor sie festgeschnallt wurde, hörte man plötzlich Gebrüll. Die schwarz gekleideten Helfer sahen auf.

»Us däm Wääch!«

Ein Reiter hielt auf die Menge zu. Der Stimme nach könnte es Schäng sein, mutmaßte Bas, der den Ankommenden ohne Brille nur verschwommen sah. Vor der Menge zügelte er das Pferd und ließ es steigen. Die Menschen schrien auf und stoben nach links und rechts auseinander. Die entstandene Lücke nutzte der Reiter und galoppierte durch die Mitte. Soldaten stellten sich ihm in den Weg. Das Pferd stieg erneut. Auch die Uniformierten wichen vor den Hufen zurück.

Endlich war der Reiter nahe genug, dass Bas ihn erkennen konnte: Es war Schäng, der den Absperriegel durchbrochen hatte.

Kapitel 41

Mathilde wurde durch ein Zerren an ihrem Haar aus ihrem Dämmerschlaf gerissen. Was war da los? Noch während sie die Augen öffnete, versuchte sie, ihren Kopf zu befreien, weg von dem zu kommen, was an ihren Haaren zog.

»Halt still, sonst schneide ich nicht nur deine Haare ab!«

Entsetzt riss sie die Augen auf. Über sich sah sie Johann Selms Gesicht wutverzerrt und dunkelrot verfärbt. Mathilde versuchte zu schreien, ihn anzuschreien, doch der Knebel in ihrem Mund ließ nur ein leises Grummeln raus. Versuchte, sich von ihm wegzuschieben, doch er hielt sie einfach an den Haaren fest. Was geschah hier? Was machte dieser Unhold und Mörder mit ihr?

Dann hielt er ihr eine Schere vor die Augen. »Du hast die Wahl. Entweder du hältst jetzt still und lässt mich deine Haare abschneiden oder ich schlage dich bewusstlos und schneide sie dir dann ab. Wie willst du es haben?«

Das einzige, was Mathilde zustande brachte, war, den Kopf zu schütteln. Nicht zu stark, weil bei jeder Bewegung noch fester an ihrem Haar gezogen wurde.

»Gut, dann liegt einfach still und lass mich machen.«

Was hatte Johann mit ihr vor? Warum machte er das? Was für einen Sinn sollte das haben? Ihr fiel einfach keiner ein. Neben sich sah sie ihre erste Affenschaukel liegen. Nicht dass ihr das sonderlich viel bedeutet hätte. Waren sie in ihren Augen doch Zeichen der weiblichen Unterdrückung. Zu nichts anderem gedacht, als Männer anzulocken. Etwas, was sie überhaupt nicht wollte. Im Gegenteil wäre sie heilfroh, ihren

Noch-Ehemann endlich loszuwerden. Aber weshalb machte Johann das mit ihr? Was war sein Plan? Ausgerechnet in seiner Gewalt befand sie sich, diesem Mörder seiner gesamten Familie. Auf ein weiteres Opfer kam es ihm ganz sicher nicht an. Wenn das alles herauskam, landete er ohnehin auf dem Schafott.

Warum war sie nur allein zu ihm gegangen? Wie konnte sie nur so hitzköpfig sein? Was hatte sie erwartet? Dass er erschrocken über ihr Wissen reumütig vor dem Instructionsrichter gestehen würde?

Noch immer säbelte er an ihrer anderen Affenschaukel rum. Als der Zug an ihrem Haar endlich nachließ, stand er auf und ging weg. Mathilde hob den Kopf soweit wie möglich und folgte mit den Blicken seinem Gang zu dem Tisch mitten im Raum. Dort schnappte er sich ein umgekipptes Glas und füllte es mit Rotwein aus der Karaffe. Dann trank er es gierig in einem Zug aus. Nachdem er ordentlich gerülpst hatte, goss es noch einmal voll. Diesmal ließ er sich mehr Zeit, es zu leeren.

»Du blöde Schlampe bist schuld daran, dass ich jetzt abhauen muss. Ist deine eigene Schuld, was ich jetzt machen muss«, hörte sie ihn grummeln.

Was meinte er nur? Was musste er mit ihr machen? Sie beobachtete, wie er sich umdrehte und zu einem Küchenschrank in der Ecke ging. Dort durchwühlte er alle Schubladen und Borde, bis er sich mit einem Bündel Stoff einer Kiste zuwandte, die mitten im Raum abgestellt war. Als sie das letzte Mal erwacht war, hatte sie noch nicht dort gestanden. Mühsam brach er den Deckel auf und hielt eine Kerze über den Inhalt. Dann begann er, einzelne Gegenstände, die im Licht nur so funkelten und glitzerten, in den Sack zu stecken, als der sich das Stoffbündel entpuppte. Es folgten verschiedenfarbige Papiere und Münzen. Einen zweiten Sack hatte er auf dem Boden neben sich bereitgelegt. Als beide prall gefüllt waren, band er sie mit Stricken zu und stellte sie neben die Tür.

»Mal schauen, wie wir das hinbekommen«, murmelte er gedankenversunken mit Blick auf sie in einem Tonfall, der Mathilde eisige Schauer über den Rücken jagte.

Nun ging Johann zu einem anderen Schrank, in dem Kleidung auf Bügeln hing, und zog einzelne Wäschestücke heraus, die er hinter sich auf den Boden warf. Aus dem auf dem Boden liegenden Haufen angelte er ein Hemd, eine Hose und eine Weste. Hielt sie sich vor die Augen und begutachtete Mathilde. »Könnte gehen«, brummelte er. Aus einer Kommode holte er ein Paar Stiefel. Dann kam er zu ihr zurück und packte ihren rechten Fuß. Mathilde wurde vor Angst heiß und kalt. Mit aller Macht versuchte sie, die Füße wegzuziehen. Nach ihm zu treten, aber das schaffte sie nicht, waren sie doch noch genauso fest zusammengeschnürt wie zuvor.

»Halt verdammt noch mal still. Schaffen wir das so, oder brauchst du noch eine Ladung Laudanum?«

Wie paralysiert konnte sie ihm nur dabei zuschauen, wie er ihre Stiefeletten aufschnürte und von ihren Füßen streifte. Nun zog er sie in sitzende Haltung hoch und kauerte sich hinter sie. Mathilde spürte, wie er begann, die Knöpfe ihres Kleides im Rücken zu lösen. Was hatte dieses Ungeheuer in Menschengestalt mit ihr vor? Wollte er ihr Gewalt antun? Nein, das würde sie nicht zulassen. Nur, wie sollte sie sich wehren? Derart zusammengeschnürt konnte sich nicht bewegen. Doch wenn er sie mit Gewalt nehmen wollte, dann müsste er wenigstens das Seil an ihren Beinen durchtrennen. Und dann hatte sie ihre Chance.

»Keine Sorge, ich will nichts von dir. Entspann dich also, oder ich überleg's mir anders.« Dann lachte er auf. »Als ob du antworten könntest oder überhaupt eine Wahl hättest.«

Doch Mathilde warf sich von einer Seite auf die andere. Als er versuchte, sie festzuhalten, holte sie aus und rammte ihren Hinterkopf mit aller Kraft gegen seine Nase. Sie spürte Nässe im Nacken. Ha, sie hatte getroffen und seine Nase blutig geschlagen.

»Du verdammte Schlampe«, brüllte Johann. »Wirst schon sehen, was du davon hast.«

Dann stand er auf, schüttete einen Schuss Rotwein in sein Glas und zückte aus seiner Hosentasche ein kleines braunes Fläschchen, dessen Inhalt er dazugoss. Schließlich nahm er ein Messer und rührte damit die Flüssigkeiten im Glas kräftig durch.

Mit einem Stück Anmachholz und dem Glas in der Hand kam er auf sie zu. Er ging in die Hocke und stellte das Glas neben sich auf den Boden. Dann kniete er sich mit einem Bein auf Mathildes Brustkorb, holte eine Schere aus seinem Hosenbund hervor und durchtrennte den Mundknebel. Der Schnitt, der dabei auf ihrer Wange entstand, brannte wie Feuer. Schließlich zerrte er den Stoff aus ihrem Mund und hielt ihr die Nase zu. Als sie den Mund zum Luftholen öffnen musste, schob er ihr das Stück Holz zwischen die Zähne. Endlich zog er seine Hand von ihrer Nase weg. Schließlich griff er nach dem Glas, schüttete ihr das Gemisch durch die Ritze, die der Holzscheit zwischen ihren Zahnreihen ließ, in den Mund und beobachtete grinsend, wie Mathilde schluckte und würgte. Ein Teil der Flüssigkeit floss in ihre Luftröhre. Sie bekam kaum mehr Luft, prustete los bei dem Versuch, die Flüssigkeit aus ihrem Hals loszuwerden. Doch Johann hatte das Holzstück wieder rausgezerrt und presste nun ihren Mund fest zusammen. Mathilde würgte und würgte, doch schließlich hatte sie das Zeug runtergeschluckt. Kaum war sie zu Atem gekommen, spürte Mathilde eine aufkommende Müdigkeit, eine unwillkommene Entspannung, die ihr eine wehrlose Leichtigkeit verschaffte, die sie hasste. Ihr fielen die Augen zu. Zuerst wehrte sie sich dagegen, doch die Wirkung des Laudanums war stärker als sie. Ihr Bewusstsein entglitt ihr, sie konnte der plötzlichen Müdigkeit nur noch nachgeben.

Das war das Ende, war ihr letzter Gedanke.

Kapitel 42

»Die Frau ist unschuldig«, brüllte Schäng. Er zog flink die Füße aus den Steigbügeln, kniete sich auf den Rücken des Pferdes, ging in den Stand und sprang auf das Podest. Die Soldaten hatten sich wieder aufgerafft und stürmten die Treppe hoch.

»Die Vollstreckung wird ausgesetzt. Der Richter ist unterwegs.« Egal, was es ihn kosten würde, Schäng brachte die Flinte, die er über der Schulter trug, in Anschlag. Alle auf dem Podest wichen zurück. Er blickte sich rasch um, entdeckte Bas im Haltegriff, eilte jedoch erst zu Ida und zwang Henker und Helfer mit vorgehaltener Flinte, die junge Frau vom Brett zu heben.

»Ich habe den Beweis, dass sie unschuldig ist. Bringt das Bündel hoch!« Er zeigte auf den Leichnam im Bettlaken. Doch niemand machte Anstalten, ihm zu gehorchen. Schäng schritt entschlossen auf Grandjean zu. Ein Raunen ging durch die Menge.

»Los!«, herrschte Schäng ihn an.

Der Menge hatte es den Atem verschlagen. Niemand tat einen Mucks.

Der Generalprocurator, sonst so forsch, wies zwei Soldaten kleinlaut an, das Bündel auf die Bühne zu bringen.

Sie folgten der Weisung. Als sie das Seil lösten, den Corpus anhoben und die Stufen hochtrugen, fiel das Laken herab. »Oh« und »Ah« ertönte aus vielen Mündern. Manche schlugen die Hände vors Gesicht. Ida schrie auf.

»Heinrich!« Sie sackte in sich zusammen.

Die Soldaten trugen den Leichnam auf die Bretterbühne und legten ihn vor die Füße von Grandjean, der sich mit angewidertem Blick wegdrehte.

»Der war seit Monaten in Salz eingelegt. Gefunden hab ich den im Eiskeller vom Schöttelshof«, rief Schäng in die Menge.

Dann ging er auf die Soldaten los, die Bas festhielten.

»Losmachen! Das ist ein Mann des Rechts.«

Die gaben beim Blick in den Lauf der Flinte nach.

Bas blickte Schäng fragend an.

»Sag denen, was Recht ist«, forderte er ihn auf.

Bas ergriff sofort das Wort und brüllte mit sich überschlagender Stimme:

»Das Urteil ist falsch. Johann Selm hat gelogen. Wie soll der angebliche Täter Heinrich Meisner nach den Morden mit der Beute vom Hof geflohen sein? Wie soll er das gemacht haben, wenn er erschlagen in einem Salzfass steckte? Johann ist der wahre Täter.«

Ein Raunen ging durch die Menge.

»Das ist bloße Spekulation. Sie wissen nicht, seit wann dieser Meisner tot ist«, keifte nun Grandjean.

»Das entscheiden nicht Sie, sondern das Gericht«, konterte Bas.

Erste Stimmen im Pulk wurden laut:

»Was soll das?«

»Weitermachen.«

Eine Frau geiferte:

»Dann ist die da dem Selm sein Leevche. Kopf ab!«

Erst schlossen sich nur einige Umstehende an, dann schwollen die Kopf-ab-Rufe zu einem mächtigen Chor an. Tumult brach aus. Die Menge drängte zum Podest. Der Absperriegel aus Soldaten hielt nur mühsam dem Druck stand.

Schäng sah, dass eine Kutsche sich dem Gereonsdriesch näherte. Sie steuerte auf den Richtplatz zu. Der Kutscher knallte mit der Peitsche und kläffte immer wieder: »Aus dem Weg! Gasse bilden!« Er konnte sich kaum Aufmerksamkeit verschaffen. Das Geschehen spielte auf der Bühne. Die Kutsche blieb in der Menge stecken. Eine ihrer Türen öffnete sich. Ein Mann im Anzug stieg auf das Dach der Kutsche. Er winkte mit einem Schriftstück und rief irgendetwas.

Bas stupste Schäng an. Aber der hatte längst verstanden und schoss in die Luft. Hoffentlich war da gerade nicht sein Schutzengel herumgeflattert. Vom Knall ging ein Ruck durch die Menge.

»Lasst den Richter durch!«, donnerte Schäng mit der ganzen Stimmgewalt, die ihm innewohnte. Viele Köpfe drehten sich und erspähten den Mann auf der Kutsche.

»Sorgen Sie für Durchlass! Ich bin Instructionsrichter Dr. Schwarz. Das Todesurteil gegen Ida Irmisch ist ausgesetzt, gegen Johann Selm ist Verhaftbefehl erlassen. Beenden Sie das hier sofort«, herrschte er die Soldaten an.

Die zogen den Absperrriegel Schritt für Schritt größer, öffneten ihn zur Mitte und bildeten eine Gasse. Die Menschen wichen nur zögerlich zur Seite.

»Erteilen Sie Platzverweis und verhaften Sie diejenigen, die sich widersetzen!«, wetterte Schwarz.

Der Kommandant der Soldaten – von welchem Rang auch immer wusste Schäng anhand der gewebten Borten, Kordeln und Litzen an dessen Uniform nicht zu bestimmen – lief von der Treppe des Podests hinab und eilte zum Instructionsrichter. »Merke er sich, Befehle erteile ich.«

»Ja, dann machen Sie mal.«

»Kann er sich ausweisen? Zeige er die Verfügungen vor.«

»Spreiz' er sich nicht dergestalt. Und behindere er nicht die Justiz! Der Generalprocurator kann bestätigen, wer ich bin.«

Schon wandte der Kommandant sich um und schaute zu Grandjean herüber.

»Ist das Instructionsrichter Dr. Schwarz?«

Grandjean zuckte mit den Schultern. Die Menge wurde

wieder unruhig. Schäng fürchtete einen Tumult. Er ging auf Grandjean zu, packte ihn am Kragen und hob ihn auf Augenhöhe zu sich hoch.

»Bes do blind?«

»Das wird Konsequenzen für Sie haben«, presste Grandjean heraus. Schäng schob seinen Mund vor dessen linkes Ohr.

»Die du nicht mehr mitkriegst, wenn du jetzt nicht die Wahrheit sagst. Also!«, zischte er.

Grandjean hing an Schängs bekloppter Hand wie ein nasser Sack.

»Ja, das ist Dr. Schwarz«, wisperte er.

»Lauter.«

»Das ist Dr. Schwarz«, stieß Grandjean aus.

Schäng setzte ihn wieder ab und strich ihm den Kragen glatt.

Der Instructionsrichter bahnte sich den Weg zum Podest. Oben angelangt, verkündete er die Aussetzung der Vollziehung des Todesurteils.

St. Gereon schlug viertel nach acht.

Kapitel 43

Zwei Soldaten bedeckten endlich den Leichnam mit dem eben beim Transport hinabgeglittenen Betttuch. Dr. Schwarz instruierte den Kommandeur. Der verließ in Begleitung der beiden Soldaten, die Heinrichs Leiche den neugierigen Blicken entzogen hatten, das Podest. Der Instructionsrichter tat es ihm gleich und steuerte seine Kutsche an.

Die Menge reagierte mit gemischten Gefühlen auf das Ende der Zurschaustellung staatlicher Macht über Leben und Tod. Einige maulten enttäuscht. Sie fühlten sich offenbar um das prickelnde Grauen gebracht, dem Abschlagen eines Kopfes beizuwohnen, zogen aber ohne aufbrausendes Getue von dannen. Andere stiefelten zufrieden davon, war ihnen doch eine spannende Schau mit überraschendem Ende geboten worden. In den Brauhäusern würde heute Abend nicht nur diese Plörre überschäumen, die sie unter dem Namen Kölsch feilboten, sondern auch diejenigen, die es stangenweise in sich hineinschütteten. Je mehr sie intus haben würden, umso mehr Augenzeugen des Geschehens würden es gewesen sein. Und zum guten Schluss hätte eine Heerschar von Engeln das schon im Fallen begriffene Beil gerade noch rechtzeitig aufgefangen. Wunder geschahen, während man von ihnen Zeugnis ablegte.

Venedey hatte sich unbemerkt aus der Kutsche gewuchtet und stand am Fuße der Bretterbühne. Ihn hatte es, obwohl er die Nähe zu Tieren nicht goutierte, zu dem Klepper hingezogen, mit dem Baudewin erfolgreich gegen die Uhr angeritten war. Diese loyale Freundlichkeit, mit der das Pferd auf seinen Reiter zu warten schien, rührte Venedey an. Er vermochte nicht zu sagen, warum das so war. Plötzlich war da dieser dringende Wunsch in ihm gekeimt, seine Wange an die Nüstern des Tieres zu legen.

Venedey ließ sämtliche Konventionen schleifen. Sein heutiges Auftreten in der Öffentlichkeit war ohnehin indiskutabel. So käme es also nicht mehr darauf an.

Der weichen Pferdehaut mochte er dann doch nicht seine unrasierte Wange zumuten, also lehnte er seine Stirn an die Nüstern. Es war, als würde ihm erst jetzt bewusst, was ihnen allen gemeinsam gelungen war, wobei er konzedierte, dass ihm am Ende nur der kleinste Teil des Verdienstes zukam. Es drängte ihn daher nichts nach vorn auf das Podest. Venedey beschränkte sich auf die Zuschauerrolle. Er beobachtete, wie die Menge sich auflöste; sah auch, wie die eben noch Todgeweihte wieder in Fesseln gelegt und die Treppe hinabgeführt wurde. Ida war in Tränen aufgelöst. Bas versuchte, sie zu trösten.

Warum stand ihr diese Mathilde von Tabouillot nicht bei? Das sah ihr gar nicht ähnlich. Immer wieder wimmerte Ida den Namen ihres Verlobten.

Ein Planwagen der nahe gelegenen Brauerei Scheben fuhr vor, der offenbar beschlagnahmt worden war, um den Toten zum Stadtphysikus zu bringen. Tatsächlich nahmen die Soldaten den Leichnam auf und verluden ihn darauf.

Ida würde nun ins Gefängnis überstellt werden und abwarten müssen, bis Johann der Prozess gemacht worden wäre. Im Falle seiner Verurteilung würde der Justizminister den Generalprocurator des Kassationshofes beauftragen, den Fall eben jenem Gerichtshof anzuzeigen. Der würde das Urteil vernichten und aufgrund der ursprünglichen Anklageschrift an einen anderen Assisenhof verweisen. Und dann würde Grandjean einen Schiffbruch für die Annalen erleiden.

Venedey sah, dass der blamierte Ankläger erbost auf Baudewin einredete. Immer wieder erhob Grandjean den Zeigefinger. Er schien ihm zu drohen, aber Sello, der zu dem Geschehen geeilt war, hielt offenbar dagegen. Sein Referendar wich diesem Sergeanten nicht von der Seite, der am Ende – dem Himmel sei es getrommelt und gepfiffen – den richtigen Riecher gehabt hatte. Und Sello, der in wenigen Tagen in Berlin das dritte Staatsexamen ablegen würde, hatte wahrlich das Zeug zum Anwalt. Darauf hätte Venedey anfangs nicht gewettet.

Plötzlich geriet Bewegung in die Szene. Baudewin und sein Referendar sahen sich hektisch um. Beide stürmten von der Bühne. Grandjean ließen sie einfach stehen. Was hatte das zu bedeuten? Baudewin kam auf Venedey zugeeilt. Sello rannte vom Platz.

»Herr Doktor, was machen Sie denn hier?«

»Ich suchte in diesem Getümmel nach guter Gesellschaft. Et voilà!«

Baudewin schaute ihn einen Moment irritiert an.

»Ich brauche den Kollegen.«

»Den wen?«, fragte nun Venedey verwundert.

»Das Pferd.«

»Ja, das trifft es. Ein Kollege im bestverstandenen Sinne. Hat er nicht eine Pause und etwas zu fressen verdient?«

»Wir vermissen Mathilde von Tabouillot. Haben Sie sie vielleicht gesehen?«

»Nein. Ich habe mich auch schon gewundert, wo sie ist.«

»Wir suchen sie. Wir fürchten, dass sie auf eigene Faust Johann Selm noch ein Geständnis abringen wollte. Sello ist schon zu Fuß auf dem Weg dorthin.«

»Das sähe ihr ähnlich.« Venedey drückte Schäng die Zügel in die Hand. »Wo vermuten Sie ihn?«

»Auf dem Schöttelshof, er lebt doch jetzt dort im Auszugshaus.«

»Verlieren Sie keine Zeit.«

Der Hinweis war gänzlich überflüssig. Denn Venedey hatte noch nicht ganz ausgesprochen, da saß dieser Baudewin schon im Sattel.

Grandjean stand noch immer auf dem Podest und starrte in seine Richtung. Venedey schenkte ihm das freundlichste Lächeln, das er aufzubieten hatte, wandte sich ab und ging ebenfalls in Richtung Schöttelshof. In seiner Kanzlei würde er es nicht aushalten, bis der Verbleib dieser Mathilde geklärt war. Wenn er auch sonst nichts beizutragen hätte – keine flinken Beine, keinen harten Haken –, so könnte er immerhin bei den Nachbarn Alarm schlagen, damit Sello und Baudewin Unterstützung bekamen.

Die Morgensonne hatte begonnen, die überfrorene Nässe abzutauen. Venedey beschleunigte seinen Schritt.

Kapitel 44

Atemlos erreichte Bas das weiß getünchte Elternhaus der Familie Wieser in der Gereonstraße. Ein älterer Herr im flaschengrünen Tagesfrack und karierter Hose öffnete. Bas kannte ihn von seinen Versuchen, Mathilde nach Idas Verurteilung zu besuchen.

»Sie wünschen?«, fragte er mit hochgezogenen Augenbrauen, offenkundig wegen des desolaten Zustandes, in dem sich Bas' Kleidung befand. Die Hetzjagd zu Venedey und zum Richtplatz, sein Sturz auf spiegelglatter Straße, gefolgt von seinem Rabatz vor dem Fallbeil, ließen ihn sicher wie einen der elenden Randständigen aussehen, die sich mit verbotener Bettelei durchschlugen. Doch zum ersten Mal war es ihm gleichgültig, dass er so auftrat. Zu wichtig war die Frage, die zu stellen er hergeeilt war, zu groß seine Angst vor der Antwort.

Trotzdem holte er zunächst tief Luft im Bemühen, sich zu beruhigen.

»Ist Frau von Tabouillot zu sprechen?«

Der Hausdiener zückte seine Zylinderuhr aus der Brusttasche und warf einen vorwurfsvollen Blick auf sie. Als ob sich die Uhr daran störte, dass er so früh am Morgen geklingelt hatte. Dem vor ihm stehenden Besucher, der zu früh für einem Besuch vor der Tür stand, würde er sicherlich keinen solchen Blick zuwerfen. Das wäre unter seiner Würde. Also musste die arme Uhr herhalten.

»Ich weiß, wie früh es noch ist, aber es geht um Leben und Tod. Ich muss wissen, ob sie in Sicherheit ist!«

Der Diener zog die Augenbrauen hoch und rümpfte die Nase. »In Sicherheit? Wovon sprechen Sie? Nein, über den Aufenthaltsort der Tochter des Hauses darf ich Ihnen keine Auskunft geben.«

»Dann holen Sie doch bitte den Hausherren. Irgendjemand muss mir doch diese einfache Frage beantworten können.«

Der Hausdiener zog die Augenbrauen noch weiter hoch. »Kommen Sie um zehn wieder. Dann empfängt die Herrschaft Besuch.«

»Das geht nicht, verstehen Sie denn nicht? Es könnte sein, dass Frau von Tabouillot in größter Gefahr schwebt.« Bas erhob normalerweise nie die Stimme. Das war einfach nicht seine Art. Doch nun überschlug sie sich fast.

Das führte lediglich dazu, dass sich der Diener in der Tür breitmachte. Offenbar fürchtete er, dass Bas sich gewaltsam Zutritt verschaffen würde. Womit er nicht ganz falschlag. Wenn dieser Mensch nicht endlich das tat, was Bas von ihm verlangte, würde er brüllen und schreien, bis das ganze Haus zusammenlief oder hineinstürmen.

Doch das war nicht mehr erforderlich. Hinter dem Hausdiener näherte sich eine Gestalt in Schlafanzug und Morgenmantel. Das musste Mathildes Vater sein.

»Wer sind Sie? Haben Sie Nachricht von Mathilde?«, fragte Giesler, den Diener beiseiteschiebend.

»Sie ist also nicht hier?«, fragte Bas. Er konnte selbst die Verzweiflung in seiner Stimme hören.

»Nein, sie ist die ganze Nacht nicht nach Hause gekommen. Wir verstehen das nicht. Sie ist immer zuverlässig und sagt Bescheid, wenn sie nicht pünktlich kommen kann. Die ganze Nacht haben wir auf sie gewartet.«

»Dann muss ich mich sofort entschuldigen. Es pressiert.«

»Aber so sagen Sie doch, was los ist? Meine Frau weint schon seit Stunden.«

Bas war hin und her gerissen. Natürlich taten ihm die Eltern leid, aber er konnte sich nicht die Zeit nehmen, alles zu erklären. »Ich werde Ihre Tochter suchen und zurückbringen. Das verspreche ich. Aber nun muss ich los, es zählt jede Minute.« Er deutete einen Diener an, dann ließ er den armen Mann stehen.

Es war nicht weit zum Schöttelshof. Er hoffte, dass Schäng schon dort angekommen war. Und doch beruhigte ihn das nicht. Schneller denn je eilte er zum Hof. Im Prozess hatte Johann ausgesagt, dass er in dem Auszugshaus auf dem Grundstück lebte. Doch wo sich das befand, davon hatte Bas keine Ahnung. Denk nach, raunzte er sich an. Verlier nicht den Kopf, nur weil es um Mathilde geht. Oder besser, gerade weil es um sie geht. Du willst sie retten, nicht um sie jammern.

Mitten im Lauf hielt er inne. Eile allein reichte nicht. Er rief sich das Grundstück vor Augen. In den Akten hatte er einen groben Lageplan mit dem Haupthaus und der Scheune gesehen. Konzentrier dich, schalt er sich erneut. War da noch ein weiteres Gebäude eingezeichnet gewesen? Der Eiskeller nicht, das wusste er noch und hatte sich an diesem Morgen gewundert, wie Schäng den entdeckt hatte.

Aber da war noch etwas gewesen, fiel ihm ein. Ein kleines Rechteck im linken oberen Teil des Planes. Das musste es sein. Ein weiteres Gebäude war im Prozess nicht erwähnt worden. Vom Haupthaus aus war es nicht weit entfernt gewesen, wenn er sich recht erinnerte. Ein gutes Stück hinter der Scheune. Er lief wieder los, nach dieser Erkenntnis und Verschnaufpause, gleich viel leichtfüßiger. Trotzdem kam es ihm vor, als bewege er sich auf der Stelle.

Endlich kam die Ruine des Haupthauses in Sicht, daneben die abgebrannte Scheune. Er eilte vorbei, ohne die Ruinen eines Blickes zu würdigen. Ein schmaler Weg führte in eine kleine Schonung, er folgte ihm. Aber er konnte kein Gebäude entdecken. Hatte er sich geirrt, hatte er seine Zeit vertan aufgrund seiner falschen Erinnerung?

Wieder wurde er langsamer, blickte sich suchend um. Da sah er links von sich Rauch aufsteigen. Könnte der vom Auszugshaus stammen? Er wusste es nicht. Bas setzte alles auf eine Karte. Er rannte erneut los und brachte die letzten dreihundert Meter bis zu der durchscheinenden Rauchsäule hinter sich, als hetzte ein Rudel Wölfe ihn. Als er bis auf fünfzig Meter herangekommen war, erhob sich aus dem welligen Ackerboden ein kleines, unscheinbares Steinhaus mit ehedem geweißeltem Verputz, der an manchen Stellen abgeblättert war. Das musste es sein!

Angriff oder Anschleichen? Ach, hätte Bas doch nur die Schlagkraft seines Freundes Schäng. Seine Waffe war stets das Wort gewesen – geschrieben oder gesprochen. Nur darauf konnte er sich verlassen. Im trüben Morgenlicht dieses eisigen Märztages entdeckte er geschlossene Fensterläden. Keine Chance, sich einen Eindruck über die Lage im Haus zu verschaffen. Also gab es nur eine Möglichkeit.

Er trat an die einfache Holztür und klopfte. Nichts tat sich. Er klopfte erneut, diesmal fester. Wieder keine Reaktion. Was nun? Gerade erhob er die Hand zu einem letzten Versuch, da roch er etwas. Brennspiritus. Er dachte an den Brand des Schöttelshofes, die verkohlten Leichen – er musste in dieses Haus.

Erst versuchte er, den Türgriff zu bewegen, als das nichts nützte, rammte er seine Schulter gegen die Tür. Der Rahmen war morsch, die Zarge gab sofort nach. Noch vom Schwung getrieben, stolperte er in das Zimmer. Gerade noch rechtzeitig konnte er vor einer Kerze abbremsen, die in einer Lache stand. Brennspiritus! Das was es. Er folgte dem sich daran anschließenden Rinnsal mit seinem Blick, bis er zwei Beine entdeckte, die in einer Ausgehhose steckten. Das musste Johann Selm sein. Er hing wie im Tiefschlaf über dem Tisch, die Arme baumelten herunter. Aber wo steckte dann Mathilde?

Und da dämmerte es Bas: wenn die Kerze heruntergebrannt war, was ihrer Höhe nach in Kürze der Fall sein würde, entzündete sie den Brennspiritus. Die Flammen würden seiner Spur folgen und Johann, der seinem Geruch nach wohl ebenfalls mit Petroleum überschüttet war, in Flammen setzen.

Hastig kniete er sich neben die Kerze und pustete kräftig gegen die Flamme. Doch bevor sie erlosch, löste sich durch sein Pusten ein glühendes, stecknadelkopfgroßes Stückchen vom Docht, das in den Brennspiritus fiel und ihn entfachte. Mit einem Entsetzensschrei sprang Bas auf, eilte zu Johann, zerrte den erstaunlich leichten Körper etwas hoch und dann vor das Haus. Wie eine Puppe hatte der sich fast nicht bewegt und auch keinen Laut von sich gegeben. Vielleicht hatten ihn die Dämpfe des Brennspiritus' betäubt. Nicht verhindern konnte Bas, dass die Hosenbeine Feuer gefangen hatten.

Kaum war er ins Freie gelangt, riss er sich seine Jacke vom Leib und klopfte die Flammen damit aus. Nun endlich hatte er Zeit, den Mann vor sich genauer in Augenschein zu nehmen. Und schreckte zurück. Das war kein Mann, es waren nur die Kleider eines Mannes. Und eine Männerfrisur. Hinter der Maskerade steckte Mathilde, seine Mathilde. Hastig nahm er ihr den Knebel aus dem Mund und klopfte vorsichtig ihre Wangen, während Flammen hinter ihnen aus der Tür des Auszugshauses schlugen. Hastig zog er seine Mathilde noch ein Stück weg.

Just in diesem Moment hörte er eilige Schritte herannahen. Ob der Mörder Johann zurückkam? Widerwillig ließ er Mathilde auf den Boden sinken und schaute sich nach einem Werkzeug um, mit dem er sie und sich verteidigen konnte. Ein abgebrochener Ast am Rand des Gebüschs fiel ihm ins Auge. Er eilte hin, zog ihn heraus und postierte sich sodann vor ihr.

Doch das war nicht nötig. Aus dem Wäldchen trat sein Ausbilder. Venedey wischte sich japsend das hochrote Gesicht mit einem Taschentuch ab. Erleichtert ließ Bas den Ast fallen und wandte sich wieder Mathilde zu, die langsam zu sich kam.

»Oh mein Gott, was hat dieses Monster Frau von Tabouillot angetan?«, hörte er den empörten Ausruf von Venedey.

»Helfen Sie mir«, trieb Bas seinen Kollegen zur Eile an. Gemeinsam knieten sie sich vor Mathilde. Venedey legte ihr den Finger an den Hals, während Bas ihr Gesicht nicht aus den Augen ließ. Und ihre Haare. Ihre wunderschönen zu Affenschaukeln zusammengeflochtenen Haare waren auf Schulterlänge gekürzt. Doch tat das ihrer Schönheit keinen Abbruch. Bas war nur glücklich, als sie die Augen aufschlug und sich nach einem kurzen Moment ihr Blick klärte.

Plötzlich näherte sich Hufgetrappel. Sie erkannten Schäng auf seinem Pferd. Kaum hatte der sie entdeckt, schwang er sich aus dem Sattel und eilte zu ihnen. Als er Mathilde erkannte, wich alle Farbe aus seinem Gesicht.

»Was, äh, was hat er mit ihr gemacht?«

»Der wollte sie anzünden und das ganze Haus ab... ab...«, stotterte Bas immer noch fassungslos.

»Sie lebt, alles andere ist unwichtig«, antwortete Venedey. »Aber wir müssen dieses Ungeheuer stellen. Also los mit Ihnen, Baudewin, finden Sie den Mann!«

Kapitel 45

Schäng hatte noch den Gestank von Brennspiritus in der Nase. Wo sollte er diesen vermaledeiten Johann suchen? Dieses miese Schwein konnte überall sein. Schäng war so aufgebracht, dass er nicht mehr klar denken konnte. Er wollte diese Ausgeburt der Hölle zu fassen kriegen und einfach nur so lange schlagen, bis der niemandem mehr etwas antun konnte.

Aber wo konnte er sein? Ob er schon raus aus der Stadt war? Was war mit der Beute? *Schäng, denk nach*, befahl er sich selbst. Er müsste versuchen, in Johanns Kopf zu kriechen, sich dessen Gedanken zu machen. Also los!

Diese Bestie hatte sich offenbar sicher gefühlt. Ida war für seine Taten verurteilt worden. Ihr angeblicher Mittäter wurde verdächtigt, mit der Beute geflohen zu sein.

Bestand für Johann die Not, die Beute aus der Stadt zu schaffen? Nein, niemand suchte danach. Schon gar nicht bei ihm. Also war sie vermutlich noch da. Musste er seine Flucht planen, weil er damit rechnete aufzufliegen? Nein, nach dem Urteil nicht mehr. Das bedeutete, dass er durch die von Tabouillot aufgescheucht worden war und nun die Beute hatte zusammenraffen müssen, um zu fliehen. Sie musste ihm klargemacht haben, dass ihm ein Wiederaufnahmeverfahren drohte. Also hatte dieser Selm sich auf die Schnelle etwas einfallen lassen müssen. So wie diese arme Frau zugerichtet und gekleidet war, sollte sie als *er* komplett abfackeln. Alle sollten denken, er sei tot. Warum? Damit man nicht nach ihm suchte. *Hier* nicht mehr nach ihm suchte.

Der war hier noch irgendwo, war sich Schäng sicher. Im Eiskeller vielleicht, weil er annahm, da guckt so schnell keiner mehr rein? Schäng machte kehrt und lenkte den Kollegen zur Anhöhe. Doch dort fand er alles so vor, wie er es verlassen hatte.

Was jetzt? *Mann, Schäng, denk weiter!* Was brauchte das Mistschwein, um abzuhauen? Doch am besten ein Pferd. Wenn er zu Fuß mit der Beute floh, war er zu langsam. Außerdem riskierte er, sollte er die Stadt durch das nahe Hahnentor verlassen, selbst überfallen zu werden. Da lauerten doch die fiesen Möpp, die die Trauerzüge Richtung Melaten beklauten.

Hatte Johann Selm ein Pferd? Die Stallung lag noch in Schutt und Asche. Angeblich suchte er einen Käufer für den Hof. Dann würde er sich kein Viehzeug mehr angeschafft haben. Auch keinen Gaul. Doch er brauchte genau jetzt einen. Der Selm sah doch, dass der Altenteiler nicht in Flammen stand. Der musste mehr oder weniger in diesem Moment begreifen, dass sein Plan nicht aufging. Der müsste einen Klepper stehlen, oder?

Schäng ritt zum Hof der Ziethens. Da könnte Johann sich versteckt halten. Dort kannte er sich aus. Und er kannte die Abläufe. So wie auch Schäng durch seine Aushilfsarbeiten auf einem Bauernhof. Morgens ging der Bauer in die Stallungen und versorgte die Tiere. Das war heute so und das würde auch morgen früh wieder so sein. Der Selm könnte sich im Stall verstecken und abwarten, um einen der Ackergäule an sich zu bringen und sich damit auf und davon machen. Aber war das nicht zu riskant, sich dort zu verstecken? Was, wenn der Hofhund ihn verbellte? Andererseits kannte der ihn.

Wie auch immer, Schäng würde sich auf Ziethens Hof umsehen. Eine bessere Idee hatte er nicht. Das Scheunentor stand sperrangelweit offen. Plötzlich sprang ein Mann im schwarzen Mantel mit tief in die Stirn gezogenem Hut hinter einem der Torflügel hervor und bedrohte ihn mit einer Pistole.

»Steig ab!«

Ach, das war der neue Plan von Johann Selm, schwante Schäng. Der wartete einfach auf eine Gelegenheit irgendeinen Gaul zu klauen, gesattelt gleich, durchaus sinnvoll. Jetzt war Schäng in die Falle getappt. Aber diesem Arschloch würde er den Kollegen nicht überlassen. Pistole hin oder her. Der hatte nur einen Schuss frei. Schäng nahm den Zügel hoch und reichte sie Selm an. Der ergriff ihn. »Recht so«, spottete der. Nun galt es. Schäng trat in den linken Steigbügel und schwang sein rechtes Bein über den Pferderist, als wolle er – mit dem Rücken Selm zugewandt – absitzen. Er streckte jedoch das Bein im Schwung und trat Selm die Waffe mit dem Stiefel aus der Hand. Ein Schuss löste sich und prallte gegen Stein. Das Pferd wieherte hysterisch, und stieg mit geblähten Nüstern. Schäng konnte geradeso verhindern, dass er das Gleichgewicht verlor, stürzte sich auf Selm und schlug ihn windelweich. Irgendwann rührte sich der Mann nicht mehr. Schäng atmete schwer und ließ ihn nicht aus den Augen. Da bemerkte er am Rand seines Sichtfelds eine Lache Blut. Er schaute genauer hin und bemerkte, dass die Flanke des Kollegen blutete. Nein. Nein. Nein. Das Pferd hatte den Querschläger abbekommen. Blind vor Wut trat Schäng auf Selm ein.

»Hören Sie auf«, hörte er jemanden rufen. Es war Venedey, der in Trippelschritten angelaufen kam.

Kapitel 46

»Helfen Sie dem Kollegen lieber, anstatt sich unglücklich zu machen«, befahl Venedey. »Laufen Sie los zu Tierarzt Finken, neben dem Klepperhof. Sagen Sie ihm, es sei mein Pferd und dass es ein Notfall sei. Er soll sofort kommen und sich das ansehen.«

Venedey sah, wie Schäng reglos auf die Wunde starrte, aus der weiter Blut quoll. Das Pferd trippelte nervös auf der Stelle.

»Worauf warten Sie?« Venedey wurde ungehalten.

»Wir können uns eine teure Behandlung nicht leisten.«

»Dieses Pferd steht unter meiner Patenschaft. Und wenn Sie jetzt nicht augenblicklich Ihren Arsch in Bewegung setzen, trete ich Ihnen da rein.«

Venedey ergriff vorsichtig die Zügel und sprach ruhig auf das Pferd ein. Schäng rannte los.

Venedey löste seinen Schal.

»Ganz ruhig. Nicht erschrecken. Hilfe kommt gleich.«

Als er den Schal gegen die Wunde presste, wich der Kollege zur Seite aus.

»Ho, ho. Bleib ruhig!«

Das Pferd verlagerte sein Gewicht und knickte an der Flanke ein. Blut sickerte durch den Schal.

Vom Boden drang ein Stöhnen an Venedeys Ohr. Es war Selm.

Inzwischen kam der alte Bauer vom Feld.

»Was ist passiert? Kann ich helfen?

»Fesseln Sie Johann Selm! Nach ihm wird mit Verhaftbefehl gefahndet.«

»Warum?«

»Er hat die Morde an seiner Familie begangen.«

Der Bauer stutzte. »Ich kenne Sie. Sie haben die Irmisch verteidigt. Ich war im Saal.«

Venedey nickte nur.

Der Bauer zögerte, blickte von ihm zu seinem Nachbarn und dachte offenbar nach. Venedey ließ ihm Zeit, insistierte nicht. Dieser Baudewin hatte ganze Arbeit geleistet, so schnell würde der junge Selm nicht aus eigener Kraft aufstehen.

Schließlich kam der Bauer zu einer Entscheidung. »Du Schwein.« Er spie vor Selm aus und zerrte ihn hinter sich her in die Scheune.

Venedey sprach weiter auf das Pferd ein.

Kapitel 47

Mathilde von Tabouillot hatte darauf bestanden, noch am gleichen Tag ihre Aussage zu Protokoll zu geben. Sein Referendar, der rabiate Sergeant und auch Venedey selbst hatten sich entschlossen, es ihr gleichzutun.

Das Frauenzimmer, zwischen Mut und Übermut balancierend, steckte mit ihren Gedanken sicherlich schon in der Berichterstattung über die von Frankreich nach Preußen überspringende Revolution. Ihre misslungene Herrenhaarfrisur versuchte sie nicht zu verstecken, sondern trug sie stolz wie einen Orden zur Schau. Jedes Stirnrunzeln in der Wache zwang sie mit stolzem Blick in die Augen des Runzlers einfach weg.

Der eher unpolitische Ordnungshüter dachte bestimmt an den Maskenzug am Rosenmontag und die feuchtfröhlichen Feiern hernach. Hans Baudewin würde alle Hände voll zu tun haben, war sich Venedey gewiss. Es lag etwas in der Luft.

Bas war mit dem Kopf vermutlich bereits in Berlin bei seinem dritten Staatsexamen. Wenn er nicht in Gedanken bei Mathilde von Tabouillot war. Was sich hoffentlich nicht negativ auf sein Examen auswirken würde.

Alle einte die Absicht, durch ihre Aussagen die Anklage gegen Johann Selm zu besiegeln. So hatte der Instructionsrichter Dr. Schwarz eingewilligt, dass Polizeikommissar Schmitz die Aussagen heute noch protokollierte. Sie hatten sich in der Wache am Alten Markt verabredet und einer nach dem anderen vor dem Protokollanten den Tag Revue passieren lassen.

Wie es Ida wohl ergehen mochte? Venedey beschloss, sie nach Aschermittwoch zu besuchen. Und er würde einen Krankenbesuch machen. Der Kollege stand bei Ziethen unter und war notversorgt worden. Die Kugel konnte entfernt werden. Sehnen oder Muskeln im Hinterbein waren nicht durchtrennt worden, so hatte Finken gesagt. Das Pferd hatte Aussicht, sich zu erholen. Venedey hatte alle Kontakte spielen lassen und ein paar Säcke Hafer aufgetan, damit es auch wieder zu Kräften kam. Baudewins Schwiegervater würde er den Ausfall zahlen, solange der Kollege keinen Dienst tun konnte. Das war ja wohl das Mindeste.

Während er vor der Wache auf die anderen wartete, hörte er plötzlich ein anschwellendes Gebrabbel, begleitet von hundertfachem Geklackere von Schuhen auf Kopfsteinpflaster. Es kam aus der Südstadt. Eine Armee, die nicht im Gleichschritt marschierte und keine Marschlieder sang? Eine Demonstration? Ging es also los, das umstürzlerische Treiben?

Mathilde von Tabouillot kam aus der Wache gestürzt, während Venedey lauschte.

»Das ist der Aufmarsch der Arbeiter und Handwerker, angeführt von den Communisten Gottschalk, Anneke, Willich und Hocker. Ich muss los.«

Ohne ein weiteres Wort des Abschiedes eilte sie davon.

Es dauerte nicht lange, dann trat Bas aus der Wache. Er blickte sich um.

»Frau von Tabouillot ist auf und davon. Hören Sie das?« Venedey zeigte Richtung Süden.

»Ja. Was ist das?«

»Laut unserer geschätzten Mitstreiterin ein von Communisten angeführter Aufzug.«

»Und da ist sie hin?«

»Ich befürchte es.«

»Was hat das alles zu bedeuten?«

»Während Sie mit der Nase in der Akte Irmisch und in Ihren Fachbüchern steckten, haben die Franzosen ihren König gestürzt. Und nun hebt die Revolution hier an.«

»Die Entwicklung in Frankreich kenne ich. Die Extrablätter der Kölnischen Zeitung habe ich gelesen. Aber wenn das zu uns herüberschwappt, dann ist mit dem Eingreifen des Militärs zu rechnen.«

»Sie sagen es. Der vierte Fritz-Willi wird sich seinen Thron nicht so mir nichts dir nichts unter dem Arsch wegziehen lassen.«

»Das haben Sie jetzt so nicht gesagt, oder?«

»Doch, doch. Und auch so gemeint.«

»Dann ist Mathilde in Gefahr.«

»In die sie sich selbst begeben hat.«

»Ja, aber ...« Bas trat von einem Fuß auf den anderen.

»Sello«, unterbrach ihn Venedey, »Sie riskieren womöglich Ihre Examenszulassung und eine spätere Karriere im Staatsdienst, wenn Sie bei einer Demonstration von revolutionären Kräften festgenommen werden.«

»Trotzdem. Ich kann sie nicht alleinlassen.« Er klang entschlossen. Dann rannte er los. Vermutlich bar jeder Idee, wie er diese Mathilde überhaupt stoppen konnte. Aber diese Kopflosigkeit hieß in diesem Fall wohl Verliebtheit.

Schließlich eilte Baudewin aus der Wache.

»Auf Wiedersehen, Herr Doktor. Ich muss zum Dienst.« Schon rannte er Richtung Buttermarkt. Wohnte er nicht auch da? Vermutlich musste er sich umkleiden und sodann eingreifen.

Allein zurückgeblieben beschloss Venedey, Richtung Rathausplatz zu gehen. Dort würde die Menge aufziehen. An den Rat der Stadt würden die Anführer ihre politischen Forderungen richten. Es wäre in jedem Falle besser, die Geschehnisse aus eigener Beobachtung einordnen zu können. So könnte er auch Bas und dieser Mathilde dienlicher sein, wenn die Staatsmacht tun würde, was sie immer tat, wenn es um den Erhalt ihrer Macht ging, nämlich mit dem Säbel rasseln oder gleich blind und maßlos um sich schlagen wie bei der Martinskirmes vor zwei Jahren. Diesmal würde sie nicht zögern, tatsächliche sowie vermutete politische Gegner wegzusperren. Und ein junger Jurist wie auch eine Journalistin würden sicher aus dem Verkehr gezogen. Menschen mit Grips waren die Ersten, vor denen sich ein wankendes System fürchtete, schon gleich gar, wenn sie die Funktionsweise des Systems durchdrungen hatten und sich obendrein allgemein verständlich artikulieren konnten.

Als Venedey sich bis an den Rand des Rathausplatzes vorgearbeitet hatte, steuerte er auf den Hauseingang eines Mandanten zu, der ihm viel zu verdanken hatte. Ihn zog nichts in die Menge der Demonstrierenden. Er klingelte an der Pforte, und wenige Minuten später blickte Venedey bei einer Tasse Kaffee aus dem offenen Fenster einer kleinen Wohnung im zweiten Obergeschoss und war überrascht über die Menge, auf die er schaute. Was er sah, war keine spontane Zusammenkunft, keine plötzliche Zusammenrottung zum Zwecke eines Umsturzes. Er sah Tausende Menschen, die im Sonntagsstaat hierhergezogen waren. Das war organisiert. Und aus den Gesichtern der Demonstrierenden sprach der heilige Ernst.

Venedey war beeindruckt, noch mehr von der Ruhe, die plötzlich herrschte, als einer ihrer Anführer das Wort ergriff. Und den kannte er gut. Es war der Armenarzt Andreas Gottschalk, den einen Freund nennen zu dürfen, Venedey mit Stolz erfüllte. Neben Gottschalk stand Nikolaus Hocker, der Schriftsteller. Es wunderte ihn keine Sekunde, dass auch Mathilde von Tabouillot neben seinem Freund stand. Wo war Bas, fragte sich Venedey, während Gottschalk von den Forderungen des Volkes sprach, die hier zu deklamieren ihm aufgegeben worden sei. Sie ragten über politische Teilhabe hinaus. Er sprach von der Sicherstellung der Erfüllung grundlegender menschlicher Bedürfnisse für alle sowie der vollständigen Erziehung aller Kinder auf öffentliche Kosten – alles dringende Anliegen der Unterschicht, pflichtete Venedey ihm bei.

Gottschalk appellierte an den Rat, die Arbeiter und ihr kummervolles Leben ins Auge zu fassen und für Abhilfe zu sorgen: »Denn was bedeutet die Teilnahme an der Gesetzgebung dem, der seine Arbeit nicht verlassen kann ...« – Jubel brandete auf, während er weitersprach – »... das uralte Recht des Waffentragens dem, der nur sein Elend und eine faulende Baracke zu schützen hat?« Wieder klatschte die Menge.

Die Ratsmitglieder sollten auch für den vierten Stand eintreten. Die Arbeiter müssten vor der Ausbeutung durch das Kapital geschützt werden.

Unter den Applaus mischten sich Rufe mit anderer Stoßrichtung.

»Die Fremden nehmen uns die Arbeit weg!«, krakeelte ein Teilnehmer. Aus einer anderen Richtung war ein Echo zu hören. Es würde Venedey nicht überraschen, wenn gleich auch Juden-raus-Rufe zu hören wären. Mindestens ein Bodensatz an Judenfeindlichkeit schwelte noch in allen Schichten dieser Stadtgesellschaft. Die französische Revolution hatte auch den Juden die Bürgerrechte gebracht. Und mit Napoleon waren sie nach ihrer Vertreibung zurück nach Köln gekommen. Die Niederlassungs- und Gewerbefreiheit hatte einige reich gemacht. Das rief Neid und Missgunst hervor.

Plötzlich ertönten Schreie aus einer Ecke des Marktplatzes. Das Militär griff ein. Es trieb die Menge auseinander, schlug mit Säbeln auf die Teilnehmer ein – glücklicherweise nicht mit blankgezogenen. Ein Teil der Demonstranten drängte ins Rathaus, offenbar um dort Schutz vor dem prügelnden Militär zu suchen. Wenig später sah Venedey zwei Körper aus Rathausfenstern fallen. Einer von ihnen war Joseph Bourel, ebenfalls Jurist. Sein Schrei gellte in Venedeys Ohren. Bourel blieb liegen. Hatte man ihn und den anderen, den er nicht erkannte, aus dem Fenster gestürzt? Auch der lag auf dem Boden, raffte sich aber aus eigener Kraft wieder auf. Er schien unverletzt.

Auf dem Platz herrschte Chaos. Es dauerte eine Weile, bis das Militär die Oberhand gewonnen und den Platz geräumt hatte. Vier Soldaten führten Gottschalk und Hocker ab. Diese Mathilde und seinen Referendar entdeckte Venedey von hier oben nicht. Aber er sah Baudewin in Uniform, der eine Frau vor sich her, weg vom Geschehen schob.

War das etwa die von Tabouillot?

Kapitel 48

Venedey hatte die Worte seines ehemaligen Referendars Karl Schorn noch im Ohr, den er erst Samstag beim Casinoball getroffen hatte. »Das fröhliche Köln lässt sich in seinem Karneval nicht stören«, hatte der ihm spöttisch zugeraunt.

Tatsächlich hatte am Sonntag auch die große Kappenfahrt stattgefunden, obwohl der Umsturz in Paris ein tektonisches Beben verursacht hatte, das in ganz Europa an den absolutistischen Machtstrukturen der Monarchien rüttelte. Auch die deutschen Staaten würden von dem großen Brausen nicht verschont bleiben. Die Demonstration vom vergangenen Freitag war schon ein erster Vorgeschmack.

War nun die richtige Zeit zu feiern? Es hatten sich in seiner Heimatstadt zwar Stimmen erhoben, die es angesichts der ernsten Lage der Dinge nicht für passend erachteten, in diesem Jahre den Karneval festlich zu begehen. Andere hatten die entgegengesetzte Meinung vertreten: Man müsse sich durch Frohsinn das Herz erleichtern und seine Besorgnisse durch eine witz- und gemütvolle Illustration des »Bangemachen gilt nicht« verscheuchen oder doch wenigstens zu mildern suchen.

Das festordnende Comitée der Grossen Karnevalsgesellschaft hatte sich mit Vehemenz für das öffentliche Fest eingesetzt.

Bei herrlichstem Wetter hatte sich Venedey an diesem Rosenmontag auf den Weg gemacht, um seinen Referendar Bas Sello zu verabschieden. Auch er würde nun über Deutz mit dem Zug nach Berlin reisen, um dort sein drittes Staatsexamen abzulegen. Hoffentlich bliebe er von einem überforderten Menschen an den Stellwerken verschont.

Es war noch Zeit, also ließ er sich von den vielen Menschen mitziehen, die sich durch die Gassen Richtung Neumarkt zwängten. Dort stellte sich der Zug auf. Venedey war nicht nur neugierig, welch prächtige Aufbauten die Wagen haben würden, wie aufwendig die Kostüme der Zugteilnehmer geschneidert waren, sondern auch, ob das ausgegebene Motto hielt, was es versprach: *Das tag- und nachtvolle, das heißt gescholtene oder Schaltjahr 1848.*

Das klang nach politischer Anspielung. Ein gar nicht mal allzu versteckter Hinweis auf das französische Donnerwetter, dessen blau-weiß-rote Blitzstrahlen das bisher im Schatten oder dunkel Gewesene taghell beleuchteten und dadurch sichtbar machten. Unübersehbar machten: die fehlende nationalstaatliche Verfassung, die mangelnde politische Teilhabe, die Zensur und die beißende Armut der Arbeiter, die krankmachende Beengtheit ihrer Wohnverhältnisse, ihr Ausgeliefertsein gegenüber ihren Brotgebern.

Würde das Comitée trotz Zensur ein Fanal setzen können?

Als Venedey eintraf, waren die Wagen des Festzugs schon eingetroffen. Auf dem Platz führte man ein großes Carousselreiten und eine komische Quadrille auf. Das war doch alles recht hergebracht. In Venedey regte sich Enttäuschung. Doch dann fiel sein Blick auf eine riesige Flasche aus Pappmaché mit der Aufschrift *Donnerkiehlsfläsch.* Aha, also doch! Hier in Köln, so die verdeckte Ansage, verfügte man auch über den Donnerkeil des germanischen Wettergottes Thor. Venedeys Laune stieg.

Inzwischen war auch das Schauturnen beendet. Der Maskenzug konnte starten. Doch was war das? Ein rund dreißig Fuß hoher, offenbar mit Gas befüllter Ballon in den Revolutionsfarben Schwarz-Rot-Gold stieg auf – darin Hanswurst, das andere Ich des Helden Carneval, der früher während der Tollen Tage die Regentschaft über die Stadt innehatte. Ein

Grinsen huschte über Venedeys Gesicht, stellte er sich doch den preußischen Regenten im Ballon vor. Der entschwebte alsbald Venedeys Blickfeld.

Jetzt setzte sich der Zug in Bewegung mit allem, was dazu gehörte: den fantasievollen Wagen mit den irrwitzigen Aufbauten, den Reitercorps, den Roten Funken, den Hilligen Knechten und Mägden. Und viel Tschingderassabum.

Venedey hatte genug gesehen. Es wurde Zeit. Beschwingt stapfte er im Takt zur Musik vom Platz. Über die Schildergasse und Gürzenichstraße bahnte er sich den Weg zum Heumarkt und von dort zur Markmannsgasse, die er sich fürderhin weigerte, Friedrich-Wilhelm-Straße zu nennen. In seinem Kopf war an diesem erhebenden Morgen die Revolution schon geglückt, und Köln konnte aus dem königlichen Knicks zurück in den Stand gehen und das alte Straßenschild wieder aufhängen.

Als Venedey die Markmannsgasse hinunterging, sah er eine Handvoll Wartende neben dem Brückwärterhäuschen. Die Brücke war noch offen. Ein Dampfschiff passierte.

Bas Sello blickte in seine Richtung und winkte, als er Venedey erkannte. Sein Referendar stand da ganz allein. Keine von Tabouillot. Kein Baudewin. Auch seine Tante, bei der er wohnte, hatte ihn offenbar nicht begleitet. Ob er das so wollte? Sich ohne Brimborium aufmachen? War er kein Mann für große Abschiede? War er überhaupt ein Mann für Abschiede? So wie Venedey ihn kennengelernt hatte, mochte er Aufhebens um seine Person nicht. Aber er hatte immerhin die Uhrzeit genannt, wann er an der Schiffsbrücke sein würde.

»Mein lieber Sello, ich möchte es mir nicht nehmen lassen, Sie persönlich mit den besten Wünschen nach Berlin zu verabschieden. Ich glaube fest an Sie.«

»Danke.« Sello wirkte verlegen. Verstohlen schaute er über Venedeys Schulter. Erwartete er doch noch jemand anderen?

»Darf ich Sie nach Ihrem Examen als Kollegen in meiner Kanzlei zurückerwarten? Auch das Fräulein Irmisch setzt auf Sie in der Wiederaufnahme.«

Sein Referendar nahm Haltung an. Da war ein Strahlen in seinen Augen, oder? War er nur überrascht? Hatte er die Frage nicht erwartet? Nach dem Prozess gegen Ida Irmisch hatte sogar Grandjean zur Kenntnis nehmen müssen, welches Potenzial in dem jungen Mann steckte, den man auf den ersten Blick allzu leicht für einen leidenschaftslosen Paragrafenreiter hielt.

Venedey hatte ihn auch gnadenlos unterschätzt, aber er wäre sicher nicht so dämlich, ihm jetzt nicht wenigstens ein Angebot zu unterbreiten.

Sello schwieg. Hatte die Frage ihn in Verlegenheit gebracht?

»Sie müssen mir nicht heute antworten. Wählen Sie mit Bedacht aus, wenn Sie zurück sind.«

»Auswählen?«, stammelte Sello fahrig.

»Na, hören Sie! Ihre exzellente Arbeit und Ihr Husarenstück sind interessierten Augen nicht verborgen geblieben.« Venedey hustete vor Lachen. »Jetzt habe ich selber den Preis hochgetrieben.«

»Vielen Dank für Ihr Angebot, Herr Dr. Venedey. Ich bin ein bisschen sprachlos.«

»Das hab ich gemerkt.«

Die Brücke schloss sich, und nach dem Vertäuen der Ausfahrjoche öffnete sich die Absperrung.

Wieder richtete Sello seinen Blick Richtung Markmannsgasse. Dann nahm er seinen kleinen Koffer hoch.

»Warten Sie! Ich habe hier noch etwas für Sie.« Venedey zog eine kleine Schachtel aus seiner Manteltasche und überreichte sie Sello.

»Das ist mein Binder, den ich bei meinen Examina getragen habe. Er soll Ihnen Glück bringen.«

»Das ... das kann ich doch nicht ... nicht annehmen«, stotterte Sello.

»Genau, das können Sie nicht *nicht* annehmen.« Venedey grinste. Sein Referendar schaltete nicht sofort, rang sich dann aber ein Lächeln ab.

»Viel Erfolg und gute Reise!«

Sello nickte und steckte die Schachtel ein.

»Auf Wiedersehen«, flüsterte er.

Der ganze Mann war ein Anblick des Jammers, ein Häufchen Elend. Diese von Tabouillot hätte Venedey am liebsten stante pede in den Ballon zum Hanswurst gesteckt. Meine Güte, diese fünf Minuten Zeit hätte sie sich doch nehmen können. Revolution hin oder her. Der Kerl hatte ihr schließlich das Leben gerettet.

Venedey schnappte sich den traurigen Vogel mit den lahmen Flügeln und schloss ihn in die Arme.

»Also, Sello, toi toi toi.«

»Danke.«

Dann trottete der junge Mann mit dem Köfferchen los. Der Rhein schien das Fließen eingestellt zu haben. Er wirkte still wie ein Maar. Die Brücke schwankte nicht. Sello wurde immer kleiner. Er drehte sich nicht mehr um.

Venedey wollte gerade gehen, da schrie jemand: »Halt!«

Es war Baudewin.

»Herr Doktor, Frau von Tabouillot ist verhaftet worden. Können Sie sich kümmern?«

»Ja, natürlich.«

Baudewin wollte gerade weiterlaufen – hinter Sello her, vermutete Venedey – da packte er ihn schnell am Ärmel seiner Uniform.

»Sagen Sie Sello nichts davon! Der ist imstande und dreht um.«

»Bin ja nicht blöd, Herr Doktor.«

Dieser Schäng hatte noch nicht ganz ausgesprochen, da

raste er mit Riesenschritten hinter Sello her. Am anderen Ende der Brücke hatte er ihn eingeholt.

Venedey beobachtete, dass Baudewin Sello den Koffer abnahm und seinen Arm über dessen Schulter legte. Beide gingen Richtung Bahnhof.

Nun musste sich Venedey sputen. Er hatte ein neues Mandat.

Sonderbeilage

* Köln, 20. März, Wie Polizeidirektor Müller heute der Öffentlichkeit bekanntgab, hat der Sohn der ermordeten Familie Selm, Johann Selm, ein vollumfängliches Geständnis abgelegt. Er hat seine Eltern und fünf Geschwister sowie deren zwei Knechte erschlagen. Der zuständigen Redakteurin liegt das Geständnis vor. Sie konnte die Angaben durch Recherche und eigene Erkenntnis ergänzen, sodass nunmehr der Ablauf des Verbrechens folgendermaßen dargestellt werden kann:
Der geständige Mörder war süchtig nach Laudanum. Die Beschaffung des Rauschmittels konnte er aus eigenem Vermögen nicht finanzieren. So entschied er, durch Diebstahl an auskömmliche Mittel zu gelangen. Er hatte daher im Laufe der Zeit immer wieder Silberzeug aus dem Hause seiner Familie gestohlen, um es im Pfandleihhaus zu versetzen. Am Dienstag, den 24. Aug. in der Mittagszeit entdeckte seine Mutter, dass ein silberner Kerzenleuchter verschwunden war. Sein Vater hatte zwar seinen Sohn in Verdacht, ihn entwendet zu haben, da Johann schon zuvor bei einem kleinen Diebstahl ertappt worden war. In seiner Not behauptete der, dass die Dienstmagd Ida Irmisch die Diebin sei und führte zum Beweis die silberne Haarbürste an, die von der Magd an diesem Morgen poliert worden war und die noch in ihrer Kammer lag. Dort fand der Hausherr sie, glaubte seinem Sohn und entließ die Magd auf der Stelle. Doch nach diesem Ereignis war dem Johann Selm klar, dass er von nun an nichts mehr stehlen könnte, ohne dass der Verdacht wieder auf ihn fiele. Doch brauchte Johann dringend Geld zur Finanzierung seiner Sucht. Wie er gegenüber dem Instructionsrichter einräumte, hatte er schon länger damit gehadert, dass der Vater den Söhnen kaum Geld für deren Mühen auf dem Hof gab. Und die Brüder hätten immer auf ihm herumgehackt und ihn damit aufgezogen, dass er Bettnässer war. So hatte

er mit der Zeit eine in Hass mündende Abneigung gegen den Vater und seine Brüder entwickelt. Gleiches galt betreffs Mutter und Schwester, die ihm nie beisprangen, wenn er gehänselt wurde. Und so beschloss er, seine ganze Familie zu töten, um das Erbe an sich zu bringen. Und zwar noch am gleichen Tage, als die Ida Irmisch den Hof wegen falscher Anschuldigung verlassen musste. Johann Selm wollte den Umstand nutzen, dass nur er und zwei seiner Brüder auf dem Hofgut arbeiteten. Wilhelm, Arnold und ihm war vom Vater aufgetragen, Stroh zu dreschen und zu bündeln. Seine Eltern und der jüngste Bruder planten am Nachmittag einen Verwandtschaftsbesuch, während sein Bruder Karl für einen im Friesenviertel wohnenden Tierarzt Steine fahren sollte. Seine Schwester Josefine und die Köchin befanden sich zu der Zeit im Hause, als Johann begann, seinen Mordplan umzusetzen.
Abends kurz nach 7 Uhr waren er und seine Brüder mit dem gedroschenen Quantum so weit, dass es in die Scheune geschafft werden konnte. Johann Selm sorgte dafür, dass er als Erster in die Scheune kam. Dort warf er seine Ladung rasch ab. Nachdem er sich vergewissert hatte, dass sein Bruder Wilhelm ein Bündel auf den Nacken genommen hatte, während sein Bruder Karl eine Pause machte, ergriff er die bereitgestellte Axt und trat hinter den verschlossenen Flügel des Scheunentors. Als Wilhelm eintrat, versetzte er ihm mit der stumpfen Seite der Axt einen kräftigen Hieb über den unbedeckten Kopf. Der Bruder brach zusammen. Trotzdem verpasste Johann ihm noch einige heftige Schläge und bedeckte dann den leblosen Körper rasch mit Stroh. Kaum war er damit fertig, trat sein anderer Bruder mit dem nächsten Bündel Stroh in die Scheune. Ihm schmetterte der brutale Mörder die Axt ebenfalls auf den Schädel nieder. Der Bruder stürzte lautlos zu Boden. Anschließend versteckte er die beiden Leichen sorgsam unter losem Stroh, nicht ohne ihnen Geld und Uhren abzunehmen.
Plötzlich hörte er vom Hof die beiden Knechte Bruno und Diethard sprechen. Er eilte zu ihnen und sagte dem Bruno, dass er auf der Koppel nachsehen solle, die Schafe wären so unruhig. Den Diethard forderte er auf, ihm beim Hereintragen und Stapeln der restlichen Strohbündel zu helfen. Johann beeilte sich und betrat vor dem Knecht die Scheune. Dort postierte er sich wieder hinter dem Torflügel, erschlug auch den Diet-

hard mit der Axt, zog ihn zur Seite und bedeckte auch ihn mit Stroh. Dann wartete er hinter der Tür auf die Rückkehr des Bruno, der kurze Zeit später in die Scheune kam. Wieder ließ er die Axt auf den Kopf seines Opfers sausen, bis der tot war und verbarg auch diesen Leichnam wie die anderen zuvor.

Überraschenderweise kehrte nun früher als erwartet sein Bruder Karl von dem Transport der Steine heim. Dem folgte er unauffällig in den Stall, wo sein Bruder das Pferd versorgen wollte. Er schlich sich von hinten an und fällte auch ihn mit einem Axthieb.

Nachdem das vollbracht war, verschloss er sämtliche Türen der Scheune und kehrte ins Haus zurück. Auf der Diele begegnete er seiner Schwester, der er vorlog, dass die Brüder sich zu den Ochsen begeben hätten, diese hätten den Zaun beschädigt und wären ausgebrochen. Nach dem gemeinsamen Abendbrot saß er mit seiner Schwester noch etwa eine halbe Stunde zusammen in der Wohnstube, über die weitere Ausführung der Tat nachsinnend, bis er endlich eine Kutsche kommen hörte. Es war inzwischen halb 9. Johann begab sich hinaus, um den Schlagbaum zu öffnen. Es war wie erwartet die Kutsche seines Onkels, welcher die Eheleute und den jüngsten Bruder vor dem Hause absetzte und dann sogleich wieder fortfuhr. Während seine Eltern in das Haus gingen, öffnete er eine Seitentür der Scheune und rief seinem jüngsten Bruder Paul zu, er möge ihm helfen, den großen Pflug und weiteres Gerät für den nächsten Morgen bereitzustellen. Das hätten Wilhelm, Arnold und er nicht mehr vor dem Abendbrot geschafft. Als Paul seiner Aufforderung nachkam, erschlug er auch ihn beim Betreten der Scheune von hinten. Sodann ging er in den Stall und zog den Karl aus dem Stall zu den anderen Leichen in der Scheune. Der atmete zwar noch, konnte aber nicht mehr schreien.

Danach lockte er seinen Vater, der gerade dabei war, sich umzuziehen, mit dem Vorwand aus dem Haus, dass die Ochsen in das noch stehende Korn gegangen wären und die Brüder sie nicht zurück auf die Weide getrieben bekämen. Er solle ihnen helfen, da auch die Einfriedigung ausgebessert werden müsse. Seine Mutter und Schwester waren wohl zu diesem Zeitpunkt schon zu Bette gegangen, zumindest verweilten nicht

im Wohnzimmer bei dem Vater, da der Johann aussagte, sie zu diesem Zeitpunkt nicht gesehen zu haben.
Dann nahm der Blutmensch eins von den Ausbesserungsbrettern, welche auf der Hofstelle lagen, unter den Arm und folgte dem Vater, diesmal einen Holzhammer auf der Schulter, weil er die Axt dem Vater nicht hätte erklären können. Auf der Weide angekommen, warf Johann das Brett zur Erde und versetzte seinem Vater, der sich durch das Fallen erschreckte und umsah, einen Schlag auf die rechte Seite des Schädels. Das Opfer sank darnieder, ohne einen Laut auszustoßen. Johann gab auch ihm noch etliche Schläge um sicher zu sein, dass das Opfer wirklich tot war. Dann ging er zurück, um einen Spaten und eine Schubkarre zu holen. Darauf lud er den Leichnam und stach mit dem Spaten die Grasnarbe aus, soweit sie blutig geworden war, warf das ausgestochene Stück nebst Spaten und Holzhammer ebenfalls in den Karren und wollte seine Ladung in den Pferdestall schaffen. Doch da tauchte auf dem Hofplatz der Heinrich Meisner auf, der die Ida abholen wollte. Wegen eines Auftrages hatte er nicht pünktlich am Treffpunkt sein können, und nun suchte er sie, weil sie nicht am verabredeten Ort auf der Anhöhe war. Er sah den jungen Selm mit dem blutigen Vater auf der Schubkarre. Johann rief ihm zu, er solle ihm helfen, der Vater sei verletzt, sie müssten ihn ins Haus bringen. »Die Räuber haben uns überfallen«, log der junge Selm, der, wie es scheint, niemals um eine Lüge verlegen war. Heinrich Meisner schaute sich um, entdeckte aber erwartungsgemäß niemanden. »Sie sind der fliehenden Ida hinterher in Richtung Eiskeller«, behauptete Johann dreist. Sofort eilte der Heinrich los, um seine Verlobte zu retten. Der Mörder folgte ihm mit dem Holzhammer. Beim Erreichen des Kellers fragte der Heinrich ihn, wo die Ida denn nun sei. Der antwortete: »Das weiß ich nicht. Vielleicht hat sie sich im Eiskeller versteckt.« Heinrich riss die Türe auf, die Johann zuvor aufgeschlossen hatte, um seine Beute später dort zu verstecken. Dann stieß er den Heinrich von hinten in den Keller und schlug mit dem Holzhammer, wie an diesem Tage schon so oft, sein wehrloses Opfer tot.
Schließlich verschloss er die Tür. Inzwischen zog ein Gewitter auf, in der Ferne grummelte der Donner und der Himmel wurde durch erstes Wetterleuchten erhellt.

Aus dem Bericht der Ida Irmisch wissen wir, dass sie sich zu dem Zeitpunkt im Verschlag des Nutzgartens hinter dem Haus versteckt hatte. Ihr Verlobter war nicht zum verabredeten Zeitpunkt erschienen. Sie fürchtete sich zudem vor Entdeckung durch die Familie Selm, aber auch vor dem herannahenden Gewitter. Dennoch entdeckte die Hausherrin Frederike Selm sie durch das Fenster des Schlafzimmers ihrer Tochter Josefine, das nach hinten heraus lag. Frederike öffnete das Fenster, winkte die Ida heran und fragte, was sie denn noch dort draußen mache. Sie antwortete, dass ihr Verlobter sie nicht abgeholt habe und nun nicht wisse, wohin. Die fromme Hausherrin erbarmte sich ihrer und rief der Ida zu, sie dürfe in ihrer Kammer schlafen, sie würde ihr die Tür aufschließen. Aber sie solle warten, bis der Hausherr schliefe und sich so verstecken, dass er sie nicht entdecke.
Johann kehrte nun in das Haus zurück und nahm auf seinem Weg zu Mutter und Schwester eine zum Zerlegen des Fleisches benutzte scharfe Axt aus dem Küchenschrank. Damit begab er sich in das Schlafzimmer der Schwester, wo auch die Mutter weilte. Er schloss die Türe hinter sich mit dem steckenden Schlüssel ab und nahm ihn an sich, damit niemand ihm entkommen konnte. Die Mutter stand noch neben dem Tische am Ofen und sah durch das Fenster hinaus. Dabei kehrte sie ihm den Rücken zu, sodass er ihr von hinten mit der Axt über den Schädel hauen konnte. Schwer getroffen sank sie nieder. Seine Schwester Josefine hörte den leisen Aufschrei der Mutter und sprang wie der Blitz aus dem Bette, in dem sie schon geschlafen hatte. Sodann fasste sie ihn unterhalb der Arme um den Leib. Die Axt mit der linken Hand haltend, stieß Johann sie zunächst mit dem Stiel von sich und hieb dann viele Male mit der Schneide auf sie ein. Doch sie hielt sich trotz aller Wunden auf den Beinen, packte ihn wiederholt an dem Oberhemd und an den Armen. Dann nahm sie aus einem auf dem Tische stehenden Obstkorb ein starkes, spitzes Messer und stach auf Johann ein. Nach verzweifelter Gegenwehr erlag sie dennoch, diese tapfere junge Frau.
Als er mit der Schwester fertig war, bemerkte Johann, dass seine Mutter noch lebte. Sie lag röchelnd auf dem Boden und stieß die Worte aus: »Ach Johann, lass mich doch, ich habe dir nichts getan, lass mich doch

leben!« Doch der machte sie durch weitere Schläge mit der Axt stumm und verließ das Zimmer.
Während dieses Mordaktes war die Ida, wie sie weiter berichtet hat, vor lauter Angst vor dem ankommenden Gewitter durch die unverschlossene Haustür ins Haus und ihre Kammer geeilt. Als die Magd endlich in ihrer Kammer war, versteckte sie sich unter dem Bett und presste ihr Kopfkissen fest auf die Ohren, um das Grollen am Himmel nicht mehr zu hören. Deshalb und weil das Schlafzimmer der Schwester und Idas Kammer entfernt voneinander lagen und das Donnergrollen zugenommen hatte, hörte sie nichts von der Mordtat. So bemerkte der Mörder nicht, dass sich noch ein lebender Mensch im Hause befand. Hätte er das gewusst, so hätte er auch die Magd erschlagen, wie er gestand.
Die grausamen Morde waren vollbracht, nun galt es, der Entdeckung vorzubeugen. Eigentlich wollte er alle Opfer in ihre Betten schaffen, damit sie vollständig verbrennen, aber es fehlte ihm an Kraft. So schaffte er die Knechte in ihre Kammer am Ende der Scheune, die Brüder dorthin, wo das Stroh in bedeutender Menge aufgehäuft war. Nur den jüngsten Bruder Paul brachte er in sein Bett. Beim Fortschaffen von Arnold zu den anderen Leichen bemerkte er noch schwache Regungen. Deshalb ergriff der Blutmensch erneut den Hammer und zertrümmerte ihm den Schädel. Auch diesem Opfer raubte er aus der Tasche seiner Kleider die Geldbörse. Den Leichnam seines Vaters, der sich noch auf dem Schubkarren befand, schleppte er in das Schlafzimmer und legte ihn in dessen Bett. Es wäre zu auffällig gewesen, befand der Täter, wenn auch diese Leiche nicht im Hause gefunden worden wäre. Die tote Mutter legte er dazu.
Nach dieser anstrengenden Arbeit merkte er, wie ihm die Kräfte schwanden. Die Stiche in Bauch und Rücken, die ihm seine Schwester versetzt hatte, bluteten stark. Doch musste das Wichtigste noch erledigt werden. Er öffnete den Schrank, in welchem sein Vater das Vermögen aufzuheben pflegte, und nahm die beiden Blechkästen mit allen Wertsachen heraus. Schließlich legte er noch die Sparbüchsen seiner Schwester und seines jüngsten Bruders hinein, die in einem Sekretär gestanden hatten. Dann trug er die Beute zum Eiskeller und versteckte sie in einem der beiden Salzfässer, die dort standen. Die Leiche des Heinrich wuch-

tete er in das andere, mit Salz angefüllte Fass, damit er nicht zu stinken anfinge, und nagelte es zu. Zurück im Haus holte er aus dem Gewölbekeller zwei große Flaschen Brennspiritus und einen Bund Streichhölzer. Eine Flasche stellte er in den Hausflur. Mit der anderen ging er in die Scheune. Dort verteilte er den Spiritus reichlich auf dem Stroh und den Leichen, brannte dann mit einem Zündholz alles an und verschloss die Scheune. Im Schlafzimmer der Eltern und seiner Schwester zog er das Stroh unter den Betten vor. Dann holte er noch etliche Bunde von der Scheune, die er bereitgelegt hatte, und warf sie neben die Betten. Schließlich übergoss er im Haus Stroh, Gardinenstoffe, Kleidung und Bettzeug mit dem restlichen Spiritus und legte auch dort Feuer an. Die Türen schloss er, damit der Feuerschein nicht so schnell hervorbrechen sollte.

Nun kehrte er in sein Schlafzimmer zurück und wartete, bis er das Prasseln des Feuers hörte. Dann öffnete er das Fenster und sprang hinaus. Auf dem Wege nach dem Nachbarhofe setzte er sich eine Zeit lang auf die Anhöhe, um abzuwarten, bis auch das Wohnhaus dermaßen in Flammen stand, dass niemand mehr hineingehen konnte. Doch hielt er das nach seiner Aussage nicht allzu lange aus, weil es ihn unwiderstehlich getrieben habe, zu Menschen zu kommen. Dann lief er zu den Nachbarn. Bei der Familie Ziethen klopfte er zweimal an die Küchentür und rief: »Ach Gott, unser Haus brennt!« und warf sich zu Boden. Dabei müsse er sich den Kopf gestoßen haben, sodass er ohnmächtig geworden sei, erklärte er seine tatsächliche Bewusstlosigkeit. Später, während er bereits erwacht war, sich aber weiterhin bewusstlos stellte, erfuhr er aus den Gesprächen der Leute, welche aus und ein gingen, was sich später auf der Brandstätte ereignet und was man auf derselben gefunden hatte.

So lautete im Wesentlichen das Geständnis des Mörders. Es stimmt mit den sonst bewiesenen Tatsachen weitgehend überein. Doch zeigt sich nun, dass die von dem Stadtphysikus Dr. Quincus aufgestellte Hypothese, die Opfer seien allesamt vor ihrer Ermordung mit Laudanum betäubt worden, als falsch heraus. Er hatte spekuliert, dass eine Person so viele Taten nicht ungehindert ausüben könne, ohne vorher die Opfer betäubt zu haben.

Das beweist einmal mehr, wie leicht ein Urteil auf falschen Tatsachen fußen kann. Dem Verteidiger Dr. Cornelius Venedey, seinem Referendar Bas Sello sowie einem der Wahrheit verpflichteten Sergeanten, die alle zu unterstützen der zuständigen Redakteurin eine Ehre war, ist es zu danken, dass Ida Irmisch, deren Kopf schon unter dem Fallbeil lag, nicht unschuldig hingerichtet wurde.

Redakteurin Mathilde von Tabouillot

Epilog

Mein Gott, mir ist heute zum Gähnen langweilig. Deine Ehre, zu der ich nun doch ganz werden soll, muss von der Hitze wieder eingedampft worden sein. Ich bin allein. Kein Klopfen an mir, das mich ablenkt. Da ist nur dieses endlose Rauschen. Stimmengewirr, Skandieren von Parolen, Absingen von Protestliedern – all das weht mich an. Aufmärsche. Demonstrationszüge. Trara in den Straßen und auf den Plätzen. Wieder und wieder. Und überall wehen schwarz-rotgoldene Fahnen. Die Menschen machen Revolution. Jede Gruppe für sich. Eigene Parolen. Eigene Lieder. Ach, ich habe über die Jahrhunderte schon so viele von euch gesehen. Und dann hat die Geschichte ihren Lauf genommen und Ungezählte von euch doch hängen lassen – früher noch auf dem Richtplatz Rabenstein.

Der Tag heute ist allzu warm für die Jahreszeit. In den Gassen stinkt es elend nach Pferdepisse, ganz zu schweigen vom Rheinufer – dort, wo die Drecksmänner die menschlichen Exkremente hineinkippen. Alles mufft mich an. Sancta Colonia Dei Gratia Romanae Ecclesiae Fidelis Filia, O, Hillijes Kölle, cloaca factus es.

Der Rhein führt schon früh in diesem Jahr Niedrigwasser und gibt den Blick frei auf einen halben Pferdekadaver, dort drüben auf der Schäl Sick. Vielleicht einer jener vor Hunger verreckten Gäule der Treidler. Ihr Stand selbst wird bald aussterben, zu mächtig die Konkurrenz der Dampfschiffe, die sich stampfend ihren Weg den Strom hinauf bahnen, vorbei an den Rheinalfen und den Schindmähren.

Die dünne Plörre, die Richtung Nordsee fließt, ist heute keine Einladung, auf dem Werthchen zu flanieren.

Es ist ein Tag nur zum Älterwerden.

Ich lasse meinen Blick weiter über den heiligen Moloch wandern, dessen Wachstum Gärten und Höfe frisst und hinter dem Festungsring ausrülpst. Für die Toten ist schon lange kein Platz mehr unter den Lebenden. Doch auf Melaten herrscht bald auch unter den Toten Gedränge.

Die Ausfahrjochen lösen sich aus der Reihe der Nachen. Die Schiffsbrücke über den Rhein sieht gleich aus wie ein Gebiss mit zwei großen Zahnlücken.

Auf der Deutzer Seite der Brücke steht wieder der Mann in dem weiten schwarzen Mantel. Er macht eine ausladende Verbeugung. Eine Menschentraube der Wartenden bildet sich um ihn herum.

Gleich holt er eine Stockpuppe mit Knollennase unter dem Mantel hervor. Und dann sicher bald die andere, die schielt.

Hach, den Millowitsch schickt der Himmel! Was für eine schöne Abwechslung.

Da gesellt sich ein junger Mann mit Brille zu den Wartenden. Er lächelt dem Puppenspieler zu, der ihn und alle anderen zu seiner Vorstellung begrüßt.

»Wellkumme! Bienvenue! Tag auch!
Frembche, étranger, Fremder,
Jlöcklich ze luure
Je suis enchanté
Schön, Sie zu sehen
Reste, bliev ens he!«

Nachwort

Der »Blutmensch« – den hat es wirklich gegeben. Von einem historischen Anwaltskriminalroman wird zu Recht erwartet, dass er sich so nah wie möglich an die geschichtlichen Fakten hält. Nicht nur bei den Hintergrundinformationen wie dem Wetter, politischen Rahmenbedingungen, Kleidung, Straßenzügen, Besonderheiten bei den Lokalitäten wie den für Köln charakteristischen Brauhäusern und vielem mehr. Bei einem Anwaltskriminalroman, geschrieben von zwei Rechtsanwältinnen, geht der Anspruch deutlich weiter: Das damalige geltende Recht muss zugrunde gelegt, richtig angewendet und die zuständigen Gerichte und Instanzen benannt werden. Damit auch alles stimmt, war eine enorme Recherchearbeit erforderlich, nicht zuletzt wegen der Eigenheiten in der rheinischen Provinz, die nicht nur das Rechtssystem betrafen.

Und damit kommen wir auch schon zu dem Zeitpunkt, den wir für die Handlung gewählt haben: 1847/1848.

Köln war seit der Niederlage Napoleons preußisch und gehörte zur Rheinprovinz. König Friedrich Wilhelm III. hatte nach der Zuteilung der rheinischen Gebiete 1815 zunächst auf die Einführung des preußischen Allgemeinen Landrechts verzichtet und es in der neuen Provinz bei dem dort geltenden französischen Recht belassen: dem Code civil, Code penal und Code d'instruction criminelle. Seine Versuche und die seines Sohnes, Friedrich Wilhelm IV., die Entscheidung in der Folge zu revidieren, stießen auf heftigen Widerstand in der Rheinprovinz, insbesondere in Köln.

Das rheinische Strafverfahrensrecht unterschied sich damals fundamental vom geltenden Recht in Preußen, u. a. der »Preussischen Criminal-Ordnung« von 1805. Während dort noch die Angeklagten einen verbeamteten Strafverteidiger zur Seite gestellt bekamen und ein nicht öffentlicher Aktenprozess durchgeführt wurde, der dem Grundsatz der Schriftlichkeit genügen musste (»Quod non est in actis, non est in mundo« – Was nicht in den Akten ist, wird nicht geglaubt), kannten die Rheinländer längst schon den Geschworenenprozess sowie die Öffentlichkeit und Mündlichkeit des Verfahrens. Und es gab die freie Advokatur. Die Anwälte (die erste deutsche Anwält*in* Maria Otto erhielt 1922 ihre Zulassung) waren keine staatlichen Bediensteten. Sie übten ihren Beruf nicht als bloße Weisungsempfänger aus. Die Preußen vereinheitlichten zwar die Juristenausbildung und zentralisierten die Ablegung des Assessorexamens in Berlin, bekamen aber im Rheinland »zivil- und strafrechtlich« den Fuß nicht in die Tür. Im Gegenteil, wesentliche Elemente des Strafverfahrens, beschleunigt durch die Revolution von 1848, fanden Eingang in das preußische Strafverfahrensrecht, so der Geschworenenprozess, aber auch die öffentliche Gerichtsverhandlung in mündlicher Form.

Der Code civil galt in der Rheinprovinz übrigens bis zur Einführung des Bürgerlichen Gesetzbuches (BGB) am 1. Januar 1900.

Bei der Recherche, wie das Strafverfahrensrecht in der Rheinprovinz 1847 angewandt wurde, stießen wir auf den ersten Protagonisten unseres Buches: Dr. Jacob Venedey, der in seinem Werk *Das Geschwornengericht in den preuss. Rheinprovinzen* von 1830 das damalige Verfahren in seinen Abläufen detailliert darstellt. Venedey studierte von 1824 bis 1827 an den Universitäten Heidelberg und Bonn Rechtswissenschaften und arbeitete anschließend in der väterlichen Anwaltskanzlei. Er gehörte 1848 dem Vorparlament an, das die Frankfurter Nationalversammlung vorbereiten sollte.

Ihm zu Ehren haben wir unseren Strafverteidiger nach ihm benannt. Schließlich wies er uns mit seinem Buch den Weg durch das damalige Strafprozessrecht in der Rheinprovinz.

Doch unser Anspruch ging noch weiter: Wir wollten unserer Geschichte auch ein True Crime zugrunde legen. Bei der Suche nach einem geeigneten Mordfall stießen wir auf unseren zweiten Protagonisten, den Rechtsreferendar Bas Sello. Dr. Erich Sello fasste als Erster in seinem Buch *Die Irrtümer der Strafjustiz und ihre Ursachen* (1911) Fehlurteile zusammen, die zur Todesstrafe geführt hatten. Sein erklärtes Ziel war es, den Anklägern, Richtern, aber auch Verteidigern in Erinnerung zu rufen: *Seid jeden Augenblick der unschuldigen Opfer eingedenk, die, solange Menschen über Menschen unter gesetzlichen Formen richten, der Irrtum auf dem Richterstuhl gefordert hat.* Es sollte der erste Band werden, doch verstarb er 1912, bevor er den zweiten verfassen konnte. Dr. Sello arbeitete ab 1879 als Rechtsanwalt in Berlin, 1884 auch als Notar und erhielt später den Titel Justizrat. Um das zu erreichen, musste er das Rechtsreferendariat durchlaufen, das schon damals Voraussetzung für das Assessorexamen war.

Und endlich entdeckten wir unser True Crime: den *Blutmenschen* Tim Thode, der in der Nacht vom 7. zum 8. August des Jahres 1866 seine gesamte Familie ermordete und die zum adligen Gute Groß-Kampen in Holstein gehörenden Gebäude der Familie niederbrannte. Natürlich mussten wir auch den echten Fall unserem Buch anpassen, um ihn, was uns hoffentlich gelungen ist, spannender zu gestalten. Wer mehr Informationen zu dem Originalfall nachlesen möchte, kann dies tun unter:

Timm Thode, der Mörder seiner Familie | amphio.

Ein Blutmensch: der achtfache Eltern-, Geschwister- und Mägdemörder Timm Thode von Groß-Campen in Holstein; eine unerhört gräßliche Mordgeschichte, getreu nach den Kriminalakten bearbeitet; zu finden in der Universitätsbibliothek Johann Christian Senckenberg, Frankfurt am Main:

Heer-Betrix, 1867, Umfang 16, S. Sprache Deutsch Online-Ausgabe, Frankfurt am Main: Univ.-Bibliothek, 2015 URNurn:nbn:de:hebis:30:4-59829 (Sammlung Deutscher Drucke 1801-1870/Ein Blutmensch)

Den beiden Juristen in unserem Fall zur Seite gestellt haben wir Mathilde von Tabouillot, in Anlehnung an die berühmte Frauenrechtlerin Franziska Anneke. Mathilde Franziska Anneke wurde 1817 auf Gut Oberleveringhausen in Hiddinghausen geboren. Weil der Vater sich mit Aktien verspekuliert hatte, musste Mathilde 1836 mit neunzehn Jahren den Mülheimer Weinhändler Alfred Philipp Ferdinand von Tabouillot heiraten. Dafür übernahm er die Schulden der Familie. Bereits im Dezember 1837 verließ Mathilde samt Tochter den gewalttätigen Ehemann, kehrte zu ihren Eltern zurück und lebte die nächsten Jahre in Wesel am Niederrhein. Da sie in der Rheinprovinz geheiratet hatte, in der das fortschrittliche französische Zivilrecht galt, konnte sie die Scheidung einreichen. Der Scheidungsprozess dauerte drei Jahre (1838–1841). Da sich Mathilde im ersten Verfahren geweigert hatte, der gerichtlichen Auflage nachzukommen, zu ihrem Ehemann zurückzukehren, wurde sie im dritten Prozess rechtskräftig schuldig geschieden. Damit verlor sie jeglichen Anspruch auf Erziehungs- und Unterhaltszahlungen. Aber sie durfte ihren Geburtsnamen Giesler wieder annehmen und bekam das Sorgerecht für ihre Tochter zugesprochen. Um sich finanziell über Wasser zu halten, arbeitete sie fortan als Schriftstellerin und eine der ersten Journalistinnen in Deutschland. 1840 veröffentlichte sie einen Gedichtband, der nicht nur eigenes, sondern auch Lyrisches von Ferdinand Freiligrath, Nikolaus Lenau, Lord Byron und Annette von Droste-Hülshoff enthielt. Daneben begann sie auch journalistisch zu arbeiten, unter anderem für die Kölnische Zeitung und die in Augsburg erscheinende Allgemeine Zeitung, damals die wohl bekannteste deutschsprachige Zeitung, für die auch Heinrich Heine schrieb. Im November 1849 wanderte sie mit ihrem zweiten Ehemann Fritz Anneke in die USA aus, wo sie als Frauenrechtlerin, Schulleiterin und Aktivistin gegen die Sklaverei berühmt wurde. Sie verstarb 1884 in Milwaukee, Wisconsin. In unserem Buch haben wir die zeitlichen Abläufe etwas verändert: 1847 lebt sie noch in Scheidung, hat Fritz Anneke noch nicht kennengelernt und hatte auch noch kein Kind geboren. Der Leser möge uns auch diese Freiheit nachsehen.

Nur die Figur des Sergeanten Hans Baudewin, genannt Schäng, ist frei erfunden, auch wenn wir seine Darstellung dem damaligen Berufsbild und überlieferten Beschreibungen der Berufsausübung angepasst haben.

Wir haben diese Zeit aber nicht nur wegen des Rechtssystems gewählt, sondern weil sie von gewaltigen Entwicklungen geprägt war:

Die Welt veränderte sich dramatisch. Industrielle Revolution, Beginn des Maschinenzeitalters, Beschleunigung der Fortbewegung durch die Eisenbahn, Landflucht, Bevölkerungsexplosion in den Städten, beengte Wohnverhältnisse, beklemmende Armut, dramatische hygienische Verhältnisse, in der Folge Wellen von Cholera- und Typhus-Epidemien, stellten die Menschen, insbesondere die aus der Unterschicht, täglich vor existenzielle Probleme. Es regten sich aber auch politische Vordenker. Karl Marx arbeitete an seinem Werk *Das Kapital* und formulierte mit Friedrich Engels das Kommunistische Manifest. In Paris wurde am 24. Februar 1848 König Louis-Philippe verjagt und kurz darauf die Republik verkündet. Der Funke sprang sofort auf die Menschen in deutschen Landen über. Überall im Deutschen Bund fanden Volksversammlungen statt. Auch in Köln war »d'r Düvel los«. Es wurde Karneval gefeiert. Aber danach sind die Menschen auch dort politisch bewegt in unzähligen Demonstrationen durch Straßen gezogen. Sie forderten Freiheit, Wahlrecht und soziale Absicherung. Zentrale Forderung war auch die Gründung eines Nationalstaates mit einer

Reichsverfassung, die einen Grundrechtekatalog enthalten sollte.

Ausdrücklich darauf hinweisen möchten wir, dass die Ausführungen zum Nachweisverfahren des Laudanums frei erfunden sind und nicht denen der damaligen Zeit entsprechen. Alle Chemiker unter unseren Lesern mögen uns verzeihen!

Zum Schluss hoffen wir natürlich, dass Sie beim Lesen genauso viel Vergnügen hatten wie wir beim Schreiben. Anachronismen und Irrtümer, die sich möglicherweise trotz größter Mühe in unser Buch eingeschlichen haben mögen, haben dem Lesevergnügen hoffentlich keinen Abbruch getan. Aus mangelndem Recherchefleiß sind sie sicherlich nicht entstanden. Unsere Bibliotheken verfügen nun jeweils über drei Meter mehr Bücher.

Nach dem Buch ist vor dem Buch: Nun freuen wir uns auf die weiteren Abenteuer von Dr. Venedey, Bas Sello, Mathilde von Tabouillot und dem Sergeanten Schäng. Und Sie hoffentlich mit uns!

Literaturhinweise

Wer mehr über die Mitte des 19. Jahrhunderts in Köln erfahren möchte, kann vieles in *Wikipedia.de* nachlesen. Wer tiefer einsteigen will, der kann das, genau wie wir, in folgenden Büchern oder Links:

Köln und seine Bauten

Festschrift, VIII. Wanderversammlung des Verbandes deutscher Architekten- und Ingenieursvereine, Köln 12. bis 16. August 1888, hrsg. von Architekten- und Ingenieurs-Verein für Niederrhein und Westfalen, M. DuMont-Schauberg, 1888

Köln in preußischer Zeit 1815–1871

Geschichte der Stadt Köln, Bd. 9, von Jürgen Herres, hrsg. von Werner Eck, Greven Verlag Köln, 2012

Köln im 19. Jahrhundert – Von der Reichsstadt zur Großstadt

von Adolf Klein, Wienand Verlag Köln, 1992

Von der Reichsstadt zur Großstadt

von Joseph Klersch, hrsg. vom Heimatverein Alt-Köln, Bd. 72,1994

Köln in frühen Photographien 1847–1914

von Uta Grefe, Schirmer-Mosel Verlag, 1988

Der Kölner Rosenmontagszug 1823–1948
von Michael Euler-Schmidt und Marcus Leifeld, hrsg. vom Festkomitee des Kölner Karnevals von 1823 e. V., J. P. Bachem Verlag, 2007

Die Deutzer Schiffsbrücke 1822–1915 – Eine verschwundene Kölnische Institution
von Wolfram Erber, hrsg. vom deutzkultur e. V./Förderverein Historischer Park Deutz e. V., Köln, 2022

Achtung Preussen! Beziehungsstatus: kompliziert, Köln 1815–2015
hrsg. von Stefan Lewe-Johann und Sascha Pries, Nünnerich-Asmus Verlag & Media, 2015

Die Entwicklung der Polizei in Köln von 1794 bis 1871
von Karin Hachenberg, Rechtsgeschichtliche Schriften, Bd. 10, Rheinischer Verein für Rechtsgeschichte zu Köln, Böhlau Verlag, 1997

Die Geschichte der Kölner Polizei vom Mittelalter bis zur Gegenwart
von Paul Lauing, Bachem Verlag, 1926

Die Entwicklung der Verteidigung in Strafsachen
von Klaus Armbrüster, Schriftenreihe zum Strafrecht, Bd.33, Duncker & Humboldt, Berlin, 1980

Das Geschwornengericht in den preuss. Rheinprovinzen
von Jakob Venedey, Pappers, Köln,1830

Grundsätze des rheinischen und französischen Strafverfahrens
von Dr. A. v. Daniels, Mylius'sche Verlagsbuchhandlung, 1849

Die Irrtümer der Strafjustiz und ihre Ursachen
von Dr. Erich Sello, R. v. Decker's Verlag 1911

Kölns Legenden, Sagen, Geschichten
hrsg. von Ernst Weyden, Georg Olms Verlag 1984

Der erste Kölner Stadtführer aus dem Jahre 1828
Bearb. von Uwe Westfehling, Verlag J. P. Bachem, 1982

Bleche Botz und Klingelpütz – Kölner Kriminalfälle von 1815–1918
von Udo Bürger, Emons, 2009

Mathilde Anneke – Auf denn, ihr Schwestern!
Edition Paulskirche, hrsg. von Jörg Bong, Ina Hartwig, Heike Malchow, Nils Minkmar, Walid Nakschbandi und Marina Weisband, Verlag Kiepenheuer & Witsch, 2024

Das Jahrhundert der Detektive
von Jürgen Thorwald, Droemer Knaur Verlag 1973

Rheinische Unterwelt
Von Udo Bürger, Emons, 2013
https://altes-koeln.de/wiki/Kartensammlung
https://www.kuladig.de/Objektansicht/KLD-266569
https://kups.ub.uni-koeln.de/6956/1/Diss_Sardemann.pdf